▶ 21 世纪高职高专规划教材·国际贸易系列

国际贸易概论

（修订本）

李育良　蒲华林　编著

清华大学出版社

北京交通大学出版社

·北京·

内 容 简 介

国际贸易是当前国际经济关系的主要内容。各国都在很大程度上希望借助发展对外贸易来促进本国经济的发展。本书介绍了基本的对外贸易理论、各国经常使用的贸易政策、相关的贸易政策手段，如关税壁垒和非关税壁垒；介绍了国际贸易与经济增长之间的关系；说明了世界贸易组织的宗旨、结构及我国借助世界贸易组织促进经贸发展时应该注意的问题。

本书既可作为高职高专院校国际贸易等相关专业的教材，也可供外贸等部门的从业人员业务培训及业余学习之用。

本书封面贴有清华大学出版社防伪标签，无标签者不得销售。

版权所有，侵权必究。侵权举报电话：010 – 62782989   13501256678   13801310933

图书在版编目（CIP）数据

国际贸易概论/李育良，蒲华林编著. —修订本. —北京：清华大学出版社；北京交通大学出版社，2005. 12（2019. 7 修订）

（21 世纪高职高专规划教材·国际贸易系列）

ISBN 978 – 7 – 81082 – 655 – 6

Ⅰ. 国… Ⅱ. ① 李… ② 蒲… Ⅲ. 国际贸易 – 高等学校：技术学校 – 教材 Ⅳ. F740

中国版本图书馆 CIP 数据核字（2007）第 003103 号

责任编辑：张利军
出版发行：清 华 大 学 出 版 社   邮编：100084   电话：010 – 62776969   http://www.tup.com.cn
　　　　　北京交通大学出版社   邮编：100044   电话：010 – 51686414   http://press.bjtu.edu.cn
印 刷 者：北京时代华都印刷有限公司
经　　销：全国新华书店
开　　本：185×230   印张：16.25   字数：375 千字
版　　次：2006 年 1 月第 1 版   2019 年 7 月第 1 次修订   2019 年 7 月第 8 次印刷
书　　号：ISBN 978 – 7 – 81082 – 655 – 6/F · 128
印　　数：15 001 ～ 16 000 册   定价：39.00 元

本书如有质量问题，请向北京交通大学出版社质监组反映。对您的意见和批评，我们表示欢迎和感谢。

投诉电话：010 – 51686043，51686008；传真：010 – 62225406；E-mail：press@ bjtu.edu.cn。

出 版 说 明

高职高专教育是我国高等教育的重要组成部分，它的根本任务是培养生产、建设、管理和服务第一线需要的德、智、体、美全面发展的高等技术应用型专门人才，所培养的学生在掌握必要的基础理论和专业知识的基础上，应重点掌握从事本专业领域实际工作的基本知识和职业技能，因而与其对应的教材也必须有自己的体系和特色。

为了适应我国高职高专教育发展及其对教学改革和教材建设的需要，在教育部的指导下，我们在全国范围内组织并成立了"21世纪高职高专教育教材研究与编审委员会"（以下简称"教材研究与编审委员会"）。"教材研究与编审委员会"的成员单位皆为教学改革成效较大、办学特色鲜明、办学实力强的高等专科学校、高等职业学校、成人高等学校及高等院校主办的二级职业技术学院，其中一些学校是国家重点建设的示范性职业技术学院。

为了保证规划教材的出版质量，"教材研究与编审委员会"在全国范围内选聘"21世纪高职高专规划教材编审委员会"（以下简称"教材编审委员会"）成员和征集教材，并要求"教材编审委员会"成员和规划教材的编著者必须是从事高职高专教学第一线的优秀教师或生产第一线的专家。"教材编审委员会"组织各专业的专家、教授对所征集的教材进行评选，对所列选教材进行审定。

目前，"教材研究与编审委员会"计划用2～3年的时间出版各类高职高专教材200种，范围覆盖计算机应用、电子电气、财会与管理、商务英语等专业的主要课程。此次规划教材全部按教育部制定的"高职高专教育基础课程教学基本要求"编写，其中部分教材是教育部《新世纪高职高专教育人才培养模式和教学内容体系改革与建设项目计划》的研究成果。此次规划教材按照突出应用性、实践性和针对性的原则编写并重组系列课程教材结构，力求反映高职高专课程和教学内容体系改革方向；反映当前教学的新内容，突出基础理论知识的应用和实践技能的培养；适应"实践的要求和岗位的需要"，不依照"学科"体系，即贴近岗位，淡化学科；在兼顾理论和实践内容的同时，避免"全"而"深"的面面俱到，基础理论以应用为目的，以必需、够用为度；尽量体现新知识、新技术、新工艺、新方法，以利于学生综合素质的形成和科学思维方式与创新能力的培养。

此外，为了使规划教材更具广泛性、科学性、先进性和代表性，我们希望全国从事高职高专教育的院校能够积极加入到"教材研究与编审委员会"中来，推荐"教材编审委员会"成员和有特色的、有创新的教材。同时，希望将教学实践中的意见与建议，及时反馈给我们，以便对已出版的教材不断修订、完善，不断提高教材质量，完善教材体系，为社会奉献更多更新的与高职高专教育配套的高质量教材。

此次所有规划教材由全国重点大学出版社——清华大学出版社与北京交通大学出版社联合出版，适合于各类高等专科学校、高等职业学校、成人高等学校及高等院校主办的二级职业技术学院使用。

21世纪高职高专教育教材研究与编审委员会

2019 年 7 月

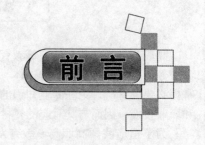

前　言

　　《国际贸易概论》作为一本教材，编写时有两点考虑，并以之贯串全书。

　　对我国来说，当前世界贸易领域里有两个值得重视的方面：一是贸易理论，二是世界贸易组织给我们提供的机会与可能的障碍。本教材集中在这两个方面给学生介绍基本的知识，并希望他们能够利用对这两个方面知识的掌握，在未来的工作中对我国的经济、贸易有所贡献。

　　贸易理论为什么仍然被放在重要的地位呢？这是因为理论理解起来并不困难，在实际中贯彻困难。就以李嘉图的比较优势理论为例，人们很容易就接受了他的理论，即生产并且出口自己在生产中具有较大比较优势的商品，进口自己在生产中具有较小比较优势的商品，而且两国在这样的贸易中都可以获得利益。当我们说两个贸易国在经济上具有互补性，指的就是这一点。然而它在现实中常常被扭曲。按照这个理论，美国应该从中国进口劳动密集型产品，出口技术密集型和资本密集型产品，这才叫互补。实际是美国进口了中国的劳动密集型产品后，并没有出口足够的技术密集型产品，而反过来要限制中国劳动密集型产品对美国的出口。美国人在背离他们称之为自由贸易理论基石的李嘉图理论。还有一些发达工业国家也是如此。中国因而陷入贸易摩擦的泥沼中。很多人由此而自责说我们出口得太多，卖得太便宜了。不对，我们应该再给西方人讲一讲基本的贸易理论了。不过在这之前，我们先得把这些理论弄明白。这就是本书突出理论部分的原因。

　　世界贸易组织是我国经济贸易生活中的一件新事。为什么在我们入世已经几年以后还说这是一件新事呢？这是因为我们还不能成熟地利用它的法规来为我们的经济贸易服务。譬如空竹好玩，买了一个，但是不会玩，抖不起来，这时自然感受不到玩空竹的乐趣。这恰似我国与 WTO 的情景。知道 WTO 可以给我们带来利益，但是尚不熟悉如何获得这种利益。本书介绍了一些必要的知识，特别是关于如何利用 WTO 的各项协定的条款，以及我国的法律来维护自身利益方面的知识。实际上在这个方面我们仅仅是开始，比如利用反倾销、市场准入维护企业利益，等等。

　　教师在使用本书时，可以根据学生的情况，调整部分章节的难易程度，增减必要的内容，以期使学生能够掌握切实有用的知识，形成符合当代贸易理论的思维意识和思维逻辑。这一切是学生形成正确判断的基础。

　　本书编写仓促，书中错误之处敬请贤达之士指正。

编　者

2019 年 7 月

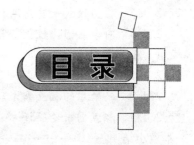

目 录

第 1 章

国际贸易的产生与发展

知 识 要 点

☑ 了解国际贸易产生的原因、过程及国际贸易与资本主义生产方式的相互作用。

☑ 了解第二次世界大战以后的国际贸易的情况及基本特点。

☑ 理解并掌握国际贸易的一些基本概念。

技 能 要 点

☑ 学会利用国际贸易的统计资料制作相关的图表。

☑ 掌握对外贸易依存度的不同计算方法。

1.1 国际贸易的产生与发展

国际贸易的产生是人类生产力发展的结果。这里有两个先决条件：首先，社会生产有了剩余，有可供交换的产品；其次，国家出现了，产品有了国别属性。

国际贸易有原始意义上的国际贸易和现代意义上的国际贸易之分。所谓原始意义上的国际贸易，是指历史早期一国把剩余产品运出国界与另外一个国家的剩余产品进行交易。那时社会生产力处于低水平，剩余产品数量有限，因而国际贸易规模不大，品种有限，市场范围狭小。现代意义上的国际贸易是伴随资本主义生产方式而逐步形成的国际贸易。这时商品生产成为各个参与国际贸易的国家的主要生产形态、各国的经济依照商品生产的基本经济规律进行运转。由于生产力的提高，各国生产出来的产品，不能在本国市场以可以获利的价格完全销售出去，而必须销往世界市场（卖给其他国家），国际贸易因而成为必然。世界各国在长期贸易实践中逐步形成一系列法律、法规、商业习俗。现代意义上的国际贸易是在这一系列法律、法规、商业习俗和各种双边、多边国际协定，以及各种国际组织的各种条款所规范、所限定、所制约的贸易。同时，现代意义上的国际贸易还是依附于现代的科学技术的贸易。科学技术应用于生产，生产能力和规模使各国产出的商品日益依赖他国的市场才能销售出去；科学技术在生产中的应用程度的不同，而且各国的科技水平高低不一，形成了一些产品只能由拥有这种高科技的国家生产，其他国家去购买的依赖关系。现代意义上的国际贸易还在很大程度上借助现代化的运输工具，数十万吨的油轮为现代化工业输送石油；大型集装箱穿梭于海洋，运输成千上万吨货物。此外，飞机使万里迢迢成为咫尺，通信使即时的信息交流成为可能。这一切使得现代意义上的国际贸易与原始意义上的国际贸易不论在交易商品的品种、商品的数量、贸易的地域范围上，还是时空障碍的消弭能力上，都有这巨大的差距。

1.1.1 国际贸易的产生

国际贸易的产生有两个先决条件，一是有可以交换的产品，二是有国家存在。社会中最早的交换物只是一些剩余产品。以剩余产品交换剩余产品的行为突破国界就是国际贸易。最早的国际贸易交换的是产品。自然经济过渡到商品经济以后的国际贸易交换的是商品。

现在，一提到国际贸易，人们都认为它是产生于西方的经济现象。其实不然，早在春秋战国时期，我国黄河流域就已经有商品生产，商品就在各个诸侯国之间流通。商品流通突破国界，就是国际贸易。因此，四五千年以前，我国就已经有国际贸易了。不过，按照上面的定义，它属于原始意义上的国际贸易。这时，国际贸易中的商品的数量、交易的规模、涉及的地理范围都不能以现在的标准来要求，不可与现在国际贸易的规模相比。另外一个使经济史学家忽略中国是国际贸易最早萌生地的原因是因为从秦朝统一中国（公元前 220 年）以后，黄河流域的这些国家之间的国际贸易，已经属于国内贸易的范畴。就是说，历史上发生在中原大地上的贸易属于国际贸易的时间是很短暂的，而属于统一的封建国家国内贸易的时间更长。欧洲的国家则不同，那时的国家到现在，基本上还是各自的国家；过去发生在国家之间的贸易，现在仍然是国家之间的国际贸易。由此给人的印象是，国际贸易最早产生于欧洲，而不是中国。

1.1.2 早期的国际贸易

早期的国际贸易是指工业革命之前的国际贸易。在中国，按照原始意义的国际贸易的标准衡量，春秋战国时期就有突破国界的贸易发生。西汉时期我国开拓了通往欧洲的"丝绸之路"，并且在那以后一直与欧洲、亚洲各国维持着一定规模的国际贸易。欧洲早期的国际贸易主要发生在地中海沿岸。11 世纪以后，北海、波罗的海沿岸逐渐出现一些新的贸易中心。到 13 世纪，德国的汉撒同盟已经成为欧洲贸易的另一个中心。当时，在意大利沿岸的国际贸易的主要商品是各种奢侈品，尤其是东方出产的香料、丝绸、瓷器等。汉撒同盟则较多地经营毛纺织品、羊毛和其他日用品、农产品等。那时，自然经济占统治地位，各国生产力水平有限，可供交换的剩余产品并不多，加之交通运输工具的限制，贸易仅仅是为统治阶级换取一些奢侈品（可不是现在意义上的奢侈品），因此商品品种少，数量有限。

但是，在漫长的几百年中，国际贸易随着各国生产力的发展而缓慢地发展着。虽然贸易规模不大，但是国际贸易对于城市的发展、先进技术和生产知识的传播都起了重要作用。这在客观上推动了各国生产力的发展，对欧洲各国手工业的发展和资本主义的萌生功不可没。

1.2　第一次工业革命与国际贸易的相互影响

当我们强调第一次工业革命对国际贸易的影响时，实际上是指它催生了现代意义上的国际贸易。换言之，没有第一次工业革命就没有现代意义上的国际贸易。但是，人类生产力注定要发展，因此工业革命注定要发生，国际贸易的进一步发展因而也就成为历史的必然。

（1）国际贸易扩大了对商品的需求，使工业革命成为必然。

国际贸易扩大了对商品的需求，国际贸易领域的高赢利刺激了生产规模不断扩张，而家庭手工业完成不了这个任务。14世纪中期，欧洲开始出现工场手工业。在这些工场里，劳动生产率由于生产中更为精细的劳动分工而获得较大的提高。产品的质量和数量也都有很大提高。这种提高首先是满足当时市场对商品的需求。到一定程度，生产规模的不断扩大又会对市场规模提出新的要求。生产和对外贸易就在这种互相促进中发展。15世纪末，"地理大发现"、"麦哲伦环球航线"的开辟使欧洲与其他大陆之间的交通运输状况发生了根本性的改变，同时也为工场手工业开辟了巨大的国际市场，为国际贸易进一步发展创造了条件。在对外贸易的推动下，生产规模不断扩大，几百人乃至上千人的手工工场和采矿场及冶炼厂开始出现。"一个叫斯添普的工场主，它于1564年租用奥斯尼修道院作为工场，雇用了2000个工人。同时期内，约翰·温契康伯简略里的手工工场，雇用了200个织工，200个纺工，100个梳工，150个拣毛童工，50个修剪工，80个加浆工，40个染工和20个漂洗工。"[①]

18世纪60年代开始的工业革命，是人类社会生产力发展史上的一个重要篇章。它使社会从依赖手工技术进行生产转变为依靠基于现代科学技术知识的机器来进行生产。劳动生产率因而成倍、成十倍地提高。生产力的迅速发展，要求大量的原料供给，要求将大量产品销售出去。与此相应，工业革命使交通运输能力大幅度提高，通信联络手段也发生了革命性的变革。经济本身要求国际贸易大发展，而相关条件使国际贸易的大发展成为可能。1800—1870年间，国际贸易总额增长了6倍以上。各洲的主要大国随着工业革命的浪潮，积极参与国际贸易。不少小国和落后的大国，被不同程度地卷入国际贸易之中，现代意义上的国际贸易开始形成。

以机器大工业为主导的先进生产力，无论在原材料和能源供给、产品销售上，还是科学研究与开发上，规模都是巨大的，它不是单个民族和国家所能支撑的。大规模的世界性国际贸易突破了民族、国家的界线。它通过商品流通把世界的生产联系在一起。这种一体化使生

---

①　樊亢，宋则行. 外国经济史：近代、现代. 第2版. 北京：人民出版社，1980，160

产要素在世界范围内实现最佳配置，最大限度地发挥其生产效能。它还在一定程度上克服了单个国家对于进一步发展其生产力的制约。总之，国际贸易成为大机器工业时代不可或缺的经济组成部分。国际贸易推动着社会向资本主义发展。

（2）国际贸易为资本主义生产方式的产生创造了条件。

资本主义生产方式的产生及资本主义制度的确立都与国际贸易密不可分。而国际贸易本身的进一步发展又与资本主义生产方式的运转分不开。就其实质而言，国际贸易是在商品经济条件下，在世界范围内配置生产要素的方式。

生产力的大幅度提高，生产规模急剧扩大，促使原来的生产组织方式和生产管理方式相应地做出调整，资本主义生产方式渐渐成型。在资本主义生产方式确立的初期，机器大工业的廉价商品通过国际贸易打进各国市场，冲击、破坏和摧毁着亚非拉各国旧的生产方式和自给自足、闭关自守的状态。这种生产方式在世界范围扩散。到了一定程度，这种生产方式要求并且最终导致政治体制的变革，资本主义的政体取代封建社会的政体，相继在欧洲一些国家建立起资本主义制度。所谓资本主义，就是商品经济的一种模式。这种模式强调的是生产要素的最佳配置。国际贸易是实现这种最佳配置的经济活动。建立在大工业基础之上的国际贸易从一开始就不是局限于一国的狭小地域的，因此国际贸易成为必然。

国际贸易为资本主义产生方式，为资本主义制度准备了必要的条件：劳动力、市场、资本。英国是资本主义最早发生的地方。英国历史上著名的"圈地运动"迫使农民离开土地，成为雇佣工人，为资本主义准备了劳动力。前期的国际贸易活动（包括掠夺性的商业战争、奴隶贸易）帮助积累了大量的资本。英国"东印度公司于 1600 年成立时，股本仅有63 000镑，1708 年已经增加到 3 163 000 镑，即增加了 50 倍。在 1757—1815 年间，英国从印度搜刮的财富约达 10 亿英镑。"① 国际贸易带动的地理大发现、新航线的开辟为资本主义准备了足够的市场。在一定程度上可以说，没有国际贸易就没有资本主义。没有国际贸易人类就无法从封建社会进步到资本主义社会。这种因果关系取决于人类从自给自足的农业经济向商品经济发展的必然。

（3）资本主义生产力的发展促进了国际贸易的发展。

国际贸易促进了资本主义生产方式的确立，推动了生产力的发展。但是，资本主义确立以后，进一步发展了的生产力，又反过来促进着国际贸易的发展。

资本主义制度确立以后很长的一段时间内，从农业经济过渡到商品经济所释放出的生产力使各国经济都有一个极大的发展，国际贸易也因此有大幅度的发展。那时经济的发展取决于生产技术的提高和生产工具的改进，主要是机器的广泛使用。由于各国生产力发展的条件，包括自然禀赋和后期形成的条件的差异，各国生产力发展不平衡变得日益明显，各国之间逐渐形成一定的地域分工和生产劳动国际之间的分工。商品生产有了更大的发展，国际贸易因而得到新的发展。

---

① 樊亢，宋则行. 外国经济史：近代、现代. 第 2 版. 北京：人民出版社，1980，69

资本主义确立后的很长一段历史时期内，国际贸易一直处于完全自由竞争的市场，政府几乎不采取任何措施进行直接干预。各国的关税基本上都是属于财政性的关税，除了个别商品以外，关税的税率一般都比较低，贸易环境极为良好。与重商主义时期政府干预国际贸易的环境相比而言，国际贸易在资本主义的这个阶段处于历史上绝无仅有的佳境。

　　应不断发展的国际贸易实际要求和贸易本身的实际需要，这个时期各种商务习俗、惯例、人们与市场经济相适应的世界观都在逐渐形成。各国政府根据商品经济及国际贸易活动的需要也在加强有关的法律、法规的建设。

　　国际贸易对资本主义生产方式的建立和资本主义制度的确立起了积极的作用。资本主义建立以后生产力的发展使国际贸易的规模不断扩大。在这个过程中，国际贸易又不断地、时时地促使各国经济的发展。这种促进发展的作用完全是通过市场竞争实现的。当企业以获得最大利润为目标时，竞争使各种生产要素的效能尽可能高地发挥和展开，利润实现最大化。在这个过程中出现了以下一些情况。

　　（1）国际贸易的发展导致国际市场上的竞争日益激烈。激烈的竞争迫使生产厂家不懈地努力降低生产成本。为此，他们纷纷加强经营管理，实行泰勒的工资制，拼命地扩张资本，扩大企业规模，实行经营上的垄断，等等。垄断既是资本集聚与集中的结果，同时又推动资本更快地集聚与集中。集中以后的资本能够更好地发挥其潜在的效能。企业能够充分地享受规模经济可能带来的效益。垄断出现以后，主要资本主义国家的生产又进一步地发展。因此可以说，垄断在当时的经济发展阶段是有进步意义的。

　　（2）国际竞争的压力使各个企业争相把先进科学技术应用到生产中，或者开发新的产品，或者提高原有产品的质量，或者改进生产技术、设备。不论哪个企业，只要在前述的任何一个方面有长于其他企业之处，就毫无疑义地会在某种程度上获得竞争上的优势。这种优势不但可以确保企业获利，在世界市场竞争中赢得生机，有时还可以使企业获得超额利润。

　　（3）垄断出现以后，世界市场遭到扭曲。资本主义政府为了迎合垄断的需要，通过制定政策，与外国政府签订双边、多边协议，帮助企业获得国际竞争优势，帮助垄断组织和企业瓜分世界，使市场受到扭曲。一些企业依靠这种扭曲获得国际贸易中的竞争优势来发展自己。

1.3　二战后国际贸易的发展及问题

　　第二次世界大战以后，国际贸易有了较大的发展。形成这种发展的原因主要有两点：一是各国经济有较快的发展，二是 GATT 改善并创造了较好的国际贸易环境。

1.3.1　当代国际贸易的发展情况

　　第二次世界大战是历史上划时代的事件，这不仅仅是因为在战争期间欧洲各国上千万人民的死伤，以及亚洲的中国的同样的伤亡带给人们的无尽的反思，更主要的是这场战争带给我们一个全新的世界。所谓全新的世界，是指发达工业国作为先行的生产力的代表，在战后对国际贸易提出的一些新主张，以及它们对这些主张的实施。这里所谓的先行生产力，是指率先使用新的科学技术所形成的生产力。每个历史时期都有一些国家率先将新的科学技术运用到生产之中。这些国家由此而获得生产上的优势并且强大起来。每一次工业革命都以新科技的出现和应用而形成了了各个历史时期的先行生产力。生产力在得到推动和发展的同时，旧有的国际生产关系必须做出调整。从古至今，这种调整一直是围绕着市场的占有展开的。无论是殖民体系的建立，垄断的托拉斯、卡特尔、辛迪加组织，第一、第二次世界大战都是分配、争夺世界市场的方式和手段。二战使人们明白，所有这些分配争夺世界市场的方式和手段、形式和方法，由于招致的反击过于强烈，都不大可行了。但是，生产力却不断地在发展，商品产出量在膨胀，因而对市场的需求也不断增加，国际贸易变得更为重要。一个协调的国际市场秩序成为国际贸易和各国经济稳定发展的关键问题。

　　第二次世界大战以后，国际贸易的高速发展成为这个时期的基本特点。从根本上来说，经济的发展是决定性因素，但是国际贸易的高速发展在很大程度上得益于"关税与贸易总协定"。从图1-1、图1-2可以看出国际贸易高速发展的情况。1948年世界出口额为585亿美元，2003年达到75 029.33亿美元。2003年世界出口贸易总额是1948年的128倍。

单位：亿美元

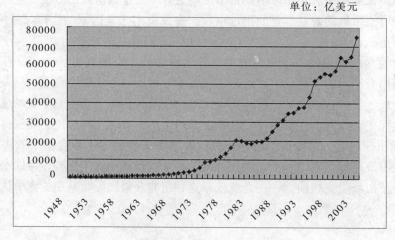

图1-1　世界贸易额（1948—2003）
注：本图根据世界贸易组织统计数字制作，数据见WTO网站。

　　从图1-1、图1-2中可以看出，国际贸易每增加10 000亿美元贸易额的时间越来越短。1948年世界出口额为585亿美元，1977年贸易额突破10 000亿美元，1980年突破20 000亿美元，1989年突破30 000亿美元，1994年突破40 000亿美元，1995年突破50 000亿美元，2000年突破60 000亿美元，2003年突破70 000亿美元，为75 029亿美元。回顾历史，1948年世界贸易总额为585.00亿美元，直到1977年才达到11 283.90亿美元（1976年为 9921.20 亿美元），用了近 30 年的时间。世界贸易增加第二个 10 000 亿美元，突破 20 000 亿美元是在 1980 年（20 341.87 亿美元），用了 3 年的时间。1989 年突破 30 000 亿美元，达到 30 978.44 亿美元，用了 9 年时间。1994 年突破 40 000 亿美元，为 43 256.73 亿美元，用了 5 年时间，而仅仅一年以后的 1995 年，就突破 50 000 亿美元大关，达到 51 616.52 亿美元。2000 年突破 60 000 亿美元（64 462.10 亿美元）以后，2003 年突破 70 000 亿美元，达到 75 029.33 亿美元。

单位：亿美元

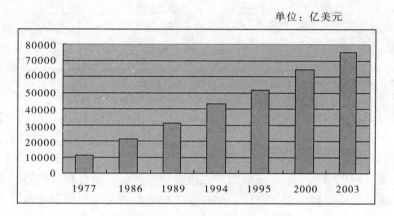

图 1 - 2　世界出口贸易发展情况

注：本图根据世界贸易组织统计数字制作，数字来源于 WTO 网站。

　　关税与贸易总协定（General Agreement on Tariff and Trade，GATT）的签订及其有关条款的落实，特别是于 1979 年 4 月结束的第 7 轮（东京回合）谈判，使数以千计的工业品和农产品的关税得到充分削减（见表 1 - 1）。降低关税谈判的结果为国际贸易的扩大创造了重要的条件。在经济发展的不同阶段，各国都曾经充分借助关税保护本国的市场和一些工业。然而，到第二次世界大战结束时，美国首先意识到，根据发达国家生产力所达到的水平，商品的充分流动是各工业国经济稳定和发展的基本条件，因此它极力推动和倡导自由贸易。从根本上来讲，美国这样做是从自身利益出发的。但是从客观上讲，作为世界上经济最发达的国家，美国对世界经济事务的一些要求适应了商品经济的内在规律。使商品在世界上充分自由流动就应降低关税。在美国的倡议下，GATT 相继组织了 7 轮谈判（见表 1 - 1），各国关税大幅度降低。

表 1 – 1   GATT 组织的 7 轮谈判

轮　　次	谈判时间	谈判持续时间/月	谈判地点	谈判参与国	关税较上期平均降低幅度/%
第一轮	1947 年 4—10 月	6	瑞士日内瓦	23	35
第二轮	1949 年 4 月—10 月	6	法国安纳西	23	35
第三轮	1950 年 10 月—1951 年 3 月	6	英国拖奎	39	26
第四轮	1956 年 1—5 月	4	瑞士日内瓦	28	15
第五轮（狄龙回合）	1960 年 9 月—1962 年 7 月	22	瑞士日内瓦	45	20
第六轮（肯尼迪回合）	1964 年 5 月—1967 年 6 月	37	瑞士日内瓦	54	35
第七轮	1973 年 9 月—1979 年 4 月	67	瑞士日内瓦	102	33★

注：资料来源于 WTO 网站。★为关税从 1980 年起的 8 年内逐步实现。

作为贸易保护主义措施的非关税壁垒仍然被广泛使用。实践表明，非关税壁垒能够有效地阻止进口，并且不论在 GATT 体系下，还是在 WTO 体系下仍然被广泛使用，并且手段时常翻新。主要的或者经常使用的非关税壁垒措施有反倾销税、反补贴税、进口配额制，等等。虽然世界贸易组织明确了减少或取消非关税壁垒的意向，而且在一些协定中有明确的规定，非关税措施的使用受到了很大制约，但是非关税壁垒的使用仍然很普遍。而且，不但发达国家使用这些手段，一些发展中国家也开始使用这些手段保护自己，比如印度、韩国等就是使用非关税措施比较多的国家。

1.3.2　当代国际贸易的特点

（1）知识密集型产品在世界商品贸易中所占的比重不断增加。

随着知识经济的发展，产业结构中高科技产业、服务业所占的比重正在不断提高，而且将进一步提高，经济重心将由工业经济时代的制造业向高新技术、服务业转向。近年来，主要工业化国家高技术产品出口增长均高于全部出口的增长速度，成为国际贸易新的增长点。在此背景下，国际贸易的商品结构也随之发生变化。据估计，2005 年高新技术产业在制造产业出口贸易的份额将占到 1/4 左右。

国际技术贸易发展之所以迅速，主要是因为这样几个原因。第一，随着知识经济时代的到来，各国都重视科技的开发和研究，实行科技发展战略，进行科技竞争。高科技产业成为一个制高点。谁在知识创新方面占领了制高点，谁就拥有了竞争的主动权。第二，世界技术发明创造与更新的周期大大缩短。蒸汽机从研制到生产用了 100 年的时间，而平面型晶体管从研制到批量生产只用了 5 年时间。产品技术更新的周期在 20 世纪 70 年代是 5 ～ 6 年，80 年代是 4 ～ 5 年，90 年代则是 1 ～ 2 年。第三，与技术贸易有关的社会条件日益完善，尤其是各国在保护知识产权方面的努力，为国际技术贸易的发展提供了良好的经济、法律环境。第四，经济全球化和自由化浪潮使各国的经济合作与依赖加深，国际技术交流更加频繁。技术对经济的贡献率在 20 世纪上半叶不到 50%，到 20 世纪末已达 80% ～ 85%。发达国家经济增长主要是通过技术进步获得的。

在国际贸易中，增长最快的是信息产品与服务贸易。信息产品将成为未来贸易的主角。目前，发达工业化国家的信息技术产品出口占总出口的比重越来越大，这也是知识经济发展的一个重要标志。信息技术产品贸易目前在国际贸易中主要有两种类型：一是许可证贸易，即技术专利、技术知识和商标使用权的交易；二是产品的贸易。在发达国家之间的贸易形式主要是前者，在发达国家和发展中国家之间则主要是后者。高技术产品的出口使美国对经济紧缩或经济周期的抵抗力更强，成为美国自 20 世纪 90 年代以来经济持续增长的主要因素。因此，知识经济是可持续发展的前提和基础，而可持续发展则是知识经济的发展过程和社会目的。

（2）各国对外贸易依存度不断提高。

外贸依存度是指一国进出口总额与其国内生产总值（GDP）的比例，是衡量外贸在国民经济中所占地位的重要指标。它反映一国经济对于对外贸易依赖的程度。美国、日本、德国这些发达工业国在 20 世纪 50 — 60 年代对外贸易依存度都不高，一般只在 10% 左右。但是，随着生产和对外贸易的发展，外贸依存度不断提高。日本外贸依存度 2001 年为 18.17%。美国作为成熟的发达国家，20 世纪 80 年代以来外贸依存度变动差异不大，一直维持在 15%～20% 之间，目前保持在 19% 左右。发展中国家外贸依存度也在不断增高。韩国贸易协会提供的数据显示，韩国 1995 年、2000 年和 2003 年的外贸依存度分别为 50.3%、65% 和 61.3%。我国改革开放 20 多年来，外贸依存度稳步上升，2001 年达到 43.98%，而且近两年加速上升，2002 年达到 48.99%，2003 年首次突破 60%，达到 60.32%。各国外贸易依存度普遍提高，这说明在世界经济一体化中，各国经济上相互依赖的程度在增加。[1]

（3）贸易保护主义出现新动向。

关税与贸易总协定运行 50 余年中，通过 7 轮谈判使各国关税水平总体降低，贸易自由化程度大大提高。这是符合时代潮流的。但是，贸易保护总是与贸易自由化相伴的。关税与贸易总协定体制下各国关税大幅度降低使关税的保护作用削弱，非关税壁垒遂逐步兴起，形成了以非关税手段为主要保护形式的新贸易保护主义。高峰时期，各国使用的非关税壁垒手段达近千种，对贸易形成新的障碍。到后来，不但发达工业国使用这些手段，一些发展中国家也开始使用。与此同时还应该指出的是一些新的保护主义形式出现，如绿色壁垒、技术壁垒、社会责任壁垒和知识产权保护等非关税壁垒措施等，而且这些新的保护主义实施的力度会逐渐加大。如果说旧的贸易保护主义措施是赤裸裸地保护的话，这些新兴起的保护主义措施则有着合理合法的外衣。在很多情况下它们都可以从世贸组织的一些协议中找到依据。这些新的非关税壁垒形式主要是针对发展中国家的。

技术壁垒是指一些国家以维护国家安全、保障人类健康、保护生态环境、防止欺诈行为及保证商品质量等为理由而采取的一些技术性措施。它主要通过颁布法律、法令、条例、规

---

① 李磊. 港口业：行业增速放缓两极分化严重，［2005 – 12 – 10］. http://hongzhoukan.hexun.com/html/2004 – 8 – 3/2004831183219.htm.

定，建立技术标准，确定认证制度、卫生检验检疫制度等方式，达到限制其他国家商品自由进入该国市场的目的。与此相关的技术壁垒有安全壁垒、卫生壁垒、信息技术壁垒等几个方面。贸易中的商品究竟会受到哪种形式的壁垒障碍，要依据商品本身的特点而定。

绿色壁垒又称环境壁垒，它涉及环境技术标准、环境标志等限制商品进口的措施。环境技术标准是指一些国家借口保护环境，制定严格的强制性技术标准，对于达不到这些标准的进口商品形成障碍，以达到限制国外商品进口的目的。环境标志被称为进入国际市场的"绿色通行证"，是表明产品从生产到使用及回收处理的整个过程都符合特定的环保要求的标志，是一种印刷或粘贴在商品包装上的图形和文字标识，表明该商品对生态环境和人类健康均无损害。商品无环境标志，或者标识不全，进口到某些国家时将受到一定的阻碍。此外还有 1995 年 4 月国际标准化组织开始实施《国际环境检查标准制度》，要求企业产品在生产各个环节都要达到 ISO 9000 的系列质量标准及 ISO 14000 的系列环境管理体系标准，达不到其规定标准的商品，就不予市场准入。

社会壁垒指以维护劳动者的劳动环境和生存权利而由各国制定的法规及采取的措施。目前国际上对于有关社会保障、劳动者待遇、劳工权利、劳动标准等问题的关注由来已久，不少国家围绕这问题制定了相应的规定。当这种关注延伸至国际贸易领域时，则要求出口商品在生产过程中必须符合进口国的相关规定，违反相关规定的商品在进口时将受到阻碍乃至被禁止进口，这就形成了社会壁垒。因为发达国家的社会条件不同于发展中国家，它们制定的与上述问题有关的这些规定远非发展中国家一时所能满足，这给发展中国家的出口造成一定的困难，形同壁垒。更有甚者，还有些是以维护劳动者的劳动环境和生存权利为借口而制定的、以限制进口为目的的规定。这种规定本质上就是一种贸易保护措施。社会壁垒应该同时包括这两个方面的内容。

上述几项新的贸易壁垒的一些要求，常常介于合理和不合理之间，因此其限制进口的实质显得非常隐蔽，实施过程极为复杂，容易引起争议，极易导致贸易摩擦。事实上，这几项新的贸易壁垒正成为国际贸易争端的主要内容。发展中国家要想一下都达到这些标准，难度非常大。预计传统的商品贸易大战将被新贸易壁垒招致的各种摩擦所取代。

1.4 研究国际贸易时常用的一些基本概念

这里介绍的是研究国际贸易时常用和必然会涉及的一些基本概念。这些概念在后面的一些章节里可能没有机会充分介绍，所以在这里给予简单说明。

一个国家或者地区与另外一个国家或者地区之间的商品交易称为国际贸易。交易中的商品可以是货物，也可以是劳务，乃至技术、知识。国际贸易、世界贸易与对外贸易常常被混用，但实际上是有区别的。当人们站在一个国家的角度来考察它与其他国家或者地区之间的贸易时，称之为对外贸易（Foreign Trade），通常叫某某国家的对外贸易。世界贸易与国际贸易的区别是什么呢。说到世界贸易时，人们关心的只是商品在地球上的流动而已。说到国际贸易时，人们更注重商品是在国际法理规定下的流动。国际法理是指规范商品流动的双边、多边协议，或者国际协定（如 GATT/WTO）所做的规定，也包括长期以来形成的、为人们普遍接受的商业习俗。

出口贸易与进口贸易国际贸易都是双向的，买和卖同时发生，一方是买，另一方是卖。在一次贸易中，将商品卖出去的一方是出口方，从事的是出口贸易，出口方所在的国家为出口国。相反的一方是进口方，从事的是进口贸易，进口方所在的国家为进口国。出口贸易一般是出口方把出口国生产的、加工制造的商品销售到国外市场的商业行为。进口贸易是指一国从外国购入商品的商业行为；进口商品应该是直接用于本国人的生活消费或者生产消费。进出口贸易是以上两个方面的总和。一国进口的商品没有在进口国用于生活消费，也没有用于生产消费，而是在未经加工的情况下又销往外国，称为复出口。同样，一国出口的商品在国外未经加工又输回该国，叫复进口。

对外贸易额是指一定时期一国对外国的货物贸易的总价值和对外国的服务贸易总价值之和。在一定的时期之内，一国出口货物总价值之和，为出口货物贸易额；进口货物总价值之和，为进口货物贸易额；出口货物贸易额与进口贸易额之和，即为该国货物对外贸易额。世界货物贸易额是指世界上所有国家在一定时期（一般为 1 年）进口货物价值和出口货物价值之和。就世界而言，一国的出口就是另外一个国家的进口，因此只用世界各国出口贸易总额反映世界贸易规模。为了避免各国在统计其贸易额时可能出现的混乱，一般都要按照出口货物的离岸价（FOB 价格，即起运港船上交货价，不计算保险费和运费）计算。表 1 – 2 中，2001 年世界出口贸易额为 6 0321 亿美元，它等于工业化国家的 38 389 亿美元和发展中国家的 21 933 亿美元之和。日本 4035 亿美元应该为工业化国家的 38 389 亿美元中的一部分。印度 436 亿美元应该为发展中国家的 21 933 亿美元的一部分。

表 1 – 2　世界主要国家和地区出口货物贸易额（2002 年）

单位：亿美元

国家和地区	1990	1998	1999	2000	2001
世　界	34 386	54 423	56 305	63 356	60 321
其中：工业国家	24 541	36 706	37 405	39 954	38 389
发展中国家	9845	17 717	18 900	23 402	21 933
中　国	621	1837	1949	2492	2662
中国香港	822	1740	1739	2019	1899
孟加拉国	17	38	39	47	50
印　度	180	334	357	424	436
印度尼西亚	257	488	487	621	
伊　朗	193	131	210	283	
以色列	116	230	258	314	290
日　本	2876	3879	4194	4792	4035

注：根据中国国家统计局《国际统计数据 2001》简化编制。

服务贸易是指非物质商品在国际间的贸易。非物质商品没有物质形态，比如技术、知识、商标专利、旅游、银行、保险、运输业的服务等，因此在统计时应该与货物商品贸易区分开，归到服务贸易总价值项下。

为了避免物价水平的变化对不同年份贸易额的影响，以及从另外一个侧面反映对外贸易的规模，统计学特制定对外货物贸易量这个指标。它是指以某个年份为基期，将要考察的各年货物贸易量折合成基期年份的价格水平，然后再进行比较。按照基期年份不变的价格水平，可以更清楚地发现对外货物贸易的实际规模及其变动情况。由于它单纯反映对外货物贸易的量，这个指标叫对外贸易量。

对外贸易差额是指一定时期（一般为 1 年）一国货物贸易与服务贸易出口总额与其进口总额之间的差额。一国货物贸易与服务贸易出口总额大于一国货物贸易与服务贸易进口总额，称为贸易顺差，也叫出超；一国货物贸易与服务贸易出口总额小于一国货物贸易与服务贸易进口总额，称为贸易逆差，也叫入超；一国货物贸易与服务贸易出口总额等于一国货物贸易与服务贸易进口总额，称为贸易平衡。这个指标反映的是该国的对外贸易收支的状况。它是影响一个国家国际收支的重要因素。根据需要，可以将货物贸易额与服务贸易额分别进行研究分析。

对外贸易商品结构是指一国对外进出口中各类商品所占的比重，用百分比表示。通常分为对外货物贸易结构和对外服务贸易结构。对外货物贸易结构是指一国在一定时期（一般为 1 年）进出口货物贸易中各类货物所占的比重，一般由百分比表示。对外服务贸易结构由对外服务进出口贸易的各类项目构成，如运输、旅游、各类商业服务等。对外贸易商品结构比较能够反映各国经济状况，是实施和调整有关宏观经济政策的参考指标。

表 1-3 所示为世界主要国家和地区的出口商品构成。

表 1-3　世界主要国家和地区出口商品构成

单位：%

国家和地区	农业原材料	食品	燃料	矿物和金属	制成品
世　界	1.8	6.8	8.0	2.8	77.8
其中：高收入国家	1.7	6.3	4.4	2.4	82.3
中等收入国家	2.1	8.2	20.5	4.4	62.7
低收入国家	3.7	17.1	20.9	3.3	53.3
中　国	1.1	5.4	3.1	1.9	88.2
中国香港	0.4	1.6	0.5	1.9	95.3
印　度	1.4	14.5	0.2	2.5	79.2
印度尼西亚	3.6	8.9	25.4	4.9	57.1
伊　朗	0.4	2.9	88.5	0.8	7.3
以色列	1.1	2.6	0.7	1.3	94.1
日　本	0.5	0.5	0.4	1.3	93.9

注：根据中国国家统计局《国际统计数据 2001》简化编制。

表1-3要横向看才能明白。中国出口商品中88.2%是制所品,伊朗7.3%是制成品。一般而言,出口商品中制成品比例高的国家工业化程度高。世界77.8%的出口商品是制成品,而高收入国家为82.3%,低收入国家为53.3%,出口制成品多的国家收入比较高,但是石油出口例外。

　　表1-4所示为世界主要国家和地区的进口商品构成。

表1-4　世界主要国家和地区进口商品构成

单位:%

国家和地区	农业原材料	食品	燃料	矿物和金属	制成品
世　界	2.0	7.0	10.2	3.2	74.5
其中:高收入国家	1.9	6.8	9.8	3.1	75.4
中等收入国家	2.5	7.4	11.2	3.5	72.1
低收入国家	4.5	14.2	19.5	3.5	57.5
中　国	4.7	4.0	9.2	5.6	75.7
中国香港	1.2	4.3	2.1	1.8	90.5
印　度	3.4	7.2	30.8	5.5	50.7
印度尼西亚	7.1	10.0	18.4	3.3	61.2
伊　朗	2.6	19.0	2.4	2.3	73.3
以色列	1.0	5.4	9.8	2.0	81.4
日　本	3.1	12.8	20.4	5.6	56.7

　　注:根据中国国家统计局《国际统计数据2001》简化编制。

　　表1-4横向比较了每个国家进口中几类商品分别所占的比重,并分析了这个国家经济的特点。传统上以进口原材料出口制成品为理想模式。但是在经济一体化日益加深的形势下,进口制成品和出口制成品成为新的结构。这一点可以从表1-3,1-4看出来。

　　对外贸易地理方向指一个国家出口商品的去向及进口商品的来源地。它可以表明该国与贸易伙伴国之间的经济、贸易关系。研究地理方向时,出口商品去向可以是地区,也可以是国家。总之,一切视研究者的目的而定。

　　表1-5所示为世界上一些国家和地区的商品出口去向。

表1-5　一些国家(地区)的出口去向(2001年)

单位:%

国家和地区	总计	发达国家	发展中国家	欧洲	美洲	非洲	西亚
中国	100.0	56.0	39.9	15.9	2.9	1.7	2.4
中国香港	100.0	48.5	47.8	16.1	2.8	0.7	1.3
孟加拉国	100.0	86.5	12.1	46.4	0.6	1.1	3.1
印度	100.0	58.5	35.7	27.5	2.3	4.2	8.8

国家和地区	总计	发达国家	发展中国家	欧洲	美洲	非洲	西亚
印度尼西亚	100.0	55.5	40.0	16.6	1.6	2.0	3.4
伊朗	100.0	51.6	42.6	33.1	1.2	1.5	10.0
伊拉克	100.0	90.8	4.3	55.3			0.3
以色列	100.0	74.2	15.7	32.6	3.7	0.9	1.7
日本	100.0	55.0	37.8	19.4	5.0	1.0	

注：根据中国国家统计局《国际统计数据2001》简化编制。

表1-6所示为世界上一些主要发达国家和地区2000年的进口来源构成。

表1-6 世界主要国家（地区）进口来源构成（2000年）——发达国家

单位：%

国家或地区	世界	发达国家						东欧国家
		小计	欧洲	欧盟	美国和加拿大	日本	其他	
中国	100.0	41.4	12.8	12.0	9.7	16.3	2.7	2.9
中国香港	100.0	30.4	9.3	8.1	7.5	12.0	1.6	0.3
孟加拉国	100.0	27.3	11.7	9.9	3.8	9.3	2.5	0.8
印度	100.0	47.0	27.7	26.8	8.6	5.7	4.9	3.7
印度尼西亚	100.0	48.2	12.4	11.9	8.5	21.7	5.6	0.5
伊朗	100.0	51.1	39.0	36.8	3.7	4.7	3.7	7.1
以色列	100.0	75.5	49.0	43.3	22.0	3.4	1.2	3.6
日本	100.0	40.4	13.6	12.4	21.5		5.3	1.4

表1-7所示为世界上一些主要发展中国家和地区2000年的进口来源构成。

表1-7 世界主要国家（地区）进口来源构成（2000年）——发展中国家

单位：%

国家或地区	世界	发展中国家						未分类
		小计	美洲	非洲	西亚	石油输出国组织国家	其他亚洲地区	
中国	100.0	53.9	1.8	1.2	2.5	3.2	48.4	1.8
中国香港	100.0	61.2	0.6	0.1	0.5	1.2	60.0	8.1
孟加拉国	100.0	50.7	1.5	0.9	5.7	7.3	42.5	21.2
印度	100.0	47.4	2.8	5.9	13.3	15.6	25.4	1.9
印度尼西亚	100.0	49.3	1.4	0.8	3.1	3.2	43.6	2.0
伊朗	100.0	40.0	5.4	1.1	9.8	7.0	23.4	1.9
以色列	100.0	13.5	1.1	0.3	1.7	0.1	10.4	7.3
日本	100.0	58.2	3.2	0.5	12.2	15.9	42.1	0.0

注：根据中国国家统计局《国际统计数据2001》简化编制。

对外贸易依存度是考察一个国家整体经济与世界经济交融的程度。一个封闭的经济没有对外依存度，一个开放的经济才有依存度。对外贸易依存度表明一个国家的国民经济与这个国家的对外贸易之间的关系。处于考察目的不同，有三种可供使用的计算方法，分别为对外贸易依存度、出口贸易依存度和进口贸易依存度。

为了分析对外贸易与经济发展之间的关系，我国一般用对外贸易依存度来表示，其计算方法有 3 种。

（1）对外贸易总额/国民生产总值或国内生产总值。这是一个反映对外贸易在国民生产总值中的地位的指标。它考察的是一个国家经济对于对外贸易的依存程度。实际上反映的是这个国家的经济对于外国市场的依赖程度。

（2）出口贸易额/国民生产总值或国内生产总值，被称为出口贸易依存度。它表明出口贸易在其经济中的地位，说明这个国家的产品在多大程度上是依靠国际市场来实现商品的价值的。

（3）进口贸易额/国民生产总值或国内生产总值，被称为进口贸易依存度。它表明该国经济在多大程度上依赖外国的产品。这是一个反映进口贸易在国民生产总值中的地位的指标。

依照上述 3 种方法计算，我国 2002 年对外贸易依存度为 50%（6207 亿美元的进出口贸易总额/12 330 亿美元的国内生产总值），出口贸易依存度为 26.4%（3255.7 亿美元的出口贸易额/12 330 亿美元的国内生产总值），进口贸易依存度为 23.9%（2952.0 亿美元的进口贸易额/12 330亿美元的国内生产总值）。

本章小结

本章介绍了国际贸易为什么产生，其在一国经济中的地位，对一国经济及世界经济的影响。此外还介绍了第二次世界大战以后世界贸易发展的情况及当今的状况、各国所处的地位、当今实际贸易的特点。同时，本章集中介绍了一些专有名词的含义，以便于理解国际贸易问题。

关键术语

国际贸易	International Trade
对外贸易	Foreign Trade
进口	Import
出口	Export
贸易顺差	Trade Surplus

贸易逆差	Trade Deficit
绿色壁垒	Green Barriers
技术壁垒	Technical Barriers
对外贸易商品结构	Composition of Foreign Trade Commodity

思 考 题

1. 国际贸易是如何促进了资本主义生产方式的确立的？
2. 第一次工业革命是如何促进国际贸易的发展的？
3. 请根据表 1－8 中的数字，分别计算美国的对外贸易依存度、出口贸易依存度和进口贸易依存度。

表 1－8　美国贸易统计表

单位：百万美元

年　份	2000	2001	2002	2003
出口	781 125	730 803	693 860	723 805
进口	1 259 300	1 179 180	1 202 430	1 305 410
GDP	9 762 100	10 019 700	10 383 100	10 857 200

第 2 章

国际贸易理论（I）

知 识 要 点

☑ 了解重商主义的基本贸易观点及政策主张。

☑ 掌握绝对优势和比较优势理论的假设、内涵及理论的意义。

☑ 理解相互需求理论的基本内容。

技 能 要 点

☑ 学会计算比较优势的方法。

☑ 能够分析一个国家从贸易中获得的利益。

☑ 能够利用贸易条件指数去衡量一国贸易的状况。

2.1 重商主义对外贸易学说

重商主义可谓西方国际贸易理论的理论之源。在学习西方传统国际贸易理论之前，有必要首先了解重商主义。

2.1.1 重商主义及其对外贸易学说

重商主义是资本主义生产方式准备时期建立起来的代表商业资产阶级利益的一种经济学说和政策体系。它产生于 15 世纪，全盛于 16 世纪和 17 世纪上半叶，从 17 世纪下半叶开始盛极而衰。重商主义最初出现在意大利，后来流行到西班牙、葡萄牙、荷兰、英国和法国等。16 世纪末叶以后，重商主义在英国和法国得到了重大的发展。

重商主义的产生有着深刻的历史背景。15 世纪以后，西欧封建自然经济逐渐瓦解，商品货币经济关系急剧发展，封建主阶级力量不断削弱，商业资产阶级的力量不断增强，社会经济生活对商业资本的依赖日益加深。与此同时，社会财富的重心由土地转向了金银货币，货币成为全社会上至国王下至农民所追求的东西，并被认为是财富的代表形态和国家富强的象征。而当时金银货币主要来自商业资产阶级所经营的内外贸易，尤其是对外贸易。因此，对外贸易被认为是财富的源泉，重商主义便应运而生。

重商主义所重的"商"是对外经商，重商主义学说实质上是重商主义对外贸易学说，反映的是巨商大贾、学者、政府官员中的所谓重商主义者关于对外贸易的观点、看法。重商主义理论代表的是在流通领域营利的巨商的利益。

重商主义经历了从 15 世纪至 16 世纪中叶的早期和 16 世纪下半叶至 17 世纪的晚期两个发展阶段，其对外贸易学说也相应地分为早期和晚期，早期叫货币差额论，主要代表人物有英国的海尔斯（John Hales）和斯坦福德（William Stafford）等；晚期称贸易差额论，最重要的代表人物是英国的托马斯·孟（Thomas Munn）。货币差额论与贸易差额论关于增加财富的具体措施和方法有所不同。

货币差额论把增加国内货币积累、防止货币外流视为对外贸易政策的指导原则，认为国家采取行政手段，直接控制货币流动，禁止金银输出，在对外贸易上遵循少买（或不买）多卖的原则，使每笔交易和对每个国家都保持顺差，就可以使金银流入国内。

贸易差额论反对国家政府限制货币输出，认为那样做不但是徒劳的，而且是有害的，因为对方国家会采取对等措施进行报复，使本国贸易减少甚至消失，货币积累的目的将无法实现。托马斯·孟说："凡是我们将在本国加之于外人身上的，也会立即在他们国内制成法令而加之于我们身上……因此，首先我们就将丧失我们现在享有的可以将现金带回本国的自由和便利，并且因此我们还要失掉我们输往各地许多货物的销路，而我们的贸易与我们的现金将一块消失。"①

贸易差额论认为，对外贸易能使国家富足，但必须谨守进出口贸易总额保持顺差的原则。托马斯·孟说："对外贸易是增加我们的财富和现金的通常手段，在这一点上我们必须时时谨守这一原则：在价值上，每年卖给外国人的货物必须比我们消费他们的要多。"② 贸易差额论还认为，国内金银大多会造成物价上涨，使消费下降，使出口减少，影响贸易差额，如果出现逆差，货币自然外流。因而认为，国家应准许适量货币输出国外，这非但不会使货币流失，而且还会像猎鹰叼回"肥鸭"一样，吸收进更多的货币，使国家更加富裕。

托马斯·孟曾非常透彻地分析了西班牙由富变穷的原因是不能更充分地用金银从事对外贸易的结果。西班牙早期来自美洲的大量金银能够保持住，是因为它垄断了东印度的贸易，赚取了大量金银。这样他们一方面可以得到自己的必需品，一方面又可以防止别人取走他们的金钱。垄断丧失后，宫廷和战争的大量耗费，本土又不能供应，全靠输出金银购买，金银流失殆尽，使西班牙变穷。

---

① Munn T. England's Treasure by Foreign Trade. Oxford：Basil Blackwell, 1928

② 同①。

2.1.2 重商主义的对外贸易政策

1. 货币禁出政策

奉行重商主义的国家都颁布过各种法令，规定严厉的刑罚，禁止货币输出。例如，西班牙曾规定输出金银者处死，检举者有赏，并禁止外国人购买金条。英国也曾规定输出金银为大罪。在禁止货币输出的同时，各国都想方设法吸收国外货币，政府通过法令，规定外国人来本国进行贸易时，必须将出售货物所得到的全部款项用于购买本国的货物，以免货币外流。到了重商主义的晚期发展阶段，货币政策有所放宽，准许输出适量货币，以期获得更多的货币。

2. 奖出限入政策

重商主义者极力主张国家管制对外贸易，通过奖出限入政策促进出口，减少进口，实现贸易顺差，积累货币财富。在进口方面，实行重商主义的国家不仅禁止奢侈品输入，而且对一般制成品的进口也严加限制，因为奢侈品、工业制成品价格昂贵，进口这些商品要输出大批金银，影响货币积累。英、法等国就曾制定过禁止奢侈品进口的法令。在出口方面，由于原料价格低廉，加工后产品增值、价格变得昂贵，所以重商主义者主张出口制成品代替出口原料，并且认为输出廉价原料，再用高价购买其制成品是一种愚蠢的行为。另外，国家还用现金奖励在外国市场上出售本国商品的商人。例如，当时英国曾禁止输出羊毛、皮革和锡等原料品，奖励那些不输出原料及在英国制造并出口工业品的生产者。

3. 保护关税政策

保护关税政策在重商主义的早期发展阶段便开始实行，晚期阶段已成为扩大出口、限制进口的重要手段之一。这种政策，对进口的制成品设置关税壁垒，课以重税，使进口的商品价格提高，售价昂贵，从而达到限制进口的目的；对进口的原料和出口的制成品，则减免关税或出口制成品时退还进口原料所征的关税，以支持和鼓励本国制成品的生产和出口。

4. 发展民族工业政策

重商主义者认为，保持贸易顺差的关键在于本国能够多出口竞争力强的工业制成品。因此，他们主张实施鼓励国内工业发展的政策。当时实行重商主义的各国都围绕着发展本国工业制定并执行了种种政策措施。为了发展制造业和加工工业。有的国家高薪聘请外国工匠，禁止熟练技工外流和机器设备输出，鼓励原料和半成品输入，还向工场手工业者发放贷款和提供各种优惠条件；为了为工业发展提供充足的劳动力，鼓励增加人口；为了降低工业生产成本，实行低工资政策；为了提高产品质量，制订工业管理条例，加强质量管理。例如，英国政府通过职工法鼓励外国技工移民。法国则采取免税赋、补贴、给予特权，乃至皇家基金自由投资等措施，促进制造业发展，为扩大商品输出创造雄厚的经济基础。

5. 塞拉的贸易平衡思想

意大利的塞拉认为，获取金银财富有两类手段：一类是自然手段，即通过开采国家所具有的金银矿藏资源获得金银；二类是人为手段，即无矿国家通过国际贸易获取金银。塞拉强调发展转运贸易，谋求从流通中获得利润。塞拉主张贸易平衡论，反对禁止货币出口的政策，认为商人输出金银的动机主要有两个：一是用于支付进口商品，而这些进口商品用于生产出口商品，带来更多货币；二是输出货币资本，进行海外投资，获取更多利润，因而输出金银货币有利于带来更多货币。这种观点已经具有资产阶级经济思想。

2.1.3　重商主义贸易学说简评

首先，在理论上重商主义贸易学说冲破了封建思想的束缚，开始了对资本主义生产方式的最初考察，指出了对外贸易能使国家富足。重商主义是对资本主义生产方式的最初的理论探讨。同时，晚期重商主义贸易学说认识到了货币不仅是流通手段，而且具有资本的职能，只有将货币投入流通尤其是对外贸易才能取得更多的货币。人们开始把自己的金币当作诱鸟放出去，以便把别人的金币引回来。重商主义贸易学说的理论观点代表了资本原始积累时期处于上升阶段的商业资本的利益，因而具有历史进步意义。

其次，在政策上重商主义贸易学说提供了关于国家干预对外贸易的一系列主张，当时西欧各国实行重商主义贸易政策的结果促进了商品货币关系的发展，加速了资本的原始积累，促进了资本主义生产方式的建立，推动了历史的进步。而且，重商主义贸易政策中的许多主张和措施对当今世界各国制定对外贸易政策仍有一定的影响。如扶助本国工业发展、鼓励原材料进口和制成品出口等一些措施对当今国际贸易仍有一定的借鉴意义。

但是，由于商业资产阶级的历史局限性和国际贸易实践的限制，重商主义对外贸易学说存在许多缺陷和不足。首先，重商主义对外贸易学说的理论观点是不成熟的、肤浅的，没有形成系统的理论。许多观点是以专题或小册子的形式散发的，而且除少数人（如托马斯·孟等）外，绝大多数重商主义者都只针对某个具体问题一事一议，虽然各种观点之间存在一些联系，但并不紧密。其次，重商主义对外贸易学说对国际贸易问题的研究是不全面的，不科学的。它只研究如何从国外取得金银货币，而未探讨国际贸易产生的原因及能否为参加国带来实际利益。而且，它对社会经济现象的探索仅限于流通领域，而未深入到生产领域，因而无法揭示财富的真正来源。第三，重商主义对外贸易学说包含着明显的错误。重商主义者把货币与财富混为一谈，并错误地认为货币是衡量一个国家富强程度的尺度，因而得出对外贸易是财富的源泉、对外贸易的目的就是从国外取得货币，而且货币有限，此得彼失等错误结论，当然也就无法认识到国际贸易有促进各国经济发展的重要意义。

2.2　绝对优势理论

西方传统国际贸易理论体系的建立是从绝对利益论的提出开始的，这一理论为比较优势论的创立铺平了道路。

2.2.1 亚当·斯密与绝对优势论

亚当·斯密（Adam Smith，1723—1790）是资产阶级经济学古典学派的主要奠基人之一，素有"经济学之父"之称，也是国际分工－国际贸易理论的创始人，是倡导自由贸易的带头人。

在亚当·斯密所处的时代，英国的产业革命逐渐展开，经济实力不断增强，新兴的产业资产阶级迫切要求在国民经济各个领域中迅速发展资本主义，但仍存在于乡间的行会制度严重限制了生产者和商人的正常活动，重商主义的极端保护主义则从根本上阻碍了对外贸易的扩大。新兴资产阶级难以从海外获得生产所需的廉价原料并为其产品寻找更大的海外市场。亚当·斯密站在产业资产阶级的立场上，在1776年发表了《国民财富的性质和原因的研究》（简称《国富论》）一书，批判了重商主义，创立了自由放任（laissez-faire）的自由主义经济理论。在国际分工－国际贸易方面，提出了主张自由贸易的绝对优势论（Absolute Advantage）。

绝对优势理论的基本含义是，由于拥有不同的先天或后天优势，两国在同一产品的生产成本上存在着绝对差别。如果甲国在产品A的生产成本上具有绝对优势，在产品B上处于绝对劣势，而乙国在产品B的生产成本上具有绝对优势，在产品A上则处于绝对劣势，那么，甲国就应该专门生产并出口产品A，本国所需的产品B可以从乙国进口；乙国则相反，可以专门生产并出口产品B，本国所需的产品A则从甲国进口。这样，两国进行贸易后，都可以使本国的资源得到最有效的利用，最大限度地提高国民福利水平。斯密首次从消费者的角度强调进口的利益，从分工交换的好处来分析贸易所得。在国际贸易中，不仅出口带来利益，进口也同样给一国带来好处。因此，在斯密的体系中，无论是进口还是出口，都应是市场上的一种自由交换。这种自由交换的结果是双方都会得到好处。国际贸易只是自由市场经济的一部分，不应加以任何限制。

（1）分工可以提高劳动生产率。

斯密非常重视分工，他认为分工可以提高劳动生产率，因而能增加国家财富。他以制针业为例来说明其观点。根据斯密所举的例子，在没有分工的情况下，一个针工每天至多只能制造20枚针，有的甚至连一枚针也制造不出来。而在分工之后，平均每人每天可制针4800枚，每个工人的劳动生产率提高了几百倍，这显然是分工的结果。

斯密认为，分工是由交换引起的。至于交换的原因，他认为是人类特有的一种互通有无、物物交换、相互交易的倾向。在斯密看来，交换是人类出于利己并为达到利己的目的而进行的活动。人们为了追求私利，便乐于进行这种交换。为了交换，就要生产能交换的东西，"这就鼓励大家各自委身于一种特定业务，使他们在各自的业务上，磨炼和发挥各自的天赋资质和才能"。这就产生了分工。

（2）分工的原则是绝对优势。

斯密认为，国际贸易的基础是各国之间生产技术的绝对差别。斯密认为，分工既然可以极大地提高劳动生产率，那么每个人都专门从事他最有优势的产品的生产，然后彼此进行交换，则对每个人都有利。他用一国中不同人的劳动生产率和职业分工来解释国际贸易的原因："如果一件东西在购买时所费的代价比在家内生产时所花费的小，就永远不会想要在家内生产，这是每一个精明的家长都知道的格言。裁缝不想制作他自己的鞋子，而是向鞋匠购买。鞋匠不想制作他自己的衣服，而雇裁缝裁制。农民不想缝衣，也不想制鞋，而宁愿雇用那些不同的工匠去做。他们都感到，为了他们自身的利益，应当把他们的全部精力集中使用到比邻人处于某种有利地位的方面，而以劳动生产物的一部分或同样的东西，即其一部分的价格，购买他们所需要的任何其他物品。"① 在斯密看来，适用于一国内部不同个人或家庭之间的分工原则，也适用于各国之间。一个国家之所以要进口别国的产品，是因为该国生产这种产品的技术处于劣势，自己生产比购买别国产品的成本要高；而一国之所以能够向别国出口产品，是因为该国在这一产品的生产技术上比别国先进，或者说具有绝对优势。因为该国用同样的资源可以比别国生产出更多的产品，从而使单位产品的生产成本低于别国。他认为，每个国家都有其适宜于生产某些特定产品的绝对有利的生产条件，如果每个国家都按照其绝对有利的生产条件（即生产成本绝对低）去进行专业化生产，然后彼此进行交换，则对所有交换国家都是有利的。

（3）国际分工的基础是有利的自然禀赋或后天的有利条件。

斯密认为，自然禀赋（Natural Endowment）和后天的有利条件（Acquired Endowment）因国家而不同，这就为国际分工提供了基础，因为有利的自然禀赋或后天的有利条件可以使一个国家生产某种产品的成本绝对低于别国而在该产品的生产和交换上处于绝对有利地位。各国按照各自的有利条件进行分工和交换，将会使各国的资源、劳动力和资本得到最有效的利用，将会大大地提高劳动生产率和增加物质财富，并使各国从贸易中获益。他举例说，在气候寒冷的苏格兰，人们可以利用温室生产出极好的葡萄，并酿造出与国外进口一样好的葡萄酒，但要付出 30 倍高的代价。他认为，如果真是这么做，那就是明显的愚蠢行为。这便是绝对优势论的基本精神。

因此，斯密认为，国际贸易和国际分工的原因及基础是各国间存在的劳动生产率和生产成本的绝对差别。一国如果在某种产品上具有比别国高的劳动生产率，该国在这一产品上就具有绝对优势；相反，劳动生产率低的产品，就不具有绝对优势，即具有绝对劣势。绝对优势也可间接地由生产成本来衡量：如果一国生产某种产品所需的单位劳动比别国生产同样产品所需的单位劳动要少，该国就具有生产这种产品的绝对优势，反之则具有劣势。各国应该集中生产并出口其具有劳动生产率和生产成本"绝对优势"的产品，进口其不具有"绝对优势"的产品。

---

① Smith A. The Wealth of Nations. London：J. M. Dent & Sons Ltd.，1910，401

2.2.2 生产和贸易模式

绝对优势贸易模型的基本假设如下所述。

（1）两个国家和两种可贸易产品。

（2）两种产品的生产都只有一种要素投入：劳动。

（3）两国在不同产品上的生产技术不同，存在着劳动生产率上的绝对差异。

（4）给定生产要素（劳动）供给。要素可以在国内不同部门之间流动但不能在国家之间流动。

（5）规模报酬不变。

（6）完全竞争市场。各国生产的产品价格都等于产品的平均生产成本，无经济利润。

（7）无运输成本。

（8）两国之间的贸易是平衡的。

根据绝对优势贸易理论，各国应该专门生产并出口其具有"绝对优势"的产品，不生产但进口其不具有"绝对优势"（或"绝对劣势"）的产品。

那么，怎样确定一国在哪种产品上具有绝对优势呢？绝对优势的衡量有以下两种办法。

（1）用劳动生产率，即用单位要素投入的产出率来衡量。产品 j 的劳动生产率可用 (Q_j/L) 来表示，其中 Q_j 是产量，L 是劳动投入。一国如果在某种产品上具有比别国高的劳动生产率，则该国在这一产品上就具有绝对优势。

（2）用生产成本，即用生产 1 单位产品所需的要素投入数量来衡量。单位产品 j 的生产成本（劳动使用量）可用 $a_{Lj}=L/Q_j$ 表示。如果在某种产品的生产中，一国单位产量所需的要素投入低于另一国，则该国在这一产品上就具有绝对优势。

为了更清楚地说明这一模型，我们假设这两个国家是"中国"和"美国"。两国都生产"大米"和"小麦"，但生产技术不同。劳动是唯一的生产要素，两国有相同的劳动力资源，都是 100 人。由于生产技术的不同，同样的劳动人数，可能的产出是不同的。如果两国所有的劳动都用来生产大米，假设中国可以生产 100 吨，美国只能生产 80 吨。如果两国的劳动都用来生产小麦，假设中国能生产 50 吨，而美国能生产 100 吨。两国的生产可能性如表 2-1 所示。[①]

表2-1 中国和美国的生产可能性

国 家	中 国	美 国
大米（吨）	100	80
小麦（吨）	50	100

① 海闻. 国际贸易. 上海：上海人民出版社，2003，53～55

从劳动生产率的角度说，中国每人每年可以生产 1 吨大米，而美国每人每年只生产 0.8 吨，中国具有生产大米的绝对优势。美国每人每年可以生产 1 吨小麦，而中国每人每年只能生产 0.5 吨，美国具有生产小麦的绝对优势。表 2-2 列出了中美两国在大米和小麦生产中的劳动生产率。

表 2-2　中国和美国的劳动生产率（Q_j/L）

国　家	中　国	美　国
大米（人均产量）	1.0	0.8
小麦（人均产量）	0.5	1.0

注：Q_j 是产量，L 是劳动投入，j 是大米、小麦。

从生产成本的角度来说，每吨大米在中国只要 1 个单位的劳动投入，在美国则要 1.25 个单位。相反，每吨小麦在中国需要 2 个单位的劳动投入，在美国只要 1 个。在表 2-3 中，我们分别用 a_{LR} 和 a_{LW} 来表示中美两国单位大米和单位小麦生产中的劳动要素投入，即生产成本。

表 2-3　中国和美国的生产成本（a_{Lj}）

国　家	中　国	美　国
大米（a_{LR}）	1.0	1.25
小麦（a_{LW}）	2.0	1.0

显然，a_{LR}（中国）$< a_{LR}$（美国），而 a_{LW}（中国）$> a_{LW}$（美国）。通过生产成本的比较，我们可以得出与以上比较劳动生产率时同样的结论。

根据"绝对优势"贸易理论，中国应该专门生产大米（100 吨），然后用其中的一部分去跟美国交换小麦。美国则应专门生产小麦（100 吨），然后用一部分小麦去交换中国的大米。

2.2.3　贸易所得

这种专业化的分工和交换有什么好处呢？让我们用一个假设的例子来说明。如果没有贸易的话，两国都是封闭经济，自给自足，因此，为了满足不同的消费，每个国家都要生产两种产品。为了方便起见，我们假设每个国家都将自己的劳动资源平均分布在两种产品的生产上，那么中国的大米产量是 50 吨，小麦是 25 吨，美国则生产 40 吨大米和 50 吨小麦。在封闭经济中，各国的生产量也是各国的消费量。

在两国开放自由贸易和专业化分工之后，中国生产 100 吨大米而美国生产 100 吨小麦。假设中国仍然保持自给自足时的大米消费量（50 吨），拿出另外的 50 吨去跟美国交换小麦，而美国也是如此，保证原来的小麦消费量（50 吨），将余下的 50 吨小麦去交换大米。这样，中国与美国用 50 吨大米换 50 吨小麦。贸易的结果是，中国现在有 50 吨大米（自己生产的）

和50吨小麦（进口的），比自给自足时多了25吨小麦。而美国也有50吨小麦和50吨大米，比自给自足时多了10吨大米。两国都比贸易前增加了消费，都达到了在自给自足时不可能达到的消费水平。这就是贸易所得。

在这个例子中，中国大米与美国小麦的交换比例是1∶1，而实际中这一比例会变动。究竟以什么样的比例（即价格）进行交换，取决于国际市场上两种产品的供给与需求。但有一点非常明确，中国用1吨大米换取的小麦不能少于0.5吨，否则不如自己生产；进口1吨中国大米，美国愿意支付的小麦不会超过1.25吨，否则无利可图。两国都能从分工和贸易中获利的小麦/大米交换比例（大米的相对价格）应在0.5与1.25之间。

2.2.4　理论的局限性

"绝对优势"理论解释了产生贸易的部分原因，也首次论证了贸易双方都可以从国际分工与交换中获得利益的思想。国际贸易可以是一个"双赢"的局面，而不是一个"零和游戏"。可以说，斯密把国际贸易理论纳入了市场经济的理论体系，开创了对国际贸易的经济分析。但是，绝对优势贸易理论的局限性很大。在斯密的理论中，鞋匠有制鞋的绝对优势，裁缝有做衣服的绝对优势，两者的分工比较明确。但假如两个人都能制鞋和做衣服，而其中一个在两种职业上都比另一个人强，那么应该怎样分工呢？因为在现实社会中，有些国家比较先进发达，有可能在各种产品的生产上都具有绝对优势，而另一些国家可能不具有任何生产技术上的绝对优势，但是贸易仍然在这两种国家之间发生，而斯密的理论无法解释这种绝对先进和绝对落后国家之间的贸易。

假定美国小麦和大米的劳动生产率都比中国高（150吨大米或者100吨小麦），在大米和小麦上都有绝对优势。根据斯密的绝对优势贸易理论，美国应该出口小麦，也出口大米，而中国没有任何产品可以出口，不但应该进口小麦，还应该进口大米。可是，如果中国不能出口的话就没有能力来支付进口产品，也就无法进口，国际贸易也就没有可能。因此，斯密的绝对优势贸易理论在解释国际贸易的实际现象时有很多局限性，而这一问题的解决是由李嘉图的比较优势贸易理论来完成的。

2.3　比较优势贸易理论

大卫·李嘉图（David Ricardo，1772—1823）是在亚当·斯密之后的另一位著名的古典经济学家。李嘉图的贸易学说是他整个经济理论中的一个重要组成部分。

2.3.1　比较优势理论的产生背景

比较优势理论的产生既是实践的需要，也存在着理论上的需求。

从实践上看，比较优势理论是在英国资产阶级争取自由贸易的斗争中产生和发展起来的。1815年，英国政府颁布了《谷物法》，这是一个有利于地主贵族而损害资产阶级利益的法规。这是因为《谷物法》的颁布，造成了英国粮价上涨，地租猛增。昂贵的谷物，使工人货币工资不得不提高，成本增加，利润减少，这便削弱了工业品的竞争能力；昂贵的谷物，也减少了英国各阶层居民对工业品的购买，因为人们不得不花费更多的货币去购买粮食；《谷物法》还招致外国采用高关税，阻止英国工业品进口。正因为如此，英国资产阶级和地主贵族阶级围绕《谷物法》的废止展开了激烈的斗争。资产阶级迫切需要从理论上论证废止《谷物法》的必要性和实行自由贸易的优越性。于是，作为工业资产阶级代言人的李嘉图提出了比较优势理论，为此做出了回答。

2.3.2　李嘉图的贸易思想

李嘉图与斯密一样，主张自由贸易，认为每个人在自由追求个人利益的同时会自然而然地有利于整个社会。与重商主义不同，李嘉图认为国际贸易给社会带来利益并非因为一国商品价值总额的增加，而是因为一国商品总量的增长。国际贸易之所以对国家极为有利，是因为它增加了用收入购买的物品的数量和种类。同斯密一样，李嘉图强调进口带来的利益。不过，李嘉图提出了更加系统的自由贸易理论，他用"比较成本"的概念来分析国际贸易的基础，从资源的最有效配置的角度来论证自由贸易与专业分工的必要性，建立了"比较优势理论"。

李嘉图的比较优势理论认为国际贸易的基础并不限于生产成本上的绝对差别，而是生产技术相对差别及由此产生的相对成本的不同。只要各国的生产成本之间存在着相对差别，就会出现产品价格的相对差别，使国际分工和国际贸易成为可能。一国欲从出口获利，只需在该产品的生产上有比较优势而不一定要有绝对优势。一国可能会在所有的产品上都不具有绝对优势，但一定会在某些产品上拥有比较优势。因此，任何国家都可以有能够出口的产品，都有条件参与国际分工和国际贸易。

比较优势理论的基本观点是：假定甲国在 A、B 两种产品上都具有绝对优势，但在 A 产品上的优势要小于 B 产品，而乙国在 A、B 两种产品上都具有绝对劣势，但在 B 产品上的劣势要小于 A 产品。这时，如果两国之间进行贸易，则双方都能得到好处。

2.3.3　比较优势论的理论假设

李嘉图在讨论比较优势时做了如下简化的经济假设：

（1）两种产品、两个国家模型，即只考虑两个国家（英国与葡萄牙）和两种产品（葡萄酒和毛呢）；

（2）以英国、葡萄牙两国的真实劳动成本（劳动时间）的差异为基础，并假定所有劳动都是同质的（homogeneous），没有熟练劳动与非熟练劳动的区别；

（3）生产是在成本不变的情况下进行的，单位产品生产成本不因产量的增加而变化，即规模报酬不变；

（4）运输费用为零；

（5）包括劳动在内的生产要素的使用是充分的，而且它们在国内完全流动，但在国家之间不能流动；

（6）生产要素能自由地进出任何市场，产品市场也是完全竞争的市场；

（7）收入分配不因分工和自由贸易而发生变化；

（8）贸易是按物物交换的方式进行的，而不是以货币为媒介进行的；

（9）不存在技术进步，国际经济是静态的。

2.3.4 比较优势的确定

比较优势可以用相对劳动生产率、相对生产成本或者机会成本来确定。三种方法的结论是相同的，都能确定本国产品的比较优势。

（1）用产品的相对劳动生产率来衡量。相对劳动生产率是不同产品劳动生产率的比率，或两种不同产品的人均产量之比。用公式表示则可写成：

$$产品 A 的相对劳动生产率（相对于产品 B）= \frac{产品 A 的劳动生产率（人均产量 Q_A/L）}{产品 B 的劳动生产率（人均产量 Q_B/L）}$$

如果一个国家某种产品的相对劳动生产率高于其他国家同样产品的相对劳动生产率，该国在这一产品上就拥有比较优势。反之，则只有比较劣势。

（2）用相对成本来衡量。所谓"相对成本"，指的是一个产品的单位要素投入与另一产品单位要素投入的比率。用公式表示则可写成：

$$产品 A 的相对成本（相对于产品 B）= \frac{单位产品 A 的要素投入量（a_{LA}）}{单位产品 B 的要素投入量（a_{LB}）}$$

如果一国生产某种产品的相对成本低于别国生产同样产品的相对成本，该国就具有生产该产品的比较优势。

（3）一种产品是否具有生产上的比较优势还可用该产品的机会成本来衡量。所谓"机会成本"，指的是为了多生产某种产品而必须放弃的其他产品的数量。用大米来衡量的每单位小麦产量的机会成本为：

$$小麦的机会成本 = \frac{减少的大米产量}{增加的大米产量}$$

以中国和美国为例，在前面的计算中我们可以看到，在给定的时间（或土地）里，每个中国农民可以生产 1 吨大米，也可以生产 0.5 吨小麦，但不能同时生产 1 吨大米和 0.5 吨小麦。也就是说，在中国，一个农民要想多生产 1 吨小麦，他就不得不少生产 2 吨大米。每吨小麦的"机会成本"是 2 吨大米。在美国，一个农民要想多生产 1 吨小麦，就必须少生产 0.8 吨大米。每吨小麦的"机会成本"是 0.8 吨大米。同样，我们可以算出大米的机会成本（小麦机会成本的倒数）：中国为 0.5 吨小麦，美国为 1.25 吨小麦。中国生产大米的机会成本低，具有比较优势；美国生产小麦的机会成本低，具有生产小麦的比较优势。

2.3.5 贸易模式及贸易所得

在绝对优势贸易理论中，贸易所得比较容易看得清楚，因为一国出口产品的绝对生产成本一定比别国低，而且进口的也一定是自己生产成本绝对比别国高的产品，所以通过贸易一定能够赚钱或省钱。但在比较优势理论中，贸易所得就不是那么直观。一国有可能出口比别国生产成本高的产品，也有可能从别国进口生产成本不如本国低的产品。在这种情况下，一国参与国际贸易的利益何在呢？

"比较优势"理论可以用图形和曲线来说明。我们使用生产可能性曲线说明供给，用社会无差异曲线表示需求。依然以中国和美国为例，两国都只生产两种产品：大米和小麦。因此，在我们的总体均衡分析中，也只有大米和小麦两种产品。图 2-1 中的（a）、（b）两图分别说明中美两国的生产消费情况，两图中的纵坐标都表示小麦的生产量，横坐标都为大米的生产量。如果各国都将所有的人力用于生产小麦，不生产大米，小麦的生产总量分别为 50 吨（中国）和 100 吨（美国）；如果两国将全部资源投入大米生产，可分别生产 100 吨（中国）和 80 吨（美国）。这是两个极端的情况。各国也都可以生产一部分大米和一部分小麦。如果中国将一部分劳动力用来生产大米，中国的小麦产量就不可能再保持在 50 吨，新的生产组合可能是 40 吨小麦和 20 吨大米，或者是 30 吨小麦和 40 吨大米，等等。这种可能的生产组合会有很多很多。如果我们将各种可能的组合都表示出来即可得各国的生产可能性曲线。由于在李嘉图的"比较优势"模型中劳动是唯一的生产要素，而劳动生产率又是固定的，因此产品的机会成本也就固定不变了。各国的生产可能性曲线都是直线，用 PPC 表示。

图 2-1 中，中美两国对小麦和大米这两种产品的需求分别用各自的社会无差异曲线表示。在各国的社会无差异曲线图中，CIC_1 都比 CIC_0 具有更高的社会福利水平。

中美两国在发生贸易之前，各自根据社会的需求偏好（社会无差异曲线 CIC_0）和生产能力（生产可能性曲线 PPC）选择 S_0 点作为生产的均衡点，C_0 作为消费的均衡点。无国际贸易的情形下，如果社会福利达到最大化，本国生产的产品完全用于本国消费，即 S_0 与 C_0 重合。在 S_0 点上各国大米的机会成本（在封闭经济中也是大米的相对价格）都用 P_0 来表示。中国生产每吨大米的机会成本为 0.5 吨小麦；美国生产大米的机会成本是 1.25 吨小麦。图 2-1 中大米是在横轴上，因此大米生产的机会成本正好是生产可能性曲线的斜率。中国大米的相对成本低，中国拥有生产大米的比较优势；美国则拥有生产小麦的比较优势。

如果两国发生贸易，根据比较优势的原理，美国会专门生产小麦并向中国出口一部分小麦以换取大米，中国则集中生产大米并出口一部分大米跟美国换小麦。各国的生产点都会从原来没有贸易时的 S_0 点转移到 S_1（中国生产 100 吨大米，美国生产 100 吨小麦），然后再根据国际价格进行交换。

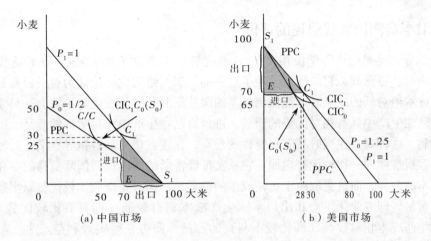

图 2-1 生产技术（劳动生产率）不同国家之间的贸易

国际价格是双方都接受的交换价格。对于国际价格的形成，我们会在分析各种具体的商品市场时讨论，在此我们先假定为 1 （P_1），即每吨小麦可以交换 1 吨大米。对于中国来说，自己生产 1 吨小麦要牺牲 2 吨大米，现在只要用 1 吨大米即可换取 1 吨小麦，无疑是愿意的。对于美国来说，每吨大米的生产原来要花费 1.25 吨小麦的代价，现在只需用 1 吨小麦就可从中国得到 1 吨大米，当然也有贸易的意愿。

在给定的国际价格下，各国根据自己的社会消费偏好进行最优选择。各国都会在自己的社会无差异曲线（CIC）与国际价格曲线相切的点（C_1）上决定两种产品的消费。假设中国在这一点上需要消费 70 吨大米，中国就可用余下的 30 吨大米去跟美国人交换小麦。在国际价格为 1:1 的情况下，中国可以获得（进口）30 吨小麦，总的消费量为 70 吨大米和 30 吨小麦。美国也根据同样的道理选择他们的消费，在国际价格下出口一部分小麦（30 吨）以换取大米（30 吨）。在均衡点上，美国进口的大米量与出口的小麦量正好等于中国相应的出口和进口量。生产（S_1点）与消费（C_1点）之间的差别就是国际贸易量，C_1、E、S_1三点所组成的三角被称为"贸易三角"。

根据比较优势形成的专业化分工和国际贸易使中国的消费从无贸易时的 50 吨大米、25 吨小麦增加到 70 吨大米、30 吨小麦，美国的消费也从原来的 28 吨大米、65 吨小麦，提高到 30 吨大米、70 吨小麦。两国的生产能力（由生产可能性曲线表示）都没有变化，而消费水平却都提高了，两国都从国际分工和国际贸易中获得了利益，达到了比贸易前更高的社会福利水平（用 CIC_1 表示）。需要说明的是，在总体均衡分析中，衡量福利水平的是社会无差异曲线的水平而非产品的绝对消费量。如果中国特别偏好大米的话，贸易后的消费水平也可能是 80 吨大米、20 吨小麦。与贸易前相比，大米消费量增加了，但小麦消费量却减少了，但总的社会福利水平仍是提高了。因此，贸易后两种产品的消费都增加的情况可以用来说明整个国家的贸易所得，但说明贸易所得并不一定需要两种产品的消费都增加。

2.3.6 对李嘉图比较优势论的评价

首先，与"绝对优势"学说相比，"比较优势"学说更有普遍意义。比较优势论比绝对优势论更全面、更深刻。它的问世改变了过去的认识。绝对优势论认为自由贸易只是在两国相互交换成本绝对低的商品时才能使贸易参加国获得利益。比较优势论认为，只要两个国家都出口自己在生产中具有相对优势的商品，进口自己在生产中相对劣势的商品，则两个国家都可以获利。这种观点在当时具有划时代的意义，在现在仍然具有指导意义。比较优势论揭示了一个客观规律——比较优势定律。它从实证经济学的角度证明国际贸易的存在不仅取决于绝对成本的差异，而且更取决于比较成本的差异。一国只要按照比较优势原则参与国际分工和国际贸易，即专业化生产和出口本国生产成本相对较低（即具有比较优势）的产品，进口本国生产成本相对较高（即比较不利）的产品，便可获得实际利益。这一理论为世界各国参与国际分工和国际贸易提供了理论依据，成为国际贸易理论的基石。

在前面的例子中，美国不但拥有生产小麦的绝对优势，也拥有生产大米的绝对优势。根据"绝对优势"学说，美国应该生产所有两种产品并向中国出口，中国应该什么也不生产，而只是进口。但是，这种情况实际是不可能发生的，因为贸易本身是双向的。一个国家不可能只有进口没有出口。如果只有在绝对优势的条件下才能出口获利的话，中国什么东西都不能出口，中国和美国就不会发生贸易。但是，根据比较优势学说，贸易仍能在两国间发生。中国虽然在所有两种产品上都不拥有绝对优势，却在大米生产上拥有比较优势。生产 1 吨大米的机会成本，在美国是 1.25 吨小麦，在中国只是 0.5 吨小麦。也就是说，用 0.5 吨小麦在中国就可以换到 1 吨大米，在美国则要用 1.25 吨。中国生产大米的相对劳动生产率比美国高：2 > 0.5，中国则有生产大米的比较优势，从而中国可以集中生产大米并出口美国，同时从美国进口小麦，两国之间发生了贸易。通过这个例子我们可以看到，"比较优势"学说不仅在理论上更广泛地论证了贸易的基础，在实践上也部分解释了先进国家与落后国家之间贸易的原因。

其次，比较优势论在历史上起过重大的进步作用。它曾为英国工业资产阶级争取自由贸易提供了有力的理论武器，而自由贸易政策又促进了英国生产力的迅速发展，使英国成为"世界工厂"，在世界工业和贸易中居于首位。可见，比较优势论在推动自由贸易的事业中成效十分卓著。

但是，比较优势论仍有一定的局限性。其一，李嘉图和斯密一样，研究问题的出发点是一个永恒的世界，在方法论上是形而上学的。李嘉图把他的比较优势论建立在一系列简单的假设前提基础上，把多变的经济世界抽象成静止的、均衡的世界，因而所揭示的贸易各国获得的利益是静态的短期利益，这种利益是否符合一国经济发展的长远利益则不得而知。李嘉图虽然偶尔也承认，当各国的生产技术及生产成本发生变化之后，国际贸易的格局也会发生变化，但遗憾的是，他并没有进一步阐发这一思想，更没有用来修正他的理论。其二，李嘉图的比较优势论在泛泛地论证了按照比较优势原则开展专业化生产和贸易，对所有参加国都有利之后，对于更复杂的问题，诸如引起各国劳动成本差异的原因、互利贸易利益的范围及贸易利得的分配等问题，却没有触及。其三，比较优势论虽然以劳动价值论为基础，但就整体而言，李嘉图的劳动价值论是不完全的、不彻底的。根据李嘉图的劳动价值论，劳动是唯一的生产要素或劳动在所有的商品生产中均按相同的固定比例使用，而且所有的劳动都是同质的，因此任何一种商品的价值都取决于它的劳动成本。显然这些假设和观点是不切实际的，甚至是错误的，所以仅用劳动成本的差异来解释比较优势是不完整的、不完全的。

2.4　相互需求论

针对李嘉图解释国际交换条件时存在的局限性，英国经济学家约翰·穆勒（J. S. Mill，1806—1873）提出了相互需求理论（Reciprocal Demand Theorem）。穆勒首先使用供求关系决定商品价值的原理，解释国际价值问题。他认为，李嘉图仅从供给方面解析分工模式及贸易利益，是不全面的，因而无法确定国际贸易的商品交换比率。约翰·穆勒和阿弗里德·马歇尔是相互需求论的主要代表人物。马歇尔以几何方法对穆勒的相互需求原理做了进一步的分析和阐述。

2.4.1　穆勒的相互需求论

约翰·穆勒是李嘉图的学生，是19世纪中叶英国最著名的经济学家。他的代表作为《政治经济学原理》，在该书中他提出了相互需求论，对比较利益论做了重要的说明和补充：他在相互需求论的基础上，用两国商品交换比例的上下限解释互惠贸易的范围；用贸易条件说明贸易利得的分配；用相互需求程度解释贸易条件的变动。

1. 互惠贸易的范围

穆勒认为，价值是一个相对的术语，一个商品的价值不表现为物品本身内在劳动的多少，它只意味着在交换中所能获得的另一种商品的数量。因此，进口商品的价值不取决于产地的劳动消耗率，而取决于当地为偿付进口需要出口的商品数量。相互需求论认为，交易双方在各自国内市场有各自的交换比例，在世界市场上，两国商品的交换形成一个国际交换比例（即贸易条件），这一比例只有介于两国的国内交换比例之间，才对贸易双方均有利。以英、美两国按比较优势原则生产和交换小麦、棉布为例，具体说明并图示如下。

假设分工前，在美国国内，1蒲式耳小麦可换取2/3码布，在英国国内，1蒲式耳小麦可换取2码布。按比较优势原则，分工后，美国专门生产小麦，英国专门生产棉布，再相互交换产品。如果两国间的交换比例为1蒲式耳小麦交换2/3码布，即按美国国内的交换比例进行交换，美国并不比分工前多获产品，即未获得贸易利益，因而会退出交易而使国际贸易不可能发生。显然，两国交换比例更不可能低于1蒲式耳小麦交换2/3码布，因为那样美国非但不得利，反而比国内交换少得产品，所以双方贸易不能等于或低于1蒲式耳小麦交换2/3码布这个美国国内的交换比例。同理，如果两国间的交换比例为1蒲式耳小麦交换2码布，即按英国国内的交换比例进行交换，英国不能从两国贸易中获益而会退出交易，使国际贸易不会发生。显然，这个比例更不能高于1蒲式耳小麦交换2码布，因为那样英国将失利，所以双方交换比例不能等于或高于英国国内的交换比例——1蒲式耳小麦交换2码布。综上所述，两国间小麦和棉布的交换比例必须介于1蒲式耳小麦交换2/3码布和1蒲式耳小麦交换2码布之间（1:2/3～1:2），即介于美、英两国的国内交换比例之间，才会使两国都能从贸易中获益。

图2-2中，纵轴Y表示小麦，横轴X表示棉布。两国国内的交换比例用从原点引出的射线的斜率来表示。OP_{US}的斜率为1:2/3，表示美国国内的交换比例，为小麦交换棉布的下限；OP_{UK}的斜率为1:2，表示英国国内的交换比例，为小麦交换棉布的上限。OY与OP_{US}之间为美国不参加贸易的区域，OX与OP_{UK}之间为英国不参加贸易区域，OP_{US}与OP_{UK}之间为互惠贸易区，位于该区域的任何从原点引出的射线的斜率，都是互利贸易条件。

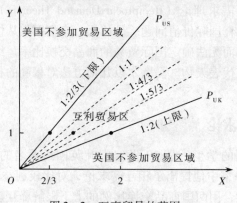

图2-2 互惠贸易的范围

2. 贸易利得的分配

国际贸易能给参加国带来利益。贸易利益的大小取决于两国国内交换比例之间范围（即互惠贸易范围）的大小。而贸易利益的分配中孰多孰少，则决定于具体的国际交换比例。国际间商品交换比例越接近于本国国内的交换比例，对本国越不利，本国分得的贸易利益越少，因为越接近于本国国内的交换比例，说明本国从贸易中获得的利益越接近于分工和交换前自己单独生产时的产品量。相反，国际间商品交换比例越接近于对方国家的国内交换比例，对本国越有利，分得的贸易利益就越多，因为越接近于对方国家国内交换比例，意味着离本国国内的交换比例越远，本国从贸易中获得的利益超过分工和交换前自己生产时的产品量越多。例如在上例中，美、英两国间小麦和棉布贸易的具体交换比例若为1蒲式耳小麦交换1码布，则美国比分工前的国内交换多获1/3码布，英国比分工前国内交换节约1码布；若为1蒲式耳小麦交换4/3码布，则美国多获2/3码布，英国节约2/3码布；若为1蒲式耳小麦交换5/3码布，则美国多获1码布，英国节约1/3码布（见图2-2）……

3. 相互需求法则

穆勒将需求因素导入国际贸易理论之中，以说明贸易条件决定的原则。他认为一切贸易都是商品的交换，一方出售商品便是购买对方商品的手段，即一方的供给便是对对方商品的需求，所以供给和需求也就是相互需求。国际交换条件（交换比例）取决于国际需求方程式（The Equation of International Demand）。在两国间互惠贸易的范围内，贸易条件或两国间商品交换比例是由两国相互需求对方产品的强度决定的，它与两国相互需求对方产品总量之比相等，这样才能使两国贸易达到均衡。如果两国的需求强度发生变化，则贸易条件或两国间的交换比例必然发生变动。一国对另一国出口商品的需求愈强，而另一国对该国出口商品的需求愈弱，则贸易条件对该国愈不利，该国的贸易利得愈小；反之，则贸易条件对该国愈有利，该国的贸易利得愈大，这就是相互需求法则。

前面的例中，假设美、英两国商品交换比例为 1 蒲式耳小麦交换 1.7 码布，如果在这个交换比例上，美国对英国棉布的需求与英国对美国小麦的需求恰能使两国的进出口额相等，则这个交换比例就是一个稳定/均衡的交换比例。例如，美国对英国棉布的需求为 1000 × 17 = 17 000 码，英国对美国小麦的需求为 1000 × 10 = 10 000 蒲式耳，这时两国的贸易达到平衡（假定两国都只有一种出口商品）。如果两国的相互需求强度发生变化，使两国按 1 蒲式耳小麦交换 1.7 码布的比例进行交换，进出口额不相等，则贸易条件或交换比例不能稳定下来，必然发生相应变动。如果英国对美国小麦的需求愈强，美国对英国的棉布需求愈弱，则交换比例会变得对美国愈有利，美国的贸易利得也就愈大；反之，英国对美国的小麦需求愈弱，美国对英国的棉布需求愈强，则交换比例会变得对英国越有利，英国的贸易利得也就愈大。例如，在 1 蒲式耳小麦交换 1.7 码布的比例上，美国对英国棉布的需求为 800 × 17 码，而不是 1000 × 17 码，英国对美国小麦的需求强度不变，仍为 10 000 蒲式耳。这时，按 1 蒲式耳小麦交换 1.7 码布进行贸易，英国只能换得 800 × 10 蒲式耳小麦，为能满足其对小麦的全部需求，它必须相对提高小麦的交换价值，使交换比例变得对美国有利，例如 1:1.8。在这个交换比例上，假定美国由于棉布交换价值相对下降而增加对棉布的需求至 900 × 18 码，而英国由于小麦交换价值相对上升而减少对小麦的需求至 900 × 10 码，这时两国间的贸易又重新达到平衡（900 × 18 × 1 = 900 × 10 × 1.8）。相反，如果美国对英国棉布的需求强度不变，而英国对美国小麦的需求强度减弱，则交换比例就要降至 1:1.7 以下，对英国有利。

2.4.2　马歇尔的相互需求理论

马歇尔（Alfred Marshall）是 19 世纪末 20 世纪初英国最著名的经济学家，是新古典学派的创始人，其主要著作是 1879 年出版的《国际贸易纯理论》和 1890 年出版的《经济学原理》等。他的经济学的理论核心是边际效用论和生产费用论相结合的均衡价格论。他用均衡价格论来解释描绘贸易条件的提供曲线，对约翰·穆勒的相互需求论做了进一步的分析和说明。

1. 提供曲线

提供曲线（Offer Curve），也称相互需求曲线（Reciprocal Demand Curve），它表示一国想交换的进口商品数量与所愿意出口的本国商品数量之间的函数关系。它表明一国进出口的贸易意向随着商品的相对价格（交易条件）的变化而变化。

提供曲线是由生产可能性曲线、社会无差异曲线簇及可发生贸易的各种不同相对价格推导出来的。

先看国 I，从开放贸易前的情形开始，当 X 商品的相对价格等于过 A 点（国内均衡点）的切线的斜率时，不会产生任何出口供应，这一点对应于图 2-3（b）中提供曲线的原点。图 2-3（b）中的 P_A 与提供曲线相切于原点，P_A 的斜率与图 2-3（a）中通过 A 点的 P_A 的斜率相等。当 X 产品的相对价格大于 A 点的相对价格，即对 X 商品较为有利的价格，生产就会下移，消费则建立在更高的水平上，若相对价格为 P_F，则生产移至 F 点，消费位于 H 点；若相对价格为 P_B，生产点移至 B 点，消费达到 E 点。其中，GH 的 Y 产品进口是以出口数量为 GF 的 X 产品交换而得的，CE 的 Y 产品进口是以出口数量为 BC 的 X 产品交换而得的。按这一方式继续考察下去，得到不同的进出口商品量的组合，在图 2-3（b）中画出各条价格线，其斜率与各自在图 2-3（a）中相对应的价格线一一相等，把出口标在横轴上，把进口标在纵轴上，并用一条光滑的曲线连接各点便可得到该国在各种不同的国际价格水平下贸易均衡点的轨迹，即该国的提供曲线或相互需求曲线。

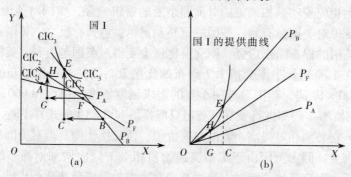

图 2-3　国 I 提供曲线的导出

用同样的方法，可推导出国 II 的提供曲线，如图 2-4 所示。

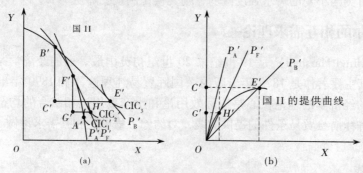

图 2-4　国 II 提供曲线的导出

从以上建立的两国的提供曲线可见，各国的提供曲线凸向代表本国具有比较优势产品的坐标轴，表示相对价格对本国越来越有利。例如，国Ⅰ的提供曲线凸向 X 轴，表示国Ⅰ用一定数量的 X 产品可以交换越来越多的 Y 产品。因为曲线凸向 X 轴向上弯曲，通过曲线上每一点的射线越来越陡，即斜率越来越大，这意味着随着贸易量的增加，国Ⅰ交换同样数量的对方产品所用的本国产品的数量越来越少，或用同样数量的本国产品能交换更多的对方产品。相反，国Ⅱ的提供曲线凸向 Y 轴向下弯曲，表示用一定数量的 Y 产品可以交换越来越多的 X 产品。因为曲线向下弯曲，通过曲线上每一点的射线越来越平缓，即斜率越来越小，这意味着国Ⅱ交换同样数量的对方产品所用的本国产品越来越小，商品相对价格对本国越来越有利。

各国提供曲线之所以凸向代表具有比较利益商品的坐标轴，用马歇尔的供求价格论来解释，原因有二：一是出口产品边际机会成本递增；二是进口产品的边际效用递减。对一国而言，一方面，随着出口的增加，必须增加出口产品产量，使边际机会成本不断提高，这就决定了用一定数量的出口产品必须交换更多的进口产品，该国才能继续扩大贸易；另一方面，随着进出口贸易的增加，国内进口产品由于消费数量增加而效用下降，而出口产品的消费数量减少，而效用相对提高，这也决定了该国出口同样数量的产品，必须换回更多的进口产品，才能使它继续扩大贸易。总之，由于产品的效用和机会成本两方面的原因，使一国的提供曲线凸向代表具有比较利益商品的坐标轴。

如果将两国的提供曲线置于同一坐标图中，国Ⅰ的提供曲线位于其国内均衡价格 P_A 之上，国Ⅱ的提供曲线则位于其国内均衡价格之下，两国的提供曲线位于两国国内商品相对价格之间（如图 2-5 所示）。这与前述的互惠贸易的范围介于两国国内相对价格之间是一致的。

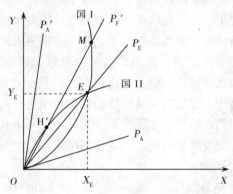

图 2-5　贸易均衡相对商品价格

2. 商品相对价格的决定与贸易均衡

把两个国家的提供曲线放在一个坐标图中，只要两条曲线在原点有不同的斜率，即两国国内的均衡价格不同，它们总会在某处相交，因为两国国内均衡价格存在差异，为贸易提供了基础。一旦贸易可能，它们便将相互交换产品。在图 2-5 中，国Ⅰ和国Ⅱ的提供曲线在原点具有不同的斜率 $P'_A > P_A$，因此两国的提供曲线相交于 E 点，均衡贸易商品相对价格即

由从原点到交点 E 画出的射线的斜率给定。E 点满足了贸易均衡的三个条件。其一，一方出口的数量等于另一方进口的数量，使双方的进出口平衡。国 I 需求 OY_E 的进口，国 II 提供了这一数量的 Y 产品；国 II 需求 OX_E 的进口，国 I 提供了这一数量的 X 产品。其二，各国贸易收支平衡，即 $P_E = \dfrac{P_X}{P_Y} = \dfrac{OY_E}{OX_E}$。其三，对各国提供了最大的生产和满足。除 E 点外，两条曲线上的任何一点都不具备这些性质，即贸易都不平衡。

例如，在 P'_F 价格水平上，国 II 的经济移至 H'，国 I 的经济移至 M，国 II 的 Y 产品出口供应小于国 I 的 Y 产品进口需求，因而出现对 Y 产品的过度需求；而国 II 对 X 产品的进口需求小于国 I 对 X 产品的出口供给，出现对 X 产品的过度供给。贸易的失衡使 X 产品的价格下降，从而使价格线变得较为平缓，并缩小两国提供曲线上 H' 和 M 之间的间隙。这种变化将持续到相对价格与贸易均衡相对价格线重合。相反，若出现对 X 产品的过度需求，对 Y 产品的过度供给则会驱使商品相对价格上升，直至与均衡相对价格相等为止。

3. 贸易条件

在相互需求论中，贸易条件是指商品的物物交换比例，是以商品表示的贸易条件，它适用于抽象的理论分析，但不能用于分析说明一国一定时期贸易地位的变化。因此，西方国家还用价格表示贸易条件，以对国际贸易实践中各国贸易利益和地位的变化情况进行具体分析。

以价格表示的贸易条件是指一国的出口商品价格指数与进口商品价格指数之比率。通常用指数表示，它以价格关系反映一国在对外商品交换上的数量关系。通过不同时期一国进出口商品价格指数之比率的变化，可以反映出一国贸易条件的变化情况。若以某一确定日期为基期，以基期的进出口商品价格比率为基期比率，则当基期进出口商品价格指数之比大于基期比率时，说明该国的贸易条件改善，即出口商品的价格指数相对于进口商品价格指数提高，同样数量的出口商品会比基期换回更多的进口商品，该国在国际贸易中处于有利地位；反之，说明该国贸易条件恶化，即出口商品价格指数相对于进口商品价格指数下降，出口同样数量的商品会比基期换回的商品少，该国在国际贸易中处于不利地位。所以，贸易条件并不表示贸易利益的绝对量，而表示贸易利益的变化情况。

贸易条件有 4 种不同的形式。

（1）商品贸易条件或净贸易条件（Commodity or Net barter Terms of Trade）。商品贸易条件（N）指出口商品价格指数（P_X）与进口商品价格指数（P_Y）之比，为以百分比反映，通常要乘以 100。其公式为：

$$N = \frac{P_X}{P_M} \cdot 100$$

它表示出口一个单位商品能够获得多少单位的进口商品。

（2）收入贸易条件（Income Terms of Trade）。以贸易量指数（Q_X）与商品贸易条件相乘来表示总贸易量变化的指数称为收入贸易条件（I）。其计算公式为：

$$I = \left(\frac{P_{\mathrm{X}}}{P_{\mathrm{M}}}\right) \cdot Q_{\mathrm{X}}$$

它衡量基于出口的进口能力，即根据 $P_{\mathrm{X}} \cdot Q_{\mathrm{X}}$ 这一出口收入能够获得多少进口商品。

（3）单因素贸易条件（Single Factor Terms of Trade）。在商品贸易条件基础上，考虑出口商品劳动生产率（Z_{X}）的作用所得到的贸易条件称单因素贸易条件（S）。其计算公式为：

$$S = \frac{P_{\mathrm{X}}}{P_{\mathrm{M}}} \cdot Z_{\mathrm{X}}$$

它表示包含在出口商品中的每单位生产要素所获得的进口商品数量。通过一国不同时期的单因素贸易条件的比较，可反映该国每单位生产要素的贸易利益的变化。

（4）双因素贸易条件（Double Factor Terms of Trade）。双因素贸易条件（D）是在商品贸易条件的基础上，考虑出口商品劳动生产率变化和进口商品劳动生产率（Z_{M}）变化后贸易条件的变化。其计算公式为：

$$D = \left(\frac{P_{\mathrm{X}}}{P_{\mathrm{M}}}\right) \cdot \left(\frac{Z_{\mathrm{X}}}{Z_{\mathrm{M}}}\right) \cdot 100$$

它衡量需用包含在出口商品中的多少单位本国生产要素来换取包含在进口商品中的一单位外国生产要素。

2.4.3 相互需求论简评

约翰·穆勒是经济学说史上古典经济思想与反古典经济思想的承前启后的著名经济思想家，他直接接受亚当·斯密和大卫·李嘉图的经济思想，许多观点与李嘉图一致，但对李嘉图经济思想做了一些补充和引申。

相互需求理论从相互需求的角度去分析国际贸易的发生及国际间商品交换比例的确定，丰富且深化了大卫·李嘉图的理论。穆勒补充了国际贸易为双方带来利益的范围问题，以及双方在利益的分配中各占多少的问题，指出了互惠贸易的范围介于两国国内交换比例之间，两国产品的交换比例越接近于本国国内交换比例，本国获利越少，相反，越接近于对方国家国内交换比例，本国获利越多，这是正确的，充实了比较利益论的内容。

约翰·穆勒追随李嘉图的自由贸易和比较成本说，并提出了国际价值规律。他认为，一个国家的商品交换另一个国家的商品的交换价值，不像国内商品的价值那样决定于生产费用，而是由为支付进口而出口商品的生产费用来决定，即这个国家的出口总额恰好等于支付进口总额所需的价值。这种国际需求方程式要求在两个国家之间进行的贸易中商品价值经过自行调整，使需求等于供给。一个国家出售的商品，同时也是它所要购买的基金，即一方的全部商品供给能力构成了其对另一方的全部商品需求能力，即一方的需求等于另一方的需求。在这种交换中，国家或个人各自所需出售的物品也构成了他们的购买手段；一方所带来的供给构成了他对另一方所要出售的物品的需求。因此，供给和需求只是相互需求的另一表达方式，而所谓价值将自行调整，以使需求与供给相等。这实际上是说，价值将自行调整，以使一方的需求与另一方的需求相等。

穆勒的国际价值实际是交换价值。国际价值规律不过是影响价格及其变动的供求规律引入到国际交换中。他把价值和交换价值混淆起来，用供求来说明价值，把商品生产费用作为价值的基础。穆勒的价值学说实际上是供求论和生产费用论的混合物，他彻底地背离了资产阶级古典政治经济学的劳动价值论。而且，实际上出口收入不一定立即用于进口商品，穆勒的供求方程式是以物物交换下供给等于需求为前提的，它是萨伊定律的继续。

同时，穆勒虽然继承李嘉图的自由贸易观点，反对贸易保护政策，但同时他又认为对于新兴幼稚产业可以给予暂时适当的保护。穆勒忽略对国际贸易形成原因的探讨，而直接研究发生贸易的结果，这是他的国际贸易理论的一个缺陷。亚当·斯密和大卫·李嘉图都是从生产的社会分工入手发展他们的国际贸易理论，构成了一个基本完善的理论体系。引起国际分工的因素多种多样，包括自然资源、资金、技术、生产条件与设施、人口规模及构成、劳动力素质、管理水平、信息交换、社会制度、生产关系及市场发育状况，等等。社会分工必须要有市场交易来协调与弥补，社会分工产生的经济效率主要包括生产规模经济、劳动熟练程度和技能的提高，从而提高了劳动效率。而社会分工效率的提高所增加的收益额是否大于交易费用的增额是决定社会分工能否成立的关键。在国际分工条件下，各国根据国际分工状况组织生产，从而在国际社会中形成生产专一性与社会消费需求多样性的局面，从而要求由社会分工所形成的市场交换关系来解决，这样在市场上形成了供给一方与需求一方。存在供求关系不一定会发生贸易，在资本主义世界市场上能够发生国际贸易还必须以供求关系能够给外贸商人带来一定水平的利润率为前提。斯密和李嘉图直接从国际分工来研究国际贸易，跳过对市场供求的分析，更没有提及发生贸易的一个重要条件，即要给商人带来利润。穆勒则舍弃对国际分工及其原因的分析，试图从供求状况来说明国际贸易的交换价值和交换比例。他们都把国际贸易当作物物交换或简单商品流通来抽象，忘掉了他们所研究的对象是资本主义生产关系和交换关系。因此，他们研究所得结论与现实距离太大，不能回答国际贸易提出的许多现实问题。

马歇尔用几何分析方法来说明贸易条件的决定与变动，为西方传统国际贸易理论增添了新的表达方法和研究手段，是可供参考的。但马歇尔与穆勒一样，研究的问题并未反映国际生产关系的价值范畴，这使他们虽然在一定范围内和从某一角度说明了各国在贸易利益分配中实物产品孰多孰少的问题，但不能从根本上说明国际间的商品交换是否公平合理，是否等价交换，是否存在剥削等这些属于规范经济学方面的问题，这是相互需求论的根本性缺陷。此外，马歇尔的边际效用论和生产成本论对供给曲线的解释带有主观随意性，因而是就事论事，似是而非的。

本 章 小 结

1. 重商主义作为西方国际贸易理论的理论源泉，分为早期的货币差额论和晚期的贸易差额论。重商主义把货币与财富混为一谈，以吸收国外货币作为富国之路，并据此制定了一系列奖出限入的贸易政策。重商主义贸易政策中许多主张和措施对当今世界各国制定对外贸易政策仍有一定的影响。

2. "绝对优势"理论从劳动价值的角度解释了产生国际贸易的原因，首次论证了贸易双方都可以从国际分工与交换中获得利益的思想。国际贸易是一个"双赢"的局面。但是，"绝对优势"理论无法解释一个在所有产品的生产上都具有绝对优势的国家是如何与一个在所有产品的生产上都具有绝对劣势的国家进行贸易的现象。

3. 比较优势论从实证经济学的角度证明了国际贸易的产生不仅在于绝对成本的差异，而且在于比较成本的差异。一国只要按照比较优势原则参与国际分工和国际贸易，即专业化生产和出口本国具有比较优势的产品，进口本国生产比较不利的产品，便可获得实际利益。但是，比较优势论揭示的贸易各国获得的利益是静态的短期利益，对于互利贸易利益的范围及贸易利得的分配等更复杂的问题却没有触及。同时，比较利益论的许多假设是不符合实际的。

4. 相互需求理论从相互需求的角度去分析国际贸易的发生及国际间商品交换比例的确定，丰富且深化了大卫·李嘉图的理论。穆勒补充了国际贸易为双方带来利益的范围问题，以及双方在利益的分配中各占多少的问题，指出了互惠贸易的范围介于两国国内交换比例之间，两国产品的交换比例越接近于本国国内交换比例，本国获利越少，相反，越接近于对方国家国内交换比例，本国获利越多。

关键术语

重商主义	Mercantilism
绝对优势论	Absolute Advantage
分工	Specialization
自然禀赋	Natural Endowment
后天有利条件	Acquired Endowment
劳动生产率	Labor Productivity
贸易所得	The Gains Trade form Trade
比较优势理论	The Law of Comparative Advantage
比较成本	Comparative Cost
物物交换	Barter Trade

相对劳动生产率	Relative Labor Productivity
相对成本	Relative Cost
机会成本	Opportunity Cost
社会无差异曲线	Social Indifference Curve
生产可能性曲线	Production Possibility Frontier
贸易三角	Trade Triangle
相互需求理论	Reciprocal Demand Theorem
贸易条件	Trade Terms
国际需求方程式	The Equation of International Demand
提供曲线	Offer Curve
商品相对价格	Relative Commodity Price
商品贸易条件	Commodity or Net Barter Terms of Trade
收入贸易条件	Income Terms of Trade

思 考 题

1. 重商主义的主要贸易观点是什么？对发展中国家的贸易政策有何借鉴意义？

2. 亚当·斯密理论阐述的贸易基础和贸易模式是什么？

3. 根据比较优势理论，一个在任何产品的生产上都不具备优势的国家如何参与国际贸易？

4. 相互需求理论如何弥补了比较优势理论的不足？

5. 下表为四种假定的美国和英国在一个小时的劳动中可以生产的小麦和布匹的数量。

	A		B		C		D	
	美国	英国	美国	英国	美国	英国	美国	英国
小麦（蒲式耳/人小时）	4	1	4	1	4	1	4	2
布匹（码/人小时）	1	2	3	2	2	2	2	1

（1）指出每种情况下美国和英国具有绝对优势或者绝对劣势的产品；

（2）指出每种情况下美国和英国具有比较优势或者比较劣势的产品；

（3）指出每种情况下美国和英国发生贸易的可能性；

（4）假定在情况 B 中，美国用 4 单位的小麦交换英国 4 单位的布匹，那么

① 美国的贸易所得是多少？

② 英国的贸易所得是多少？

③ 互利贸易的范围是多少？

④ 如果交换比例变为 4 单位的小麦交换 6 单位的布匹，美英两国的贸易所得各是多少？

第 **3** 章

国际贸易理论（II）

知 识 要 点

- ☑ 掌握要素禀赋理论的基本概念、假设、内涵及里昂惕夫之谜。
- ☑ 理解不完全竞争、规模经济与产业内国际贸易的关系。
- ☑ 了解技术差距论、产品生命周期理论及需求偏好理论。

技 能 要 点

- ☑ 学会利用总体均衡分析国际贸易的形成机制。
- ☑ 掌握利用局部均衡分析国际贸易的福利效应。
- ☑ 掌握产业内贸易指数的计算方法。

3.1 赫克歇尔－俄林的要素禀赋理论

3.1.1 理论背景及基本主张

赫克歇尔（E. F. Heckscher）和俄林（B. G. Ohlin）理论的产生始于对斯密和李嘉图贸易理论的质疑。在斯密和李嘉图的模型中，技术不同是各国生产成本产生差异的主要原因。可是，到了 20 世纪初，各国尤其是欧美之间的交往已很普遍频繁，技术的传播已不是一件非常困难的事。许多产品在不同国家的生产技术已非常接近甚至相同，但为什么成本差异仍然很大？赫克歇尔认为，除了技术差异以外，一定有其他原因决定各国在不同产品上的比较优势，而其中最重要的是各国生产要素的禀赋不同和产品生产中使用的要素比例不同。

赫克歇尔对贸易理论的贡献主要反映在他于 1919 年发表的题为《国际贸易对收入分配的影响》一文中。在这篇文章中，赫克歇尔提出了建立在相对资源禀赋情况和生产中要素比例基础上的比较优势理论。他认为，产生国际贸易的前提条件可以概括为相互进行交换的国家之间生产要素的相对稀缺程度（即生产要素的相对价格）和不同产品中所用生产要素的不同比例。而且，为了分析要素价格不同所产生的国际贸易，赫克歇尔假设在不同的国家里，任何一种给定产品的生产技术是相同的。从这一点出发，赫克歇尔又进一步推断出贸易必然继续发展，直到各国相对稀缺的生产要素的价格出现均等化。赫克歇尔不仅从生产要素的禀赋和使用比例阐述了贸易的基础，也揭示了贸易对要素价格的影响。

作为赫克歇尔的学生，俄林在赫克歇尔的基础上进一步发展了资源禀赋的贸易学说。俄林对其理论的阐述首见于他于1924年发表的博士论文《贸易理论》中。而后，他在1933年出版的《区间贸易和国际贸易论》中则更周密地论证了资源禀赋差异所产生的贸易和国际贸易对收入分配的影响。

赫克歇尔和俄林克服了斯密和李嘉图贸易模型中的某些局限性，认为生产商品需要不同的生产要素而不仅仅是劳动。资本、土地及其他生产要素也在生产中起了重要作用并影响到劳动生产率和生产成本。而且，他们注意到不同的商品生产需要不同的生产要素配置。有些产品的生产技术性较高，需要大量的机器设备和资本投入。这种在生产中所需的资本投入比例较高的产品可以称为资本密集型产品。有些产品的生产则主要是手工操作，需要大量的劳动投入。这种在生产中所需的劳动投入比例较高的产品则称为劳动密集型产品。① 另外，各国生产要素的储备比例也是不同的。有的国家资本相对雄厚，被称为"资本充裕"国家；有的国家人口众多，被称为"劳动充裕"国家。②

由于产品的生产需要使用多种要素，产品的相对成本不仅可以由技术差别决定，也可以由产品生产中的要素比例和一国资源储备的稀缺程度决定。一般来说，劳动力相对充裕的国家，劳动力价格会偏低，因此劳动密集型产品的生产成本会相对低一些。而在资本相对充足的国家里，资本的价格会相对较低，生产资本密集型产品可能会有利。因此，劳动力相对充裕的国家，一般拥有生产劳动密集型产品的比较优势，而资本相对充裕的国家，则具有生产资本密集型产品的比较优势。根据赫克歇尔－俄林的理论，各国应该集中生产并出口那些能够充分利用本国充裕要素的产品，以换取那些需要密集使用其稀缺要素的产品。换句话说，如果中国是劳动力充裕的国家，中国就应该多生产和出口劳动密集型产品，进口资本密集型产品。这种国际贸易的基础是生产要素的禀赋和使用比例上的相对差别。

3.1.2　基本概念

要素禀赋论以生产要素、要素禀赋、要素丰裕程度、要素密集度、要素密集型产品等概

① "密集型"是一个相对概念，如果钢铁生产中所需要的资本/劳动的比率高于大米生产中的资本/劳动比率，那么钢铁就是资本密集型产品，大米就是劳动密集型产品。反之，钢铁是劳动密集型产品，大米是资本密集型产品。

② "充裕"也是一个相对概念，用资本/劳动的比率（人均资本）来衡量。如果美国的人均资本高于中国，美国就是资本充裕的国家，中国则是劳动充裕的国家。但如果中国与柬埔寨或孟加拉国等相比，中国也许又该算是资本充裕的国家。

念来表述和说明，掌握这些概念是理解要素禀赋论的关键。

1. 生产要素和要素价格

生产要素（Factor of Production）是指生产者必须具备的主要因素或在生产中必须投入或使用的主要手段。通常指土地、劳动和资本三要素，加上企业家的管理才能为四要素，也有人把技术知识、经济信息也当作生产要素。要素价格（Factor Price）则是指生产要素的使用费用或要素的报酬，例如土地的租金、劳动的工资、资本的利息、管理的利润等。

2. 要素密集度和要素密集型产品

要素密集度（Factor Intensity）指产品生产中要素投入比例的大小，如果某要素投入比例大，称为该要素密集程度高。不同的产品所投入的要素比例不同，有的产品所投入的资本要素比例比较大，有的产品投入的劳动要素的比例较大。要素投入的比例不同决定着产品的不同特征，是不同的要素密集型产品。根据产品生产所投入的生产要素中所占比例最大的生产要素种类不同，可把产品划分为不同种类的要素密集型产品（Factor Intensive Commodity）。例如，生产小麦投入的土地占的比例最大，便称小麦为土地密集型产品；生产纺织品劳动所占的比例最大，则称之为劳动密集型产品（Labor Intensive Commodity）；生产电子计算机资本所占的比例最大，于是称为资本密集型产品（Capital Intensive Commodity），有的产品则要求投入的高技术较多，称之为技术密集型产品（Technology Intensive Commodity）。以此类推。在只有两种商品（X 和 Y）、两种要素（劳动和资本）的情况下，如果 Y 商品生产中使用的资本和劳动的比例大于 X 商品生产中的资本和劳动的比例，则称 Y 商品为资本密集型产品，而称 X 为劳动密集型产品。

要素密集和比较优势一样是一个相对的概念。布相对钢铁而言是劳动密集型产品，是因为生产布中每一单位的资本所要求使用的劳动比生产钢铁中每一单位的资本所需求的劳动要多，即劳动与资本的比率（Labor-capital Ratio）较高。而钢铁是资本密集型的产品也是相对于布而言的，生产钢铁每一个劳动者所使用的资本，比在生产布之中每一个劳动者所使用的资本要多，即资本与劳动的比率（Capital-labor Ratio）较高。然而，许多产品既可以用资本密集的方法生产，也可以用劳动密集的方法生产。例如，农产品在一些发达国家投入大量的资金购买机器设备，投入的资本－劳动比率较高。而在一些发展中国家，农产品基本上是密集使用劳动的产物，劳动－资本的比率较高。可见，同一产品在 A 国可能用劳动密集的方法生产，在 B 国可能用资本密集的方法生产。

3. 要素禀赋和要素丰裕程度

要素禀赋（Factor Endowment）是指一国拥有各种生产要素的数量。所谓要素禀赋不同是指有的国家劳动力十分丰裕，例如中国、印度、巴基斯坦等；有的国家资本非常丰裕，例如美国、日本、欧洲一些发达国家等；有的国家土地非常丰裕，例如澳大利亚、加拿大等。

要素丰裕程度则是指在一国的生产要素禀赋中某要素供给所占比例大于别国同种要素的供给比例而相对价格低于别国同种要素的相对价格。所谓丰裕是相对而言的。例如，一个国家每个工人所使用的资本相对另一个国家较多，可以称之为资本丰裕的国家；另一个国家相对其他国家，每一单位资本所要求的工人较多，则称之为劳动力丰裕的国家。

衡量要素的丰裕程度有两种方法：一是以生产要素供给总量衡量，若一国某要素的供给比例大于别国的同种要素供给比例，则该国相对于别国而言，该要素丰裕；另一方法是以要素相对价格衡量，若一国某要素的相对价格——某要素的价格和别的要素价格的比率低于别国同种要素相对价格，则该国该要素相对于别国丰裕。以总量法衡量的要素丰裕只考虑要素的供给，而以价格法衡量的要素丰裕考虑了要素的供给和需求两方面，因而较为科学。

3.1.3　要素禀赋理论的主要内容

要素禀赋理论的主要内容有以下三个方面：一是不同的国家要素禀赋不同；二是不同的产品要素投入的比例不同；三是一个国家出口的是本国要素比较丰裕，在生产中密集使用这种要素的产品，而进口的是本国要素比较稀缺，在生产中密集使用这种生产要素的产品。

根据赫克歇尔－俄林的理论，一个资本比较丰裕的国家，趋向于生产和出口本国要素较为丰裕，而且密集使用这种要素生产的产品，这是因为这种要素十分丰裕，供应量比较充足，相对比较便宜，因此在生产中密集使用这种要素生产的产品的成本相对较低，产品相对比较便宜；而进口本国要素较为稀少，而且密集使用这种要素生产的产品，这是由于这种要素相对比较稀少，供应量比较少，因此较为昂贵，密集使用这种要素生产的产品的成本比较高，该产品也比较昂贵。正是由于国家之间这种要素禀赋的不同，以及在生产中不同的产品投入的要素比例的不同，导致各个国家生产的产品的成本不同，从而产生国际贸易。

俄林认为，同种商品在不同国家的相对价格差异是国际贸易的直接基础，而价格差异则是由各国生产要素禀赋不同，从而要素相对价格不同决定的，所以要素禀赋不同是国际贸易产生的根本原因。俄林在分析、阐述要素禀赋论时一环扣一环，层层深入，在逻辑上比较严谨。

（1）国家间的商品相对价格差异是国际贸易产生的主要原因。在没有运输费用的假设前提下，从价格较低的国家输出商品到价格较高的国家是有利的。

（2）国家间的生产要素相对价格的差异决定商品相对价格的差异。在各国生产技术相同，因而生产函数相同的假设条件下，各国要素相对价格的差异决定了两国商品相对价格存在差异。

（3）国家间的要素相对供给不同决定要素相对价格的差异。俄林认为，在要素的供求决定要素价格的关系中，要素供给是主要的。在各国要素需求一定的情况下，各国不同的要素禀赋对要素相对价格产生不同的影响：相对供给较充裕的要素的相对价格较低，而相对供给较稀缺的要素的相对价格较高。因此，国家间要素相对价格差异是由要素相对供给或供给比例的不同决定的。

通过严密的分析，俄林得出结论：一个国家生产和出口那些大量使用本国供给丰富的生产要素的产品，价格就低，因而有比较优势；相反，生产那些需大量使用本国稀缺的生产要素的产品，价格便昂贵，出口就不利。各国应尽可能利用供给丰富、价格便宜的生产要素，生产廉价产品输出，以交换别国价廉物美的商品。

要素禀赋论的理论分析还可用图3－1加以形象归纳。从图3－1的右下角开始分析，生产要素所有者的收入分配和社会消费偏好共同决定对最终产品的需求，而对最终产品的需求导致了对生产要素的派生需求，要素的供给和需求则决定要素的价格，要素的价格和生产技术又决定最终产品的价格。因此，不同国家商品相对价格的差异决定比较利益和贸易类型。但在两国偏好相同、技术水平相同及收入分配相同，从而对最终产品和要素需求相似的假设前提下，不同国家生产要素禀赋的差异便是商品相对价格存在差异的原因。

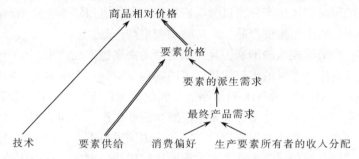

图3－1　要素禀赋理论的一般均衡框架

3.1.4　赫克歇尔－俄林理论的基本假设

赫克歇尔－俄林模型（简称H-O模型）的基本假设如下所述。

（1）两种生产要素：假定为劳动和资本。

（2）两种可贸易产品：假定为大米和钢铁。无论生产大米还是生产钢铁，都要使用劳动和资本，但使用的比例不同。假定大米是劳动密集型产品，钢铁为资本密集型产品。

（3）两个国家：假定为中国和美国。中国是劳动充裕的国家，美国是资本充裕的国家。

（4）每个国家的生产要素都是给定的。劳动和资本可以在国内各部门自由流动，但不在国际间流动。各国的资源禀赋和生产可能性曲线不变，但劳动和资本在国内可以自由地从低收益的地区和产业流向高收益的地区和产业，直到该国所有地区和所有产业的劳动收益相同，资本收益相同。另一方面，若没有国际贸易，两国的两种要素之间将存在着收益上的差异。

（5）假定生产技术相同。为了集中分析要素禀赋差别的作用，各国的生产间技术假定是相同的。假如大米在中国是劳动密集型产品，那么大米在美国也是劳动密集型产品，即不存在"生产要素密集型逆转"的情况。如果一定的人均资本在美国生产出某个产量的产品，同一资本劳动比例会在中国生产出相同产量的产品。

（6）生产规模报酬不变。这意味着如果在任何一种商品生产中的劳动量和资本量一同增加，则该商品的产出也以相同的比例增加。如果劳动和资本量同时翻倍，则产出也翻倍。

（7）两国的消费偏好相同。这意味着表现两国需求偏好的无差异曲线的形状和位置是完全相同的。当两国的商品相对价格相同时，两国以相同的比率消费大米和钢铁。

（8）完全竞争的商品市场和要素市场。两国都有许许多多的大米和钢铁的生产者和消费者，没有任何单个的生产者和消费者能够左右商品的价格，也没有任何单个的厂商或要素的拥有者能够决定要素市场的价格。完全竞争也意味着商品价格等于其生产成本，没有经济利润。

（9）无运输成本，无关税，或其他阻碍国际贸易自由的障碍。

根据以上基本假设，两国的生产和贸易模式简述如下：劳动充裕的国家拥有生产劳动密集型产品的比较优势，资本充裕的国家拥有生产资本密集型产品的比较优势。如果两国发生贸易，劳动充裕的国家应该生产并出口劳动密集型产品，进口资本密集型产品；资本充裕的国家应该生产并出口资本密集型产品，进口劳动密集型产品。

由于中国是一个劳动充裕的国家，且大米是劳动密集型产品，中国生产大米的相对成本和相对价格低，具有生产大米的比较优势。美国则相反，是一个资本充裕的国家，生产钢铁（资本密集型产品）的相对成本和相对价格低，因此美国具有生产钢铁的比较优势。

如果两国发生贸易，中国会增加大米生产减少钢铁生产，并向美国出口大米，从美国进口钢铁。美国会减少大米生产增加钢铁生产，并从中国进口大米，向中国出口钢铁。决定两国生产与贸易模式的基础仍然是生产成本方面的比较优势，而这一比较优势是由要素配置而不是由生产技术的差异决定的。

3.1.5 要素禀赋理论的总体均衡分析

我们仍然用生产可能性曲线和社会无差异曲线来对贸易影响进行总体均衡分析。

与古典贸易模型相比，H-O 模型对一国生产可能性的假设有以下两个方面的不同。

第一，关于两国生产各种商品能力不同的原因。古典贸易模型解释为生产技术上的不同，H-O 模型则强调要素的禀赋不同。中国的劳动力资源相对充裕而资本相对不足，因此中国生产劳动密集型产品（大米）的能力比生产资本密集型产品（钢铁）的能力要强，其生产可能性曲线偏向大米。美国则相反，生产钢铁的能力强于生产大米的能力，生产可能性曲线向钢铁倾斜。

第二，关于产品生产机会成本的假定。古典模型假设劳动是唯一的生产要素，每单位劳动投入的产出是不变的。因此，每单位产品的机会成本是固定的，生产可能性曲线是一条直线。赫克歇尔－俄林假设有两种要素投入，产品生产的机会成本是递增的。也就是说，当一国将其生产资源从某个产品生产中转移出来去生产另一产品时，所必须放弃的该产品的数量会越来越大。从另一角度来说，如果一国继续不断地将其有限的资源投向一种产品生产时，每个新增加的投入所能得到的产出会越来越少。这种"成本递增"或"收益递减"的生产可能性曲线具有外凸的形状（机会成本等于生产可能性曲线的斜率，递增的斜率形成外凸的曲线）。在图 3－2 中，中国和美国的生产可能性曲线反映了以上两个方面的特征。

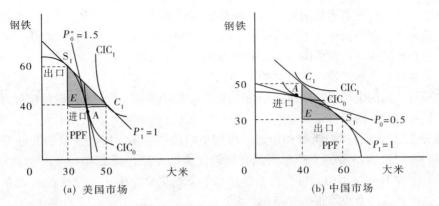

(a) 美国市场　　　　　　　(b) 中国市场

图 3-2　生产要素比例不同国家之间的贸易

1. 国际贸易对相对价格、生产和消费的影响

如在李嘉图模型中分析的一样，图 3-2 中两国在没有贸易时都选择 A 点作为生产和消费的均衡点，假定中国生产 38 吨大米、42 吨钢铁，美国生产 25 吨大米、35 吨钢铁，各国都只消费本国生产的产品。在 A 点上，中美两国大米的相对价格（=大米价格 P_r/钢铁价格 P_s）都等于本国生产大米的相对成本，分别用 P_0 和 P_0^* 来表示。由于中国拥有充裕的劳动力，中国生产大米的相对成本比较低，P_0 假定为 0.5；美国劳动力相对缺乏，大米生产的相对成本比较高，P_0^* 假定为 1.5。而两国的钢铁生产的相对价格（大米相对价格的倒数）则正好相反，中国是 2，美国是 2/3。如果两国发生贸易，根据比较优势的原理，美国会向中国出口钢铁以换取大米，中国则出口大米用来跟美国换钢铁。

自由贸易对各国经济的第一个直接影响是产品价格的变动。在总体均衡分析中，表现为产品相对价格的变化。在封闭时，中国大米的相对价格低于美国。对于中国来说，出口大米会使国内大米的价格（P_r）上升，进口钢铁又会使国内钢铁市场的价格（P_s）下降，从而使大米的相对价格上升（从 P_0 到 P_1）。对美国来说，情况正好相反，出口钢铁进口大米，大米的相对价格下降（从 P_0^* 到 P_1^*）。在自由贸易的情况下，只要中国大米的相对价格低于美国，中国的大米就会不断地出口到美国，美国的钢铁就会出口到中国，直至两国大米的相对价格相等为止。这一相等的相对价格也是两国进行贸易的国际相对价格。

两国进行交换的国际相对价格的最终确定取决于"国际市场"上的相对供求关系。在决定大米的相对价格过程中，中国是相对供给方，美国是相对需求方。从中国方面来说，希望大米的相对价格越高越好，至少不能低于封闭时的 0.5，否则就没有动力去从事国际贸易。对美国来说，希望大米的相对价格越低越好，至少要比自给自足时的 1.5 低，否则也没有必要去跟中国交换。因此，我们至少可以知道国际大米相对价格的两个边界分别是中美两国在没有贸易时的国内相对价格。也就是说，这一最终进行交易的国际相对价格一定高于 0.5 低于 1.5，而究竟是 0.8、1.2，还是别的什么数值，则取决于双方相对供给量和需求量的大小。

产品相对价格的变化会进而影响两国的生产和消费。为了继续讨论贸易对各国生产和消费的影响，在此我们先假定自由贸易后的国际相对价格为 1（$P_1 = P_1^* = 1$），即每吨大米可以交换 1 吨钢铁。在中国，大米相对价格的上升（钢铁相对价格下降）使得中国大米生产增加而钢铁生产减少。而在美国，更多的资源则会被用来生产钢铁，同时减少大米的生产。各国的生产点都会从原来没有贸易时的 A 点向 S_1 点转移，在新的生产均衡点 S_1 上，国际相对价格曲线与各国的生产可能性曲线相切，大米的相对成本等于大米的国际相对价格。

国际贸易所产生的价格变化会引起生产的变动，形成中国多生产大米而美国多生产钢铁的"国际分工"局面。但与斯密和李嘉图模型不同的一点是，H-O 模型中的分工不是完全的。各国的生产只是"多"生产本国拥有比较优势的产品，而非"完全"生产这种产品。主要原因是，在 H-O 模型中，机会成本是递增的。如果完全生产一种产品而放弃另一种产品的话，该产品的机会成本将会变得相当大。

中国多生产大米少生产钢铁并不意味着中国愿意多消费大米少消费钢铁，而是愿意用大米来换取更多的钢铁。两国的生产虽然都移到了 S_1 点上，但自由贸易使得各国可以在国际相对价格曲线上的任何一点上进行消费。中国愿意出口一部分大米用来进口钢铁，美国则希望用钢铁换大米，但各国究竟用多少大米或用多少钢铁来交换则取决于本国的社会无差异曲线的偏向和水平。中美两国都会沿着国际相对价格曲线找到一个社会福利水平最高的点进行消费。在图 3 - 2 中，新的消费点都在 C_1。在这一点上，社会无差异曲线与国际相对价格曲线相切。两国生产与消费之间的差额就是进出口。在图 3 - 2 中，我们假设中国出口了 20 吨大米，进口了 20 吨钢铁。美国进口的大米、出口的钢铁正好等于中国的出口和进口量。在没有借贷的两国模型中，两国的贸易必须是平衡的。

在图 3 - 2 中，贸易后中国的大米消费为 40 吨，钢铁为 50 吨，美国消费 50 吨大米和 40吨钢铁，与封闭经济中的消费点 A 相比，两种产品的消费显然都增加了。但在最终的消费点，不一定两种产品的消费都增加，也有可能一种产品增加而另一种产品减少，具体的消费量取决于相对价格变动的幅度和社会的偏好。

与封闭时的情况相比，贸易对生产和消费的最根本影响是造成两者的分离。任何一国不再只消费自己生产的产品，本国生产的产品也不需要完全由自己来消费。两者之间的差异就是国际贸易的数量。具体来说，本国生产量超过本国消费量的部分为出口，生产量低于本国消费量的部分为进口。从生产点（S_1）到消费点（C_1）之间所形成的三角形（S_1EC_1）被称为"贸易三角"。在两国的贸易模型中，两个贸易三角是全等的。

2. 贸易对本国进口行业商品价格、生产及消费的影响

不同的行业在国际贸易中的地位不同，受国际贸易的影响也不同。我们先来看自由贸易对进口行业的影响。所谓"进口行业"，指的是没有比较优势，在国际市场上不具有竞争能力的行业。在这类行业中，既有国内企业生产的产品，也有从国外进口的产品，两种商品在同一市场上竞争。因此，进口行业实际上是国内"与进口商品竞争的行业"（为了讨论方便，我们就简称为进口行业）。在我们前面所假设的例子中，中国的钢铁工业和美国的大米种植业都是进口行业。图 3 - 3 显示的是中国钢铁市场的情况。在没有贸易的情况下，中国

的钢铁价格由国内的供给和需求决定，在供求均衡点上，钢铁的价格假定为 P_0。在这一市场价格下，钢铁的供给量（S_0）与需求量（D_0）相等。由于我们假定中国不具有生产钢铁的比较优势，在没有贸易的情况下，中国的钢铁价格高于别国或高于国际市场价格。我们进一步假定国际市场上同样的钢铁每吨只有 1000 元，而中国的钢铁每吨则要 2000 元。在自由贸易的情况下，中国一定会有人以国际市场价格进口钢铁。

当然，进口商不会在中国市场按 1000 元的价格出售，他一定想按中国市场上 2000 元的价格出售以赚取利润。但问题是，在每吨 2000 元的价格上，需求量并没有增加，人们仍然只购买 D_0 吨，而供给量却增加了，即除了国内厂商生产的以外，现在又加上了一部分进口钢铁。供大于求，出现了剩余。为了促销，进口商以低于 2000 元的价格出售（只要高于 1000 元，仍然有利可图）。迫于竞争，国内钢铁生产厂商也不得不降价出售。结果是，中国整个钢铁市场的价格下降，直至新的市场均衡点。在新的均衡点上，国内生产的钢铁（S_1）加上进口回的钢铁（M）等于在新的价格下国内对钢铁的总需求（D_1）。

中国钢铁的价格究竟降到什么程度为止呢？这取决于中国钢铁进口量对国际钢铁市场的影响。如果中国是钢铁进口"大国"（即中国的进口数量大到足以能够影响国际钢铁市场的价格），中国钢铁的价格会降到 2000 元以下，但在 1000 元以上。因为新的国际钢铁市场的价格已经由于中国的大量进口而上涨到 1000 元以上，但如果中国只是一个进口"小国"（即中国的进口数量在世界市场的份额很小，中国进口多少对国际钢铁市场的影响甚微），国际钢铁市场价格根本不受中国进口的影响，那么自由进口会使中国钢铁的价格最终跌到跟国际市场一样的每吨 1000 元。但是，不管"大国"还是"小国"，自由进口的结果都是使原来高于国际市场的国内商品价格下降到与国际市场相同。不过"大国"降价的程度低于"小国"，因为"大国"所面临的新的国际市场价格会由于该国的进口而比原来的高。当然，为了简化我们的分析，运输费用在这里是假设为零的。

进口行业产品价格的下降必然影响到该产品的国内生产和消费。一般来说，由于产品价格的下降，对产品的总消费会增加（在图 3-3 中，从 D_0 增加到 D_1），而国内的生产会下降（从 S_0 到 S_1）。消费与国内生产之间的缺口（M）则为进口所填补。

因此，进口国外商品的结果是：国内同类产品的价格下降，生产减少，消费增加。

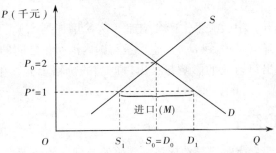

图 3-3　进口对本国商品价格、生产及消费的影响

3. 贸易对本国出口行业商品价格、生产及消费的影响

自由贸易对出口行业的影响正好与进口行业相反。在我们的例子中，中国有生产大米的比较优势。在没有贸易的情况下，中国大米的销售价格低于国际市场价格。在图 3 - 4 中，这一价格假定为每吨 500 元，而国际大米市场的价格则高于 500 元（我们假设为 1000 元）。在自由贸易的情况下，中国的大米生产者马上发现将大米卖到国外可以比在国内赚更多的钱，于是大批大米会出口。大米出口的结果是使得原来供求均衡的国内大米市场出现短缺，从而造成国内大米价格上涨。这种出口行业产品价格上涨的趋势会一直延续下去，直到跟国际市场的价格一致。当国内大米市场价格跟国际市场一致时，对大米生产者来说，在国内销售和出口到国外就没有什么大区别了，一部分大米就会留在国内满足国内市场的需要。大米就不再继续外流，国内市场短缺的现象也会消失，价格也就稳定下来，新的国内大米价格比没有贸易时要高。

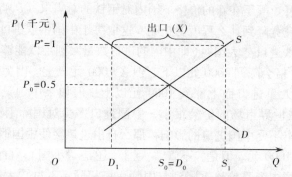

图 3 - 4   出口对本国商品价格、生产及消费的影响

中国大米价格上涨的幅度也取决于中国在国际大米市场的地位。如果中国是大米生产和出口的"大国"，其国内大米价格的涨幅会小一点，因为国际大米价格会由于中国的大量出口而有所下降，新的国际价格会低于原来的 1000 元，比如说 800 元。这样，国内市场价格从 500 元上升到 800 元，涨了 300 元。但如果中国是大米出口的"小国"，无论中国出口多少，对国际大米市场来说无足轻重，那么，国际市场价格仍是 1000 元，中国国内市场价格也会最终涨到 1000 元，上涨 500 元。

由于大米价格的上升，中国大米生产会增加（从 S_0 增加到 S_1），但国内对大米的需求也会因为价格的上涨而下降（从 D_0 到 D_1）。生产量与国内消费量之间的差额为出口量。

所以，出口对本国出口行业的影响是：出口产品的价格上升，生产增加，国内消费减少。

3.1.6   要素禀赋理论简评

赫克歇尔 - 俄林的要素禀赋论是在比较利益论的基础上的一大进步，有其合理的成分和可借鉴的意义。大卫·李嘉图及穆勒和马歇尔都假设两国交换是物物交换，国际贸易起因于

劳动生产率的差异，而赫克歇尔、俄林是用等量产品不同货币价格（成本）来比较两国不同的商品价格比例，两国的交换是货币交换，各国的要素生产率是相同的，用生产要素禀赋的差异寻求解释国际贸易产生的原因和国际贸易商品结构及国际贸易对要素价格的影响，研究更深入、更全面了，认识到了生产要素及其组合在各国进出口贸易中居于重要地位。他们研究所得出的结论有一定实用价值，例如关于国家间商品相对价格的差异是国际贸易的直接原因；一国某种生产要素丰富，要素价格低廉，出口该要素密集型产品具有比较优势，某种生产要素稀缺，要素价格昂贵，进口这种要素密集型产品对本国有利，出口这种要素密集型产品则没有比较利益。这些观点或结论既有理论意义，也有政策意义。

要素禀赋理论以比较优势理论为基础，同时又进一步发展了比较优势理论，为国际贸易理论的发展做出了重大贡献。这种贡献主要表现在：第一，要素禀赋理论把传统比较优势理论中一种生产要素投入（劳动）的假定扩展至两种或两种以上的要素投入，进而提出了生产要素的组合比例问题，使国际贸易理论的分析更加符合现实；第二，要素禀赋理论不是从技术差别而是从要素禀赋上来考察国际贸易的动因，找到了国际贸易的另一基础，使得技术水平相同的国家也获得了贸易的机会，有利于国际贸易活动空间的拓展；第三，要素禀赋理论首次把一般均衡分析方法运用于国际贸易问题的研究，为国际贸易理论研究开辟了一个新途径。

但是，赫克歇尔-俄林的理论有明显的局限性。要素禀赋论所依据的一系列假设条件都是静态的，忽略了国际国内经济因素的动态变化，使理论难免存在缺陷。就技术而言，现实是技术不断进步，而技术进步能使老产品的成本降低，也能产生新产品，因而会改变一国的比较利益格局，使比较优势产品升级换代，扩大贸易的基础。再拿生产要素来说，远非同质，新旧机器总归有别，熟练工人与非熟练工人也不能相提并论。

俄林只承认国际间商品价格绝对差异是产生国际贸易的直接原因，否认李嘉图关于要素生产率差异的比较成本说，这是俄林国际贸易理论的重大缺陷之一。俄林的理论逻辑是，各国不同的商品价格比例是产生国际贸易的必要条件，而各国不同的价格比例又是由各国不同的要素价格比例决定的，各国不同的要素价格比例又是由各国不同的要素供给比例决定的。在各国要素需求一定的情况下，由于各国的要素禀赋不同，对要素价格影响不同，某资源丰富的国度，该资源价格便宜；反之，资源稀缺者价格昂贵。一国大量使用资源丰富的要素，产品价格就便宜；反之，大量使用资源稀缺的要素，产品价格就昂贵。因此，各个地区分工生产含大量本地丰富要素，含少量本地稀缺要素的商品最有利、最有优势。所以，出口的应是资源丰富的要素所生产的产品，进口的应是资源稀缺的要素所生产的产品。如果在世界范围内，生产要素在供求关系影响下可以自由流动，那么生产要素将被最充分有效地利用，这样，世界要素价格应趋于均等。俄林认为，在开放经济下国际间生产要素的自然禀赋不同而引起的要素价格差异，可以通过两条途径逐步缩小：（1）生产要素的直接国际移动；（2）国际间间接商品移动使丰富的生产要素需求增加，供应不足的生产要素需求减少，从而达到均等化。劳动力会从工资低的国家流向工资高的国家而促进工资差异缩减；资本会从利息率或利润率低的国家流向高的国家而趋于均等化；土地虽不能移动，但由于资本和劳动力流动使土地供求趋于平衡而均等化。

由于赫克歇尔－俄林关于要素价格均等化的假设前提不符合实际和认识上的片面性错误，因而所得结论与事实相差甚远。今天我们的现实世界依然是资本丰富的发达国家把从落后国家剥削去的大量剩余价值转化为资本，资本越来越多，落后国家劳动力工资与发达国家的差别越来越大，各国地价也没有趋于均等的倾向。的确地价受供求影响较大，但地价高资本和劳动力不一定就离开，地价低资本和劳动力不一定就会移向那里，关键看能否给资本带来稳定的高额利润，劳动力移动的目的、动机和限制条件就更多了。如果世界范围内真的像H-O预测的那样，那么各种要素价格均等将导致产品成本与价格的无差异，国际贸易将逐渐减少并最终停止，国际投资活动也将不再发生。然而，事实上，世界贸易日益扩大，国际投资日益活跃。世界上许多发达国家持有大量的资本和技术，它们应出口资本和技术密集型商品，而不出口劳动密集型的农产品，而事实上，美国、加拿大、法国、澳大利亚等国每年出口大量的粮食、油料、水果到落后的拥有大量劳动力资源的国家。这说明要素优势不一定能形成要素生产率优势，也就不一定能形成出口优势。中国虽然人口众多，有丰富的人力资源，劳动力价格（工资）低，但在农业生产上劳动生产率低下，要素价格低的优势被要素低效率抵消，难以形成出口优势。只有要素优势和要素生产率优势同时具备，从而形成生产商品的相对价格优势时，才有出口竞争优势。发达国家出口农产品是因为它们实行现代化、社会化的大农业生产，机械化、电气化耕作产生巨大的生产效率，单位产品个别价值很低，相对于国际市场价格来说出口农产品能获得很大利润和比较利益。尽管在国际市场上它们的农产品出售价格很低，但这个市场出售价格仍高于它们生产农产品的个别价值，能够取得超额利润。当然，这里出口农产品恐怕不仅仅是为了获得利润，可能还有占领市场、非经济因素，以及倾销剩余产品等目的。如果按照俄林的理论，中国不应该进口劳动密集型商品，那么为什么事实上中国还进口粮食等劳动密集型商品呢？主要有两个经济原因：一是进口粮食比自己生产更便宜，可以节约社会劳动；二是调剂余缺，虽然中国可能以较低的生产成本生产出粮食，但是目前市场供不应求，这就有必要从国际市场调剂余缺，例如出口大米，进口小麦。因此，进口这种短缺商品不仅仅是为了获得比较利益，而且是为了满足对使用价值的需求。

俄林还模糊了由于要素丰缺而生产进出口商品所得损益的主体是谁。一国劳动力资源丰富，但是劳动者工资收入很低，要素所有者利益受损失，利用这些廉价劳动力的企业主却可以获得丰厚的利润。普遍使用廉价劳动力生产商品的价值也会比较低，从而市场价格也便宜，这无疑对消费者利益的增加有好处。在一国之内，既是劳动者又是消费者，他们的损失和好处大体相抵。然而，劳动密集型商品，例如纺织品，进入世界市场以后，利益分配格局就会发生变化。要素所有者收入依然受损失，即要素所有国国民收入没有增加（相对要素失业所带来的国民收入损失来说，国民收入是增加了），工业企业资本家和对外贸易商可能获得丰厚的利润。商品的世界市场价格有可能比国内市场价格高，但是这个世界市场价格由于过度竞争而相当低廉，虽然不离开商品世界市场价值，但却低于这个价值很多。世界市场价值的形成，由于普遍地使用低廉丰富的劳动力要素而相当低下，因此劳动密集型商品出口不仅商品本身以相当低的价格卖出，而且生产商品的劳动力要素也是以相当低的价格卖出（要素形成价值低）。所以，这就存在国际间丰富要素的双重贬值流动，这种利益是由进口国及消费者取得，出口国利益却大量流失。

3.1.7　里昂惕夫之谜

里昂惕夫想要通过美国的数据来检验赫克歇尔–俄林的理论：各个国家都应出口密集使用其充裕要素的产品，而进口密集使用其稀缺要素的产品。更确切地说，他想要同时验证两个命题：（1）赫克歇尔–俄林的理论是正确的；（2）正如大家所认为的那样，与它的贸易伙伴相比，美国是一个资本充裕的国家，美国应该出口资本密集型产品，进口劳动密集型产品。

里昂惕夫计算了1947年美国出口行业与进口竞争行业的资本存量与工人人数比率。他不仅算出这两类行业（每个行业都有数十个产业）所使用的资本和劳动量，而且计算出各种产品所使用的购自其他产业的产品中所包含的资本和劳动量。作为投入–产出分析的主要先驱之一（他为此在1973年获得诺贝尔经济学奖），里昂惕夫用资本和劳动投入、出口值和进口值的向量去乘美国经济的投入–产出矩阵，进而得出所需的出口及与进口竞争行业的资本量和劳动量比率的估计值。里昂惕夫的逻辑是：如果赫克歇尔–俄林的预测是正确的，而且美国是资本相对充裕的，那么在弄清楚所有投入品行业的份额之后，作为总体的美国出口行业的资本劳动比率（K_x/L_x），应该高于美国进口竞争行业的资本劳动比率（K_m/L_m）。

然而，里昂惕夫的计算结果向他和其他人提供了一个令人困惑的"谜"：在1947年，美国向世界其他国家出口的是劳动密集型产品，而换取的是相对资本密集的进口产品，关键比率（K_x/L_x）／（K_m/L_m）只有0.77，而根据赫克歇尔–俄林的理论，它应该远大于1。这就是著名的"里昂惕夫之谜"或"里昂惕夫悖论"。

里昂惕夫的惊人发现引起了经济学界的极大关注，被称为里昂惕夫之谜（The Leontief Paradox）。里昂惕夫1956年又利用投入–产出法对美国1951年的贸易结构进行第二次检验，检验结果与第一次是一致的，谜仍然存在。

里昂惕夫自己解释，美国的劳动力和国外的劳动力相比，具有较高的效率。因此，在把美国生产的进口竞争品中资本与劳动比率转换成进口的外国商品中的资本与劳动比率时，应该将美国的劳动力乘上一个效率系数。例如在某一进口竞争产业中，美国的劳动生产率是外国的2倍，则美国生产进口竞争品中的劳动数量应乘以2，这样美国进口的就不再是资本密集型产品，而且有可能是劳动密集型产品了。美国劳动生产率高是因为美国的劳动者接受了更多的教育和职业培训，从而使他们获得了较高的技能和经营管理水平。而教育、职业培训实质上是投资于教育的结果。所以，美国的劳动力是比外国的劳动力包含了更多资本的劳动力，故此称为资本化了的人力资本。所以，从广义的资本含义上说，美国出口的商品仍然是资本密集的，进口的仍然是劳动密集型的。这实质上是这样一种观点：即技术也是一种生产要素。由于美国劳动力具有较高的技能，在生产过程中投入了较高的研究和开发费用，因此不妨说美国生产的是技术密集型商品。

里昂惕夫之谜激发了其他经济学家对其他国家的贸易格局的类似研究，以检验要素禀赋论。例如，日本两位经济学家建元正弘（M. Tatemoto）和市村真一（S. Ichimura）1959年使用了与里昂惕夫相类似的研究方法对日本的贸易结构进行分析发现，从整体上看，日本这个劳动力丰裕的国家，输出的主要是资本密集型产品，输入的则是劳动密集型产品。但从双边贸易看，日本向美国出口的是劳动密集型产品，从美国进口的是资本密集型产品；而日本出口到不发达国家的则是资本密集型产品。之所以出现这种情况，建元正弘和市村真一认为，是因为日本的资本和劳动的供给比例介于发达国家与不发达国家之间，日本与前者贸易在劳动密集型产品上占有相对优势，而与后者的贸易则在资本密集型产品上占有相对优势。因此，就日本的全部对外贸易而言，建元正弘和市村真一的结论支持里昂惕夫之谜，但在双边贸易上，他们的结论则支持了要素禀赋论。

原民主德国两位经济学家斯托尔伯（W. Stolper）和劳斯坎普（K. Roskamp）对原民主德国的贸易的研究表明，该国出口品相对于进口品是资本密集型的，由于原民主德国大约3/4的贸易是与东欧其他国家进行的，而这些国家相对于原民主德国而言是资本贫乏的国家。所以，斯托尔伯和劳斯坎普的结论与要素禀赋论是一致的。

1961年，加拿大经济学家沃尔（D. F. Wahl）分析了加拿大与美国的贸易发现，加拿大出口品为相对资本密集型，因为加拿大的大部分贸易与美国进行，而美国是一个相对于加拿大而言资本丰富的国家，所得结论与里昂惕夫之谜一致，而与要素禀赋论相悖。

1962年，印度经济学家巴哈德瓦奇（R. Bharadwaj）对印度的贸易结构分析表明，与美国的贸易中，印度向美国出口的是资本密集型产品，而进口的是劳动密集型产品，这使人大惑不解。但印度与其他国家的贸易，又是出口劳动密集型产品，进口资本密集型产品，与要素禀赋论一致，"谜"并不存在。

许许多多的检验结果，既未肯定地证实要素禀赋论，亦未否定要素禀赋论。是过去全部贸易理论出了差错，还是美国等工业发达国家属于劳动力充裕、资本相对短缺的国家吗？经济学家纷纷发表文章，从各个不同的角度对里昂惕夫的验证结果进行评论，探索里昂惕夫悖论产生的原因。有的对统计方法及统计资料的处理提出不同意见，有的回过头来对H-O理论本身进行重新的研究和探索。其中比较有代表性的观点有以下5种。

1. 劳动效率的差异

里昂惕夫认为各国的劳动生产率是不同的，1947年美国工人的生产率大约是其他国家的3倍，因此在计算美国工人的人数时应将美国实际工人数乘以3倍。这样，按生产效率计算的美国工人数与美国拥有的资本量之比，较之于其他国家，美国就成了劳动力丰富而资本相对短缺的国家，所以它出口劳动密集型产品，进口资本密集型产品，与要素禀赋论揭示的内容是一致的。

这种解释是行不通的，里昂惕夫后来自己也否定了这种解释。因为，如果说美国的生产效率高于他国，那么工人人数和资本量都应同时乘以3，这样美国的资本相对充裕程度并未受到影响。

2. 人力资本的差异

人力资本（Human Capital）是指所有能够提高劳动生产率的教育投资、工作培训、保健费用等开支。克拉维斯（J. B. Kravis）、基辛（D. B. Keesing）、凯能（P. B. Kenen）和鲍德温（R. E. Baldwin）等经济学家用人力资本的差异来解释"谜"的产生。这些经济学家认为，里昂惕夫计量的资本只包括物质资本（Physical Capital），而忽略了人力资本，若将人力资本部分加到有形资本当中，将很明显地得出美国出口资本密集型产品，进口劳动密集型产品，因为美国劳动比国外劳动包含更多的人力资本。他们还曾做过实际的估算和研究，成功地消除了"谜"。

3. 贸易壁垒的存在

H-O 理论是建立在完全自由贸易的假设之上的，而现实中，国际贸易过程中充满了大量的关税和非关税壁垒。例如，美国限制高新技术（一般是资本密集型）产品出口，阻碍劳动密集型产品进口。这种解释认为，谜产生的原因是由于市场竞争不完全引起的。国际间商品流通因受贸易壁垒的限制而使要素禀赋论揭示的规律不能实现。有些研究表明：美国进口劳动密集型产品要比进口资本密集型产品受到更严格的进口壁垒限制。特别受到保护的是技术落后的产业和非熟练、半熟练的劳工集团，如纺织业和鞋袜业。如果实行自由贸易或美国政府不实行这种限制的话，美国进口品的劳动密集程度必定比实际高。鲍德温的研究表明，如果美国的进口商品不受限制的话，其进口品中资本和劳动之比率将比实际高5%。

4. 自然资源因素被忽略

里昂惕夫是用双要素模型来进行分析的，未考虑其他生产要素，如自然资源。而实际上，一些产品既不是劳动密集型产品，也不属于资本密集型产品，而是自然资源密集型产品。比如，美国的进口品中初级产品占60%～70%，而且这些初级产品大部分是木材和矿产品，而这些产品的自然资源密集程度很高，把这类产品划归资本密集型产品无形中加大了美国进口品的资本与劳动的比率，使"谜"产生。如果考虑自然资源这个因素在美国进出口贸易结构中的作用，就可以对谜进行解释。里昂惕夫后来在对美国的贸易结构进行检验时，在投入–产出表中减去19种自然资源密集型产品，结果就成功地解开了"谜"，取得了与要素禀赋论相一致的结果。这个原因也可用来解释加拿大、日本、印度等国的贸易结构中谜的存在。

5. 生产要素密集型逆转

赫克歇尔–俄林贸易模型对要素密集型的基本假定是，如果按生产要素价格的某一比率，某一商品的资本密集度比另一商品高，那么，在所有的生产要素价格比率下，这一商品的资本密集度都比另一商品高。换句话说，如果在中国的相对工资下，玩具是一种劳动密集型商品，那么，在美国的相对工资下，玩具也是一种劳动密集型商品，尽管美国的相对工资会比中国的高。但是，事实的情况可能不是这样。假定在美国由于资本充裕而劳动相对稀缺，资本便宜和劳动力昂贵，美国可能在玩具生产中使用更多的资本而非劳动。这样的话，玩具在美国变成了资本密集型商品，而在世界其余国家，由于资本较贵和劳动力比较便宜，玩具仍然是劳动密集型商品。这就是生产要素密集型逆转（Factor-intensity Reversal）的一种情况。在这种情况下，其结果可能是：美国出口商品 A，该商品在别的国家是资本密集型的但在美国是劳动密集型的；同时，美国进口商品 B，该商品在外国是劳动密集型的而在美国是资本密集型的。

里昂惕夫在计算美国出口商品的资本劳动比率时，用的都是美国的投入－产出数据。对于美国进口的商品，他用的也是美国生产同类产品所需的资本劳动比率而不是这一商品在出口国国内生产时实际使用的资本劳动比率。这样一来，就有可能出现美国进口"资本密集型产品"，出口"劳动密集型产品"的情况。但是，这里的产品要素密集型定义与世界其他国家的定义有可能不同。

3.2　产业内贸易理论

3.2.1　传统贸易理论假设条件的缺陷

解释国际贸易成因的传统理论具有诸多的假设条件，但这些假设条件往往离实践相去甚远，这造成了传统理论在解释现实国际贸易方面显得无力，即显现出了诸多的局限性。

1. 关于完全竞争的假设条件

传统理论的假设条件之一是完全竞争，即假定商品、劳务和生产要素的市场是完全竞争的市场。完全竞争（Perfect Competition）又称纯粹竞争（Pure Competition），是指竞争不受任何阻碍和干扰情况下的竞争。

完全竞争的市场应具备以下一些条件。第一，市场上有许多生产者与消费者。这样，他们任何一个人的销售量或购买量都仅占市场很小的比例，所以任何一个人都无法通过自己个人的买卖行为来影响市场上的价格，即每个人都是既定价格的遵从者，而不是价格的决定者。第二，不存在产品差别，即生产某种产品的所有厂商所供给的产品都是同质的。这样，厂商就无法通过自己的产品差别来控制价格。第三，各种生产资源都可以完全自由流动而不受任何限制。第四，市场信息是畅通的，厂商与居民都可以获得完备的信息，双方不存在相互欺骗。

在完全竞争的情况下，厂商虽然不能变更产品价格，但能变更自己的产量，以便在既定的价格下，获取最大利润。只要它增加一单位产量使得总成本增加的数量——边际成本小于市场价格，它会继续增产。在递增成本情况下，随着产量的增加，边际成本也要增加，并逐渐接近于市场价格。厂商增产到边际成本等于市场价格时，厂商获得了最大利润，不再增加生产。这时，厂商达到了短期均衡。当新厂商不断进入市场时，产品价格等于它的平均成本和边际成本，即出现了长期均衡。

完全竞争状态对国际贸易的意义是：在完全竞争的长期均衡状况下，既然产品价格等于它的平均成本和边际成本，那么各种商品价格比例和其成本比例是相同的。由于产品的成本比例也反映了生产要素的供给和需求状况，特别是反映了生产要素禀赋状况。我们知道根据两个国家之间的商品的比较成本差异，就可以决定两国各自在哪些商品方面有相对优势，在哪些商品方面缺乏相对优势。当各国商品价格等于其成本时，那么国际间产品价格的差异就充分地表现了一个国家的比较成本的优势或缺乏优势，同时决定了国际贸易的走向，加强了国际分工，扩大了交易量，增加了贸易双方作为一个整体在贸易中获得的利益。

但是，完全竞争对于 20 世纪的市场结构或工业现实来说，却没有多大相符的地方。依据传统理论，若不存在完全竞争，则商品价格大于它的边际成本和平均成本，因此不能如实地反映一国的比较成本的优势或劣势。如果价格和成本的差距过大，在极端的情况下，相对优势会变成相对劣势。例如，按边际成本或平均成本来衡量，具有相对优势的产品，由于价格定得太高，很可能变成为缺乏相对优势的产品。在这种情况下，国际贸易不会达到应有的发展水平。但实际情况是，20 世纪以来，国际贸易量在不断地发展。因此，传统理论在解释当今国际贸易时是具有局限性的

2. 关于技术因素的假设

关于技术进步，李嘉图在他的比较成本说中认为是不变的。在 H-O 理论中，俄林很少注意技术的变化，更没有把技术进步作为一个独立的因素去考察这一因素在国际贸易成因中的作用。但从资本主义经济发展过程来看，技术进步和创造发明使 18 世纪的资本主义从以农业为主的经济转变为以现代化工业为主的经济。实际上，技术是决定一国经济活动形式和贸易格局的重要因素之一。

3. 关于不存在要素密集度逆转的假设

这一假设条件的含义是，如果 X 为资本密集型产品，Y 为劳动密集型产品，这种情况在各国都是如此，不会发生由于要素价格的变化而使 X 成为劳动密集型产品，或 Y 成为资本密集型产品。对此，日本经济学家小岛清指出，如果随着劳动的相对价格的上涨，有可能使得某一产业部门以资本替代劳动的速度快于另一产业部门，则很显然，我们不能说某种商品同另种商品相比总是资本密集的。1962 年明纳斯对美日两国 20 个相同的产业部门做了调查，按照"资本/劳动"比率大小排成序列，发现两国相应产业部门的序列不相一致，而序列的变化与要素价格的变化也不相一致，这足以证明要素密集逆转现象是存在的。

4. 关于不存在规模经济的假设

不存在规模经济的含义是，同一产品在两国的生产函数相同，并为线性齐次函数。这里的生产函数指投入与产出的实物量对比关系，线性齐次函数指投入与产出成正比例关系。因此，产出与生产规模之间是固定的，不存在报酬递增或递减现象。

不存在规模经济这一假设对传统国际贸易的意义是，各国的比较优势和资源赋予优势不会因为某国的产出逐渐增大而改变其"优势地位"，这就保证了国际贸易的产生一定是建立在"优势地位"差别基础上的。但是，在现代化社会大生产中，许多产品的生产具有规模报酬递增的特点，即扩大生产规模，每单位生产要素的投入会有更多的产出。尤其是现代化的工业，大规模的生产反而会降低单位产品的成本。

3.2.2　产业内贸易理论的产生背景

20 世纪 60 年代以来，国际贸易出现了许多新的倾向，主要有两个方面。一是发达的工业国家之间的贸易量大大增加。在 20 世纪 50 年代，西方工业国之间的贸易在世界贸易总额中只有 40% 左右，大部分贸易发生在发达国家与发展中国家。到了 60 年代以后，这种格局逐渐改变，发达国家之间的贸易成为国际贸易的主要部分。二是同类产品之间的贸易量大大增加。许多国家不仅出口工业产品，也大量进口相似的工业产品，工业国家传统的"进口初级产品－出口工业产品"的模式逐渐改变，出现了许多同一行业既出口又进口的"双向贸易"或产业内贸易。现代产业内贸易是随着科学技术的发展和国际分工格局变化而发展起来的。产业内贸易在贸易总额中的比重越来越大，发达国家及新兴工业化国家之间在制成品方面的相互贸易激增，发达国家之间的产业内贸易已占世界贸易的 60% ～ 70%。

国际贸易中的新倾向立即引起了对传统理论，特别是 H-O 理论的挑战。这种新的贸易倾向显然是不能用"资源配置"来解释的，因为发达国家的资源比例是相似的，都属于资本相对充裕的国家，而同类工业产品的生产技术更具有相似的要素密集性。而且，产业内贸易的发展显然也并没有遵循传统贸易理论的一些基本假设，如完全竞争和规模收益不变。相反，大量的产业内贸易是垄断竞争和寡头厂商所生产的差异产品之间的交换。众所周知，垄断竞争和寡头竞争都是不完全竞争形式，而且它们的生产都要受到规模经济的制约。由于传统国际贸易理论的假设同国际贸易的实践相去甚远，自然无法解释国际贸易的新格局。

20 世纪 70 年代末 80 年代初，以克鲁格曼（P. Krugman）、兰开斯特（Lankaster）和赫尔普曼（Helpman）为代表的经济学家应国际贸易实践之呼唤，先后发表了关于规模经济、不完全竞争和国际贸易的论文，较圆满地解释了战后国际贸易的新格局，形成了解释产业内贸易成因的新理论。

3.2.3　产业内贸易的概念、特点及形成条件

产业内贸易（Intra-industry Trade）指的是同一产业部门内部的差异产品（Differentiated Products）的交换及其中间产品的交流。例如，美国和日本相互交换计算机，德国与法国交换汽车，意大利和德国相互交换打字机等。产业内贸易是相对于产业间贸易（Inter-industry Trade）——不同产业之间完全不同产品的交换而言的。当今世界，两种类型的国际贸易均有发生。

产业内贸易具有以下一些特点。

第一，它与产业间贸易在贸易内容上是不同的，产业间贸易是指非同一产业内的产品在两国间的进口和出口贸易。如发展中国家用初级产品来交换工业国家的制成品。

第二，产业内贸易的产品流向具有双向性，即同一产业的产品，可以同时进行进出口贸易。如美国和一些西欧国家都既是机动车辆的出口国，同时也是机动车辆的进口国，既出口酒类饮料和食品，也进口酒类饮料和食品。

第三，产业内贸易的产品具有多样化的特点。这些产品中，既有劳动密集型，也有资本密集型；既有标准技术，也有高技术。

第四，能作为产业内贸易的商品虽然可以是各种各样的，但这些商品必须具备两个条件：一是在消费上能够相互替代，二是在生产中需要相近或相似的生产要素投入。

现代产业内贸易迅速形成并发展起来是要具备一些条件的。这些条件一是运输、信息、管理手段的现代化，使以往只能在一国之内进行的产业内分工和协作有可能跨越国界形成产业内国际分工。二是发达国家与发展中国家产业内贸易的发展具备了必要条件，即生产的标准化、柔性制造系统的出现和发展。这使得工厂的自动化设备不仅适用于发达国家的大型工业项目，而且可以生产适用于发展中国家的中小型项目的自动化设备，从而使技术和设备向发展中国家和地区的转移具有了可能。三是产业内贸易的发展主要是集中在新产品、制成品的产业，而科技革命的发展正在使世界市场的容量迅速扩大、商品的数量和种类大大增加。新产品不断涌现，制成品比重不断上升。四是世界各国农业长期相对下降，发达工业国家的自给率不断上升，使得传统的农业和工业国的分工及初级产品和制成品之间的产业间贸易日益减弱，制成品的产业内贸易越来越为人们所重视。五是发达国家的产业结构中"新兴产业"和"衰退产业"的差异日趋明显，由此带来的产业结构的调整和变革为产业内贸易的发展提供了广阔的前景。

3.2.4 产业内贸易的理论解释

1. 产品差异性

在每一个产业部门内部，由于产品的质量、性能、规格、牌号、设计、装潢等的不同，甚至每种产品在其中每一方面都有细微差别而形成由无数种产品组成的差别化系列产品。各国由于财力、物力、人力的约束和科学技术的差距，使它们不可能在具有比较利益的部门生产所有的差别化产品，而必须有所取舍，着眼于某些差别化产品的专业化生产，以获取规模经济利益。因此，每一产业内部的系列产品常产自不同的国家。而消费多样化造成的市场需求多样化使各国对同种产品产生相互需求，从而产生贸易。例如，欧共体（现欧盟）建立以后，随着关税的下降并最后取消及共同体内部贸易的扩大，各厂商得以专业化生产少数几种差异化产品，使单位成本较之过去生产许多种差异产品时大为下降，成员国之间的差异产品交换亦大大增加。

与产业内差异产品贸易有关的是产品零部件的贸易的增长。为了降低成本，一种产品的不同部分往往通过国际经济合作形式在不同国家生产，追求多国籍化的比较优势。例如，波音 777 飞机的 32 个构成部分，波音公司承担了 22%，美国制造商承担了 15%，日本供给商承担了 22%，其他国际供给商承担了 41%。飞机的总体设计在美国进行，美国公司承担发动机等主要部分的生产设计和制造，其他外国承包商在本国进行生产设计和制造有关部件，然后运到美国组装。显然，波音 777 飞机是多国籍化的产物。类似的跨国公司间的国际联盟、协作生产和零部件贸易正促进各国经济的相互依赖和产业内贸易的扩大和发展。

2. 规模经济或规模报酬递增

什么是"规模经济"呢？从微观经济角度讲，产品的长期平均成本会受生产规模的影响。如果生产规模太小，劳动分工、生产管理等都会受到规模限制，产品的平均成本会比较高。随着规模的扩大，产量的增加，这种限制会减少，每单位投入的产出会增加，产品的平均成本会下降。微观经济理论称之为"规模报酬递增"，也称为"规模经济"。随着产量的不断增加，这种递增的规模报酬会达到顶点，即最佳规模。在最佳的生产规模中，产品的平均成本达到最低点，并且在一定的范围内，平均成本不会再因产量的增加而降低。这一阶段称为"规模报酬不变"。但是这种成本不变的状况不会永远保持下去，如果生产规模继续扩大，平均生产成本会因为规模过大，管理和合作效率下降而上升。这最后阶段出现的是"规模报酬递减"，或"规模不经济"。用图形来表示的话，长期平均生产成本会随着产量（规模）的扩大而下降、不变、上升，从而形成 U 字形（见图 3 - 5）。

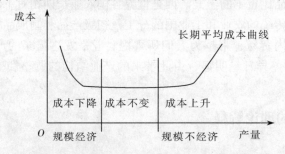

图 3 - 5　企业的长期平均成本与规模经济

规模经济又可分为"内部的"与"外部的"两种。内部规模经济（Internal Economies of Scale）是指厂商自身生产规模的扩大可以充分发挥各种生产要素的效能，更好地组织企业内部的劳动分工和专业化，提高生产效率并降低平均成本。内部规模经济之所以会出现，是由于具体生产要素的不可分性和企业内部的分工造成的。规模巨大而复杂的生产设备的使用，高度的劳动分工和完善的管理，大量的科研和发展活动，巨额材料的买卖，这一切只有对那些已达到一定规模的厂商来说才是可能的和经济的。由于生产规模扩大和产量增加，分摊到每个产品上的固定成本（管理成本、信息成本、设计成本、科研与发展成本等）会越来越少，从而使产品的平均成本下降。具有内部规模经济的一般都为大企业、大公司，多集中于设计、管理、销售成本较高的制造业和信息产业，如汽车、飞机、钢铁、计算机软件行业等。

外部规模经济（External Economies of Scale）主要来源于行业内企业数量的增加所引起的产业规模的扩大。由于同行业内企业的增加和相对集中，单个厂商在信息收集、产品销售等方面的成本会降低。在知识密集型产业，或者通过直接的信息传播，或者通过技术工人的流动，新的知识从一个公司扩散到另一个公司。在同一行业内，整个行业的生产规模越大，各厂商间的接触就越多，通过得到技术情报和工人的流动而互相传递的知识就越多，厂商通过竞争而受益就越多，它们的成本也就会下降得越大。外部规模经济还表现在，规模越大的厂商在利用所处环境的各种优越条件方面具有优势，如可充分使用基础设施、招聘人员、资金筹措十分方便，从而获得了另一种利益。外部规模经济一般出现在竞争性很强的同质产品行业中。例如，在美国的"硅谷"有成百上千家计算机公司，每家都不是很大，但集中在一起，形成了外部规模经济。北京的"中关村电脑城"，浙江的许多"纽扣城"、"电器城"、"小商品市场"等，也都具有获取外部规模经济的性质。

规模报酬递增说（Theory of Increasing Returns to Scale）也称规模收益递增理论，是著名经济学家克鲁格曼（Paul Krugman）在与艾瀚南（Helpman Elhanan）合著的《市场结构与对外贸易》（1985）一书中提出的。其论点为：规模报酬递增也是国际贸易的基础，当某一产品的生产发生规模报酬递增时，随着生产规模的扩大，单位产品成本递减而取得成本优势，因此导致专业化生产并出口这一产品。

传统贸易理论（从斯密到赫克歇尔、俄林）都假设产品的规模报酬不变，即假设产出的增长或下降与要素投入的增长或下降的幅度是一样的，所有的投入增加一倍，产出也增加一倍。在以初级产品生产为主的前工业化时代，这个假设基本是接近现实的。但是，在现代化社会尤其是在工业生产中，许多产品的生产具有规模报酬递增的特点，即扩大生产规模，每单位生产要素的投入会有更多的产出。尤其是现代化的工业，大规模的生产反而会降低单位产品成本，即存在着"规模经济"。

对一厂商而言，外部规模经济不一定带来市场不完全竞争（Imperfect Competition），内部的规模经济则将导致不完全竞争，如垄断性竞争（Monopolistic Competition）、寡头（Oligopoly）或垄断（Monopoly）。这是因为国际贸易开展后，厂商面对更广大的市场，生产规模可以扩大，规模经济使扩大生产规模的厂商的生产成本、产品价格下降，生产相同产品而规模不变的其他国内外厂商因此被淘汰。因此，在存在规模经济的某一产业部门内，各国将各自专于该产业部门的某些差异产品的发展，再相互交换（即开展产业内贸易）以满足彼此的多样化需求。国家间的要素禀赋愈相似，愈可能生产更多相同类型的产品，因而它们之间的产业内贸易量将愈大。例如，发达国家之间的要素禀赋和技术越来越相似，它们之间的产业内贸易相对于产业间贸易日益重要。

规模报酬递增为国际贸易直接提供了基础。现以国 I 和国 II 为例来分析说明由规模报酬递增取得的贸易优势及在规模收益递增基础上互惠贸易的发生，如图 3-6 所示。

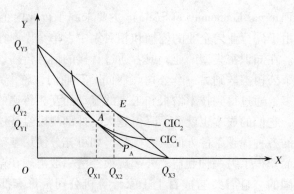

图 3 - 6　规模报酬递增

假定国 I、国 II 在各方面都完全相同（要素禀赋、技术水平、消费偏好均相同，经济的绝对规模也相当），如图 3 - 6，用一条生产可能性曲线和同一簇无差异曲线表示。生产可能性曲线凸向原点，表明生产 X、Y 产品发生规模报酬递增（成本递减），即增加每一单位的 X 商品生产需要牺牲 Y 商品的数量越来越少，增加每一单位的 Y 商品生产需要牺牲 X 商品的数量也越来越少。A 点为两国在封闭经济状态下共同的生产点，国内均衡商品相对价格也相等（P_A）。显然，这时并不存在比较利益问题，但却存在由专业化分工和贸易所能带来的潜在利益，优势和利益正来自规模报酬递增。如果国 I 试图增加 X 商品的生产，哪怕开始只比对方扩大一点点，但在规模报酬递增的作用下，稍加扩展的 X 商品就会获得成本优势，促使其进一步扩张，这种扩张反过来又强化它的优势，出现了一种滚雪球式的专业化分工倾向，推动国 I 专业化生产 X 产品，产量为 Q_{X3}。反之亦然，国 II 也会专业化生产 Y 产品，产量为 Q_{Y3}。若两国各以自己生产的一部分产品进行贸易，即国 I 用 $Q_{X2}Q_{X3}$ 与国 II 的 $Q_{Y2}Q_{Y3}$ 相交换，结果两国的消费均确立在 E 点上，较之分工前 A 点提高了，经济福利也随之增加，达到了位置更高的无差异曲线 CIC_2，各获利 $Q_{X1}Q_{X2}$，$Q_{Y1}Q_{Y2}$；利得就来自各国只生产一种产品的规模报酬递增。可见，在存在规模报酬递增条件下，以规模报酬递增为基础的分工和贸易会通过提高生产率、降低成本，使产业达到更大的国际规模而获利，而参加分工和贸易的双方均获其利。

克鲁格曼从这一模型的分析中得出一些重要的结论。首先，垄断竞争企业可以通过国际贸易扩大市场、增加消费人口来扩大生产获得规模经济，降低平均成本和产品价格。其次，每个消费者对某种产品的消费量会有所减少，但消费品的种类则大大增加。消费者通过产品种类的增加提高了福利。

值得一提的是，在以往的模型中，人们主要用社会无差异曲线和消费者/生产者剩余来衡量贸易所得和社会福利水平，而在克鲁格曼模型中，他强调了"产品多样性"所带来的消费者福利，为衡量贸易所得提供了更多的工具。

更重要的是，克鲁格曼通过这一模型的分析指出了贸易的基础不一定是两国之间技术或要素禀赋上的差异而造成的成本价格差异，扩大市场以获得规模经济也是企业愿意出口的重要原因之一。企业可以通过出口来降低成本，获得短期利润。当然，贸易前两国的市场规模不同造成的企业生产规模不同也会导致出现产品价格的差异，并成为贸易发生的原因。不过，造成这种价格差异的原因不是各国技术和资源上的不同，而仅仅是规模上的区别。克鲁格曼的这一理论令人信服地解释了发达工业国家之间的贸易和行业内贸易的重要原因，补充和发展了国际贸易的理论。

此外，规模报酬递增，尤其是内部规模报酬递增会破坏完全竞争，导致独占和倾销，也会发生国际贸易。

3. 不完全竞争

传统贸易理论假定市场竞争是完全的，在一个特定产业内的企业，生产同样的产品，拥有相似的生产条件。但是，纵观战后的经济发展状况，我们不难发现，国际贸易的现实离完全竞争的假设已经越来越远了。

首先，我们来看看各行业的商品结构。一般来说，初级产业中的产品基本是同质的，如矿产品、农产品等，虽有差别，但对消费者来说其基本效用是差不多的。一个国家在出口小麦的时候一般不会进口小麦，本国与外国的小麦之间具有完全的替代性。所以，初级产品之间的贸易通常是行业间的贸易。但是，从制造品来看，大多数产品则是同类不同质，经济学家称之为差异产品。所谓差异产品，是指产品具有基本相同的功能，但有差异，如日本的丰田汽车、美国的通用汽车、德国的大众汽车、中国的红旗汽车等，虽然它们都属汽车这一类，但在性能、品牌、选型等方面相互之间不能完全替代，因而消费者把它们认作是不同的产品。差异产品之间的贸易就是行业内贸易。由于战后经济不断增长，各国制造业不断发展逐渐成为工业化国家经济的主要组成部分，存在大量差异的制造品的贸易也越来越成为国际贸易中的主要部分。

其次，我们再来看看各国制造品生产者的规模及其对市场的影响力。如果我们对各国经济略加考虑就可看到，现在生产和出口商品的都不是什么小企业，也不存在很多企业，尤其是在国际贸易中占重要地位的汽车、家电、钢铁等行业。在美国，几乎所有的汽车都是由通用、福特和克莱斯勒这三大公司生产的。

由此可见，古典和新古典贸易理论之所以无法解释当代国际贸易中的许多现象的原因之一是有关完全竞争的假设。当代国际贸易理论则在不完全竞争（包括垄断竞争、寡头和垄断）的基础上研究国际贸易。

不完全竞争作为贸易的起因之一，是与垄断企业或垄断竞争企业的价格歧视行为紧密联系在一起的。价格歧视是指厂商虽然出售的是同样的产品，但在不同的市场上或对不同的消费者收取不同的价格。在国际贸易中，这种价格歧视行为就是通常所谓的"倾销"。在研究当代国际贸易现象时，经济学家也将倾销给企业所带来的收益看成是一种出口激励，以解释在不完全竞争条件下企业的出口动力和贸易的原因。

我们在微观经济分析中知道，价格歧视必须具备三个条件：第一，必须是不完全竞争行业，也就是说企业有能力决定其销售价格；第二，市场必须是分割的，即低价格市场的消费者不能把产品倒卖到高价格的市场上去；第三，在不同的市场上，厂商所面临的需求曲线的弹性不同。我们现在来看看在国际贸易中这些条件是否满足。

首先，在许多产品尤其是制造品市场上，第一个条件基本得到满足。正如我们在前面介绍的那样，国际贸易中的许多产品都是由为数不是很多的企业生产的。有些行业中企业虽然很多，但每个企业生产差异产品，各自都是一个垄断竞争企业，对其产品都有一定的定价能力。

其次，第二个条件也很容易得到满足，因为国际贸易必须经过各国海关，由于关税、非关税壁垒及各种规章和限制，可以认为本国市场与外国市场是分割的。很少有人能够把从外国进口的商品再运回到这个国家去销售。

第三，对本国厂商来说，外国市场的需求一般比本国更有弹性。对大多数厂商来说，在国内和国外市场上的市场份额是不一样的，企业在国内市场的份额较大，而一般在国外市场的份额较小。在其他条件相同的情况下，市场份额越小，需求曲线的弹性就越大，对产品的价格变动就越敏感。也就是说，企业较小的价格下降幅度会使对其产品的需求有较大幅度的增加，而轻微的涨价就会造成需求量的大幅下降。因此，我们可以假设在外国市场上需求的价格弹性大于本国市场。

这样，在国际贸易中，厂商倾销的三个条件都可以得到满足。换句话说，即使生产成本一样，厂商也可以在本国和外国市场上以不同的价格出售相同的产品。

根据我们的假定，如果一个厂商在国内拥有较大的市场份额，在国内市场上就有更大的垄断力量。与国外市场相比，厂商能在国内以较高的价格进行产品销售。那么，为什么厂商还要以低价将产品出口到国外呢？厂商为什么不能将出口到国外的这部分产品在国内以较高的价格出售呢？这里的主要原因是，国内的这家厂商不是一个完全竞争企业。

与完全竞争企业不同，垄断企业或垄断竞争企业面对的不是一条水平的需求曲线（或者说，不是一个给定的价格），而是一条斜率为负、价格随数量增加而下降的需求曲线。在完全竞争的情况下，每个厂商规模之小以至于无论它生产多少都可以按照市场价格出售。因此，只有当外国市场上的价格超过本国市场价格时，企业才有出口的动机。垄断竞争市场的情况就不同了。企业并不能在国内无限制地生产和销售。垄断或垄断竞争企业每增加一个单位的产品销售，所有单位产品的价格就一齐下跌，企业的边际收益则下降得更快。垄断或垄断竞争企业为了保证利润的最大化，就不得不将在国内市场出售的产品数量控制在一定的范围内。这时，这些企业就有在国外市场上增加产品销售的动力。只要在国外市场上的价格超过产品生产的平均成本，企业出口就有利可图，而不论其价格是否高于本国市场。

我们可以用不完全竞争下的倾销行为来解释行业内贸易：只要一个产品的国内外市场满足价格歧视的条件，即使外国市场价格低于本国市场价格，企业为了追求利润的最大化，仍有出口的动力，因为出口倾销的结果比将这些产品在国内市场销售要好；外国的同类企业如果也在其他产品上采取类似的行为，就会出现相互倾销，从而形成行业内贸易。

3.2.5 产业内贸易程度的测定

产业内贸易程度可通过产业内贸易指数 (B) 来测量。[①] 其计算公式如下：

$$B = 1.0 - \frac{|X - M|}{X + M}$$

上式中 X 与 M 分别代表属于同一产业的产品的出口值和进口值。B 的最大值为 1，最小值为 0。当某一产业产品的进口、出口相等，即 $X - M = 0$ 时，B 为最大值 1；但当某一产业只有进口没有出口或只有出口没有进口，即没有产业内贸易时，B 为最小值 0。工业国之间的产业内贸易程度较高。根据格鲁贝尔和劳尔德的估算，1967 年，10 个工业化国家的 B 值平均为 0.48，欧共体成员国的 B 值平均为 0.67，显示先进工业国家之间的贸易有一大部分属于产业内的贸易。而且，随着经济的发展，工业国之间的产业内贸易越来越普遍。据新加坡国立大学朱刚体博士对 1990 年 10 个发达国家和 5 个非经合组织（OECD）国家的 181 组商品的产业内贸易程度的调查计算，10 个发达国家的 B 值平均达 0.60，其中以原欧共体国家的 B 值为最高；5 个非经合组织国家的 B 值平均为 0.43，其中以新加坡的 B 值为最高。他的测定还发现，化工产品、按材料分类的工业制成品及未分类的其他商品的产业内贸易程度为最高，表明产业内贸易主要是工业国的制成品行业内的贸易，发展中国家间及农产品的这种贸易不甚普遍。

应该注意的是，界定一个产业的范围大小不同，会得出极不相同的 B 值。界定的范围越大，B 值也越大，因为某一产业的范围越大，一国越可能出口该产业的某些差异产品，而进口另一些差异产品，反之亦然。因此，应慎用产业内贸易指数。

3.3 技术进步与产品生命周期理论

3.3.1 技术差距论

技术差距论（Technological Gap Theory）又称创新与模仿理论（Innovation and Imitation Theory），由波斯纳（M. A. Posner）首创，他于 1961 年在《国际贸易和技术变化》一文中提出了这一理论。

技术差距论把国家间的贸易与技术差距的存在联系起来，认为正是一国的技术优势使其在获得出口市场方面占优势。当一国创新某种产品成功后，在国外掌握该项技术之前便产生了技术领先差距，可出口技术领先产品。但因新技术会随着专利权转让、技术合作、对外投资、国际贸易等途径流传至国外，当一国创新的技术为外国模仿时，外国即可自行生产而减

① 陈宪. 国际贸易理论与实务. 北京：高等教育出版社，2000，100～102

少进口，创新国渐渐失去该产品的出口市场，因技术差距而产生的国际贸易逐渐缩小。随着时间的推移，新技术最终将被技术模仿国掌握，使技术差距消失，贸易即持续到技术模仿国能够生产出满足其对该产品的全部需求为止。但在动态的经济社会，科技发达的国家是不断会有再创新、再出口出现的。

波斯纳把技术差距产生到技术差距引起的国际贸易终止之间的时间间隔称为模仿滞后（Imitation Lag）时期，全期又分为反应滞后（Reaction Lug）和掌握滞后（Mastery Lag）两个阶段。其中，反应滞后阶段初期为需求滞后（Demand Lag）阶段。反应滞后是指技术创新国家开始生产新产品到其他国家模仿其技术开始生产新产品的时间。掌握滞后指其他国家开始生产新产品到其新产品进口为零的时间。需求滞后则指技术创新国开始生产新产品到开始出口新产品之间的时间间隔。反应滞后期的长短主要取决于企业家的决定意识和规模利益、关税、运输成本、国外市场容量及居民收入水平高低等因素。如果技术创新国家在扩大新产品生产中能够获得较多的规模利益，运输成本较低，进口国关税税率较低，进出口国家的市场容量差距及居民收入水平差距较小，就有利于保持出口优势，延长反应滞后阶段；否则，这种优势就容易失去，反应滞后阶段将缩短。掌握滞后阶段的长度主要取决于技术模仿国吸收新技术能力的大小，吸收新技术能力大的间隔时间较短。需求滞后的长度则主要取决于两国的收入水平差距和市场容量差距，差距越小长度越短。

胡弗鲍尔（G. C. Hufbauer）用图形形象地描绘了波斯纳的学说，如图 3 - 7 所示。

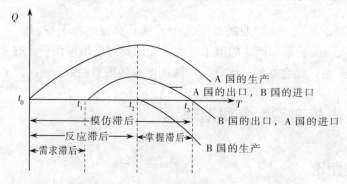

图 3 - 7　技术差距与国际贸易

图中横轴 T 表示时间，纵轴 Q 表示商品数量，上方表示技术创新国 A 的生产和出口（B 国进口）数量，下方表示技术模仿国 B 的生产和出口（A 国进口）数量。从 t_0 起，A 国开始生产新产品，$t_0 \sim t_1$ 为需求滞后阶段，B 国对新产品没有需求，因而 A 国不能将新产品出口到 B 国。过了 t_1，B 国模仿 A 国消费，对新产品有了需求，A 国出口、B 国进口新产品，且随着时间的推移，需求量逐渐增加，A 国的出口量、B 国的进口量也逐渐扩大。由于新技术通过各种途径逐渐扩散到 B 国，到达 t_2，B 国掌握新技术开始模仿生产新产品，反应滞后阶段结束，掌握滞后阶段开始，此时 A 国的生产和出口（B 国进口）量达到极大值。过了 t_2，随着 B 国生产规模的扩大，产量的增加，A 国的生产量和出口量（B 国的进口量）不断下降。到达 t_3，B 国生产规模进一步扩大，新产品成本进一步下降，其产品不但可以满足国内市场的全部需求，而且可以用于出口。至此，技术差距消失，掌握滞后和模仿滞后阶段结束。可见 A、B 两国的贸易发生于 $t_1 \sim t_3$ 这段时间，即 B 国开始从 A 国进口到 A 国向 B 国出口为零这段时间。

应指出的是，技术差距论只能解释差距为何会消失，而无法充分说明贸易量的变动与贸易结构的改变。

3.3.2 产品生命周期说

产品生命周期说（Product Life Cycle Theory）由美国销售学家弗农于 1966 年在《生命周期中的国际投资与国际贸易》一文中首先提出，经威尔斯（Louis T. Wells）、赫希哲（Hirsch）等人不断完善。

产品生命周期说是二战后解释制成品贸易的著名理论。该理论认为，由于技术的创新和扩散，制成品和生物一样具有生命周期，先后经历 5 个不同的阶段，即：① 新生期，② 成长期，③ 成熟期，④ 销售下降期，⑤ 让与期。在产品生命周期的不同阶段，各国在国际贸易中的地位是不同的。

新生期是指新产品的研究和开发阶段。在新生期，需要投入大量的研究开发费用和大批的科学家和工程师的熟练劳动，生产技术尚不确定，产量较少，没有规模经济的利益，成本很高。因此，拥有丰富的物质资本和人力资本的高收入的发达国家具有比较优势。这一阶段产品主要供应生产国本国市场，满足本国高收入阶层的特殊需求。

经过一段时间以后，生产技术确定并趋于成熟，国内消费者普遍接受创新产品，加之收入水平相近的国家开始模仿消费新产品，国外需求发展，生产规模随之扩大，新产品进入成长期。在成长期，由于新技术尚未扩散到国外，创新国仍保持其比较优势，不但拥有国内市场，而且打开并垄断国际市场。

国际市场打开之后，经过一段时间的发展，生产技术已成熟，批量生产达到适度规模，产品进入成熟期。在成熟期，由于生产技术已扩散到国外，外国生产厂商模仿生产新产品，且生产者不断增加，竞争加剧；由于生产技术已趋成熟，研究与开发（R&D）要素已不重要，产品由智能型（或 R&D 密集型）变成资本密集型，经营管理水平和销售技巧成为比较优势的重要条件。这一阶段，一般的发达工业国都有比较优势。

当国外的生产能力增强到能满足本国的需求（即从创新国进口新产品为零），产品进入销售下降期。在这一时期，产品已高度标准化，国外生产者利用规模经济大批量生产，使其产品的生产成本降低，因而开始在第三国市场上以低于创新国产品售价销售其产品，使创新国渐渐失去竞争优势，出口量不断下降，品牌竞争让位于价格竞争。当模仿国在创新国市场上也低价销售其产品时，创新国的该产品生产激剧下降，产品进入让与期，该产品的生产和出口由创新国让位给其他国家。在这个阶段，不但 R&D 要素不重要，甚至资本要素亦不甚重要，低工资的非熟练劳动成为比较优势的重要条件。具备这个条件的是有一定工业化基础的发展中国家。创新国因完全丧失比较优势而变为该产品的净进口者，产品生命周期在创新国结束。此时，创新国又利用人力资本和物质资本丰富的优势进行再创新，开发其他新产品。产品生命周期理论可用图3-8直观地说明。

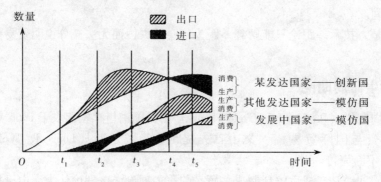

图 3-8　产品生命周期模型

图 3-8 中，纵轴表示商品数量，横轴表示时间，某发达国家为创新国，其他发达国家和发展中国家为开始时间不同的两组模仿国。

在第一阶段，创新国研制与开发新产品，于 t_0 开始投产，产量较少，产品主要在本国市场销售。在这个阶段创新国处于垄断地位。随着经营规模的扩大和国外需求的发展，创新国于 t_1 开始向国外出口该产品，该产品进入第二阶段。于 t_2 处，国外生产者开始模仿新产品生产，与创新国竞争，新产品进入第三阶段。随着国外生产者增多及其生产能力增强，创新国的出口量下降，其他发达国家于 t_3 变为净出口者，使该产品进入第四阶段。这时，产品已高度标准化，国外生产者利用规模经济大批量生产，降低生产成本，使创新国开始失去竞争优势并于 t_4 变为净进口者，使该产品进入第五阶段。及至 t_5，由于发展中国家的低工资率使它们具有该产品生产的比较优势，该产品由低收入的发展中国家出口到高收入的发达国家，即产品由发达国家完全让位给发展中国家。

从以上分析可见，由于技术的传递和扩散，不同国家在国际贸易中的地位不断变化，新技术和新产品创新在技术领先的某发达国家，而后传递和扩散到其他发达国家，再到发展中国家。当创新国发明新产品大量向其他发达国家出口时，正是其他发达国家大量进口时期；当创新国出口下降时，正是其他发达国家开始生产、进口下降时期；当创新国由出口高峰大幅度下降时，正是其他发达国家大量出口时期；而其他发达国家出口下降时，正是发展中国家生产增加、进口减少时期；其他发达国家从出口高峰大幅度下降时期，正是发展中国家大量出口时期。新技术和新产品的转移和扩散像波浪一样，一浪接一浪向前传递和推进。目前美国正在生产和出口计算机、宇航、生物和新材料等新兴产品，其他发达国家接过汽车和彩电等产品，而纺织品和半导体则通过前两类国家在发展中国家落户。近年来，新技术扩散滞后期大为缩短，使得新产品的生命周期变得愈来愈短。

3.4　需求偏好理论

　　1961年，著名瑞典经济学家林德（S. B. Linder）推出《贸易与变化》一书。在书中，他另辟蹊径，从需求方面探讨了国际贸易产生的原因，提出了偏好相似说（Theory of Preference Similarity）。需求偏好理论又叫重叠需求理论。[①] 林德认为赫克歇尔－俄林模型只适用于解释自然资源密集产品（Natural Resource Intensity）贸易的成因，但不能用来解释制成品之间的贸易，能用来分析和解释制成品之间贸易原因的只能是重叠需求理论。

　　该理论的基本观点是，工业制成品的生产和出口结构决定于本国的需求结构，而一国的需求结构又决定于该国的平均收入水平。因此，收入水平相同的国家，由于需求结构类似，存在许多重叠之处，相互之间发生贸易的可能性最大。

　　林德认为，不同国家由于经济发展程度不同，需求偏好并不相同。一种产品从发明到引进，以及该产品进入国际贸易的发展过程，是和一些国家的需求紧密地联系起来的。基于需求偏好相同的要素禀赋论只能解释初级产品的贸易，而不能解释工业品的贸易。国际间工业品贸易的发生往往是先由国内市场建立起生产规模和国际竞争能力，而后再拓展国外市场，因为厂商总是出于利润动机首先为其所熟悉的本国市场生产新产品，当发展到一定程度，国内市场变得有限时才开拓国外市场。因此，两国经济发展程度愈相近，人均收入愈接近，需求偏好愈相似，相互需求就愈大，贸易可能性也就愈大，如图3－9所示。根据这一理论，林德着重说明为什么国际贸易中的相当大的一部分发生在发达国家之间。

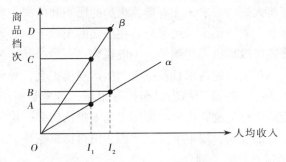

图3－9　偏好相似与国际贸易

　　图中纵轴代表商品档次，横轴代表人均收入，$O\alpha$、$O\beta$ 与原点所构成的锥形 $\alpha\text{-}O\text{-}\beta$ 代表一国对其所需求产品的档次的变动范围。设国 I 的人均收入为 I_1，国 II 的人均收入为 I_2，与 I_1、I_2 相应的 AC、BD 分别表示国 I、国 II 的需求商品档次范围，BC 部分重合，表示两国会就 BC 范围内档次的商品进行贸易。两国对产品需求的档次变动范围重合部分愈大，表示需求结构愈相近，贸易可能性就越大。

---

　　① 刘力. 国际贸易学：新体系与新思维. 北京：中共中央党校出版社，1999，55～56

根据要素禀赋论，两国的资本劳动比率愈相近，比较成本的差异将愈小，两国的贸易量将愈小。但根据偏好相似说，两国的资本劳动比率愈相近，表明两国的经济发展程度愈接近，因而人均收入的差异将愈小，重叠的市场部分将愈大，两国的贸易量将愈大。因此，林德的偏好相似说似乎较赫克歇尔和俄林的要素禀赋论更适合于解释贸易发生在发达国家之间的现象。

3.4.1　理论前提

传统国际贸易理论强调供给对贸易的作用，却忽视需求对贸易的反作用。事实上贸易是供给与需求双方共同作用的结果。瑞典经济学家林德将需求导入国际贸易理论，分析需求在国际贸易中的极其重要的地位，可谓独树一帜。同时，林德还认为，依林的要素禀赋理论只适用于初级产品的贸易，而不适用于工业品贸易。正是在这种背景下，林德提出了解释工业品贸易的偏好相似理论。

3.4.2　理论内容

偏好相似理论的基本内容主要包括以下几个方面。

（1）产品在什么地方生产的决定因素不是成本而是需求和市场。

林德认为，一种新产品的发明或者创新思想的出现，首先所需要精确考虑的是市场的需要，然后为之研制，不断工作，使这种最初的思想成为适应市场需要的产品。仅仅是在这种产品与市场紧紧地联系时，它才能被发明和生产。有的经济学家举例说明，正是瑞典的寒冷的气候，造成了对于瑞典火炉的需求，才有瑞典火炉的研制和生产。美国长距离的行程导致出现了较大的轿车。加拿大人口稀少，而又分布在广阔的土地上，导致电子通信技术的需求和发展。当然在这方面还可以举出一些例子。一般说来，一种产品的发明、生产和销售首先在国内。只有当这种产品在国内的需求日益扩大，生产规模扩大，导致成本的下降，才有条件向国外出口。这是因为，一种新产品出口至国际市场，首先是费用较高，其次是风险较大，产品没有达到一定的成熟程度，出口至国际市场困难比较多。可见，国内的需求和市场的扩大导致生产达到一定的规模，成本下降，才能为出口提供条件。

（2）国内需求是出口贸易的基础。

该理论认为，国内需求是产品出口的前提条件，对出口贸易起基础性作用。在国际市场上，最有竞争能力的产品是新产品。厂商开发新产品的动因，一是需求，二是利润。由于时间、条件等限制，厂商不可能在掌握世界各国的生产信息之后才决定开发何种新产品。同时，还由于具有开发新产品能力的国家，其国内需求领导着世界需求新潮流。更重要的是，它的国内需求具有极强的传递力。就本国而言，随着经济增长，人均收入提高，国内的代表性需求向比较昂贵的商品或奢侈品移动。同样地，当其他国家的经济增长使人均收入提高时，别国的代表性需求也会向比较昂贵的商品或奢侈品移动，出现开发新产品国家的国内需求与国际需求相一致的趋势。因此，厂商可以国内需求为依据，把代表国内大多数消费者需求的产品作为潜在出口产品。由于开发新产品的国家在各个方面已有充分准备，并具有规模经济，生产成本下降，因而该国有可能以低价出口这些商品，这种商品因此而成为该国新的具有相对优势的出口商品。

（3）出口市场与国内市场有着相似优势。

林德认为，需求决定了一些新的产品的出口市场。这些新产品出口的市场，应该是能够接纳这些产品的市场。也就是出口市场的消费者的收入水平、消费结构和消费偏好与出口国具有相似的优势和特征，消费者才有条件消费这些产品。因此，他认为，发生贸易的决定性因素是这些国家的需求和市场。而需求和市场又取决于这些国家的收入水平、消费结构和消费偏好。然而，消费需求相同的国家常常有着相同的要素比例，而不是相反，因此用要素比例学说无法解释这一现象。因此，发达国家之间的贸易的发生，正是因为要素比例相同，有着相似的优势，有着相同的需求，才在它们之间发生着大量的贸易。有的经济学家也举出了大量的实例说明，一些新的产品的出口市场是与本国市场有着相同的收入水平的市场。例如，缝纫机最初在美国发明，开始在国内生产销售，逐渐出口，最早出口的市场是英国，特别是出口至英国的纺织中心格拉斯哥。又如福特的 T 型的轿车、真空吸尘器、电梯等的发明在美国，而最早的出口市场都是英国。再如阿司匹林在德国发明，最早的出口市场是美国和英国等。

（4）需求结构越相似两国贸易量越大。

平均收入水平是影响需求结构的最主要因素。平均收入水平对需求结构的影响反应在两个方面：一是对消费品需求的影响，二是收入水平的提高可能会出现新的需求。人均收入水平高的国家需要的是高质量、"奢侈性"的消费品和高精密度的投资品，而人均收入低的国家需要的是低质量、"生活必需的"消费品和精密程度较低的投资品。因此，人均收入水平的差距构成了一种潜在的贸易障碍。一个在高质量的先进制造业产品生产上具有比较优势的富国会发现，它的最大出口市场是对这种产品有需求的其他富国，而不是对这种产品需求较小的穷国。同理，穷国制造业产品的最好出口市场是需求结构与本国相近的其他穷国。当然，林德并不否认穷国和富国间也会存在某些制造业产品贸易，这是因为收入分配不均等，穷国与富国间的需求结构总会存在一定的交叠，即富国中有穷人，穷国中也有富人。林德认为，两个国家的收入水平越相似，则两国的需求结构越接近，需求的重叠部分越大。在这种情况下，贸易越能得到发展；若两国需求结构完全相同，则一个国家所有可能进出口的物品同时也是另一个国家可能进出口的物品。在这种情况下，国内需求就是外国的进口需求，从而也是促成两国贸易的原因，如图 3-10 所示。

图 3-10 中，横轴表示平均收入水平，纵轴表示产品质量档次，45°线 R 表示各国平均收入水平对产品的需求档次成正相关关系。纵轴上的 Q_1、Q_2……Q_6 分别表示产品的质量档次，产品质量档次与 R 线的交点表示一国代表性需求的水平。设 A 国在收入水平为 Y_A 条件下，代表性需求水平为 Q_4，其需求产品的档次范围为 $Q_2 \sim Q_6$。设 B 国在收入水平为 Y_B 条件下，代表性需求水平为 Q_3，其需求产品的档次范围为 $Q_1 \sim Q_5$。两国重叠需求部分为 $Q_2 \sim Q_5$ 的区域，亦即两国贸易潜力的范围。但最有可能实现贸易的区域是 $Q_3 \sim Q_4$，因为两国在

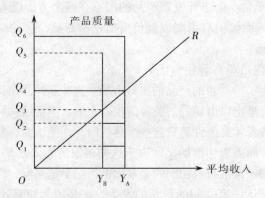

图 3 – 10　需求结构与国际贸易

这两种产品的生产方面都达到了规模经济的生产水平，并有价格优势。由此可见，收入水平或经济发展水平越相近的国家越有可能发生部门内贸易。

（5）进口国常常是下一个出口国。

一般说来，一种新产品的进口国常常会成为下一个出口国。林德认为，随着新产品的进口，进口国的一些厂商逐渐进行模仿，生产新的产品，在本国生产和销售，替代进口产品。而这些国家的政府为了保护本国这些新产品的生产，设置贸易壁垒，限制该产品的进口。这些进口国的厂商在生产中取得经验，特别是该国的需求量较大，市场规模较大，可以发挥规模经济的效率，极大地降低成本，在竞争中创造比较优势，从而成为新的出口者。

3.4.3　因需求偏好不同而产生的贸易模型分析

为了集中说明需求偏好方面的原因，我们假定各国在生产方面的能力是完全一致的，即同样的生产技术、同样的资源比例、同样的生产规模等。因此，各国的生产可能性曲线假设是相同的。

在图 3 – 11 中，我们假设中国和美国在小麦和大米上有相同的生产能力（用同一条生产可能性曲线表示），但有不同的需求偏好。中国人喜欢大米，美国人喜欢面食。在双方没有贸易的情况下，中国人根据需求不得不多种大米，甚至不惜在不适合做水田的土地上种大米，生产和消费都在点 A^C 上（70 吨小麦和 280 吨大米）。美国人不得不多种小麦，也可能把本来应该用来种大米的土地改种小麦，其生产和消费点在点 A^A（270 吨小麦和 80 吨大米）。中国的大米机会成本和相对价格（用 P^C 表示）比较高，小麦的相对价格低；而美国正好相反，大米相对便宜（用 P^A 表示），而小麦的成本价格高。

两国大米和小麦市场价格的差异会立即引起商人对利润的兴趣，从而产生贸易的可能性。如果贸易发生的话，美国会增加成本较低的大米生产并向中国出口以换取小麦；中国也不必人为地将旱地改种水稻，而将这些土地有效地用来多生产小麦，然后跟美国换大米。贸易和分工的结果是两国的生产都移向 S 点，各自生产 200 吨大米和 200 吨小麦。在新的国际市场价格（P^*）下，中国向美国出口 100 吨小麦，换回 100 吨大米；美国则进口 100 吨小麦，出口 100 吨大米。$C_1^C ES$ 和 $C_1^A ES$ 分别是两国的贸易三角。在贸易平衡的情况下，两国的贸易三角相等。两国新的消费点分别为 C_1^C 和 C_1^A，通过分工和贸易，中美两国的小麦和大米的消费量都增加了，达到了超出自己生产能力的新水平。

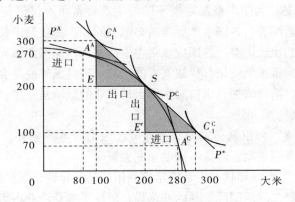

图 3-11 需求偏好不同所产生的贸易

3.4.4 偏好相似理论的意义

偏好相似理论的意义在于它部分地解释了部门内贸易发展的原因。传统比较利益理论认为，各国经济发展水平越接近，其开展国际贸易的可能性越小。偏好相似理论则从需求角度论证，各国经济发展水平越接近，它们之间的贸易规模则越有扩大的可能性。这是对比较利益理论的补充，更贴近国际贸易的实际。林德从需求的角度，保罗·克鲁格曼从供给的角度，对二战后迅速发展起来的部门间的国际贸易现象做出了比较令人信服的解释，对国际贸易理论的发展起了巨大的推动作用。

然而，许多经济学家认为林德的理论很难在实践中得到验证。美国经济学家佐治亚州州立大学教授米尔蒂德斯·钱乔里德斯（Miltiades Chacholiades）在他的《国际经济学》一书中指出，斯蒂芬·林德的理论假设很难在实践中得到证明。有的国家生产某些产品，在国内根本没有需求，不是为国内的需求而生产的。例如，人造圣诞树和树上的各种装饰品的出口国是那些根本不过圣诞节的国家。这些产品的出口国是日本和韩国，它们国内对于圣诞树和树上的装饰品的需求量很小。这就很难从需求方面得到解释，为什么这些国家成为这些产品的主要出口国。布朗－霍根多伦认为，像瑞典人的炉子、美国人的大轿车等都是些个别例子，除了这些例子以外，很难举出其他例子来说明这一理论。

本章小结

1. 赫克歇尔和俄林认为生产商品需要不同的生产要素而不仅仅是劳动，不同的商品生产需要不同的生产要素配置。各国生产要素的禀赋不同和产品生产中使用的要素比例不同决定各国在不同产品上的比较优势。各国应该集中生产并出口那些能够充分利用本国充裕要素的产品，以换取那些需要密集使用其稀缺要素的产品。进口国外商品会导致国内同类产品的价格下降，生产减少，消费增加；出口对本国出口行业的影响是：出口产品的价格上升，生产增加，国内消费减少。

2. "里昂惕夫之谜"可以从劳动效率的差异、人力资本的差异、贸易壁垒的存在、自然资源因素、生产要素密集型逆转等不同的角度去解释。

3. 20世纪70年代末80年代初，经济学家利用产品差异性、规模经济或规模报酬递增、不完全竞争等理论解释二战后国际贸易的新格局，形成了解释产业内贸易成因的新理论。

4. 技术差距论把国家间的贸易与技术差距的存在联系起来，认为正是一国的技术优势使其在获得出口市场方面占优势。当一国创新的技术为外国模仿时，创新国渐渐失去该产品的出口市场，因技术差距而产生的国际贸易逐渐缩小，贸易持续到技术模仿国能够生产出满足其对该产品的全部需求为止。科技发达的国家会不断有再创新、再出口。

5. 产品生命周期说用新生期、成长期、成熟期、销售下降期、让与期五阶段论解释二战后的制成品贸易。在产品生命周期的不同阶段，各国在国际贸易中的地位是不同的。

6. 需求偏好理论将需求导入国际贸易理论，分析需求在国际贸易中的地位。该理论认为，工业制成品的生产和出口结构决定于本国的需求结构，而一国的需求结构又决定于该国的平均收入水平。收入水平相同的国家相互之间发生贸易的可能性最大。

关键术语

赫克歇尔－俄林定理　　　　Heckscher-Ohlin Theorem
要素禀赋理论　　　　　　　Factor Endowment Theory
资本密集型产品　　　　　　Capital-intensive Commodity
劳动密集型产品　　　　　　Labor-intensive Commodity
生产要素　　　　　　　　　Factor of Production
要素密集度　　　　　　　　Factor Intensity
劳动与资本的比率　　　　　Labor-capital Ratio
资本与劳动的比率　　　　　Capital-labor Ratio
要素禀赋　　　　　　　　　Factor Endowment

要素丰裕程度	Factor Abundance
规模报酬不变	Constant Returns to Scale
生产要素密集型逆转	Factor-intensity Reversal
完全竞争	Perfect Competition
不完全竞争	Imperfect Competition
经济利润	Economic Profit
机会成本是递增	Increasing Opportunity Cost
国际间生产要素的流动	International Factor Mobility
国内生产要素的流动	Internal Factor Mobility
要素价格均等化	Factor-price Equalization
里昂惕夫悖论	The Leontief Paradox
产业内贸易	Intra-industry Trade
差异产品	Differentiated Products
产业间贸易	Inter-industry Trade
规模经济	Economies of Scale
规模不经济	Diseconomies of Scale
内部规模经济	Internal Economies of Scale
外部规模经济	External Economies of Scale
规模报酬递增说	Theory of Increasing Returns to Scale
价格歧视	Price Discrimination
技术差距论	Technological Gap Theory
产品生命周期说	Product Life Cycle Theory
偏好相似说	Theory of Preference Similarity

思 考 题

1. 与相对优势理论相比较，H-O 理论做了哪些扩展？何谓劳动密集型产品？何谓资本密集型产品？何谓资本－劳动比率？何谓资本丰裕型国家？

2. 何谓"里昂惕夫之谜"？如何解释这一悖论？

3. 产业内贸易理论的基本观点是什么？什么是规模经济？差异性产品如何成为国际贸易的基础？

4. 技术差距论如何解释国际贸易的发生？在产品生命周期的不同阶段，国际贸易是如何进行的？

5. 需求偏好理论如何解释国际贸易的成因？

6. 假设 A、B 两国生产技术相同且在短期内不变：生产 1 单位衣服需要的资本为 1，需要的劳动力为 3；生产 1 单位食品需要的资本为 2，需要的劳动为 2。A 国拥有 160 单位劳动和 100 单位资本，B 国拥有 120 单位劳动和 80 单位资本。则：

（1）哪个国家为资本充裕型国家？

（2）哪种产品为劳动密集型产品？

（3）假设两国偏好相同，两国中哪个国家会出口服装？哪个国家会出口食品？

第4章

国际贸易政策

知 识 要 点

☑ 了解自由贸易政策、保护贸易政策的基本主张、观点及理论依据。

☑ 掌握保护贸易政策的现代观点及理论依据。

☑ 了解公平贸易政策及贸易政策制定的政治经济学分析。

技 能 要 点

☑ 学会利用支付矩阵分析战略贸易政策的得失。

☑ 能够对国际贸易摩擦的现状进行理论分析。

在当今世界经济中，国际贸易政策在各国经济增长和经济发展中起着重要的作用，它已成为国际贸易环境的重要组成部分。一国的对外贸易政策是该国在一定时期内对进口贸易和出口贸易所实行的政策，是一国总的经济政策的组成部分，是为该国经济基础和对外政策服务的。各国的对外贸易政策因各自的经济体制、经济发展水平及其产品在国际市场上的竞争能力而有所不同，并且随其经济实力的变化而不断变换，但就其制定对外贸易政策的目的而言，大体上是一致的：保护本国的市场，扩大本国产品的出口市场，促进本国产业结构的改善，积累资金，为本国的对外政策服务。

国际贸易政策的主要内容有以下3个方面。

（1）各国对外贸易总政策是各国从整个国民经济出发，根据本国国民经济的整体状况及发展战略，结合本国在世界经济格局中所处的地位而制定、在较长时期内实行的政策。例如，实施保护贸易政策或比较开放的自由贸易政策。它是各国发展对外经济关系的基本政策，是整个对外贸易政策的立足点。

（2）进出口商品政策是各国在本国对外贸易总政策的基础上，根据经济结构和国内外市场的供求状况而制定的政策。其基本原则是对不同的进出口商品实行不同的待遇。主要体

78

现在关税的税率、计税价格和课税手续等方面的差异。例如，对某类进口商品，有时采用较高税率和数量限制手段来阻挡其进口，有时则对其实施较宽松的做法，允许较多的进口。

（3）国别政策是各国根据对外贸易总政策，依据对外政治经济关系的需要而制定的国别和地区政策。它在不违反国际规范的前提下，对不同国家采取不同的外贸策略和措施。对不同国家规定差别关税率和差别优惠待遇是各国国别政策的基本做法。

从一国对外贸易政策的具体内容来看，一般而言，它主要包括一国的关税制度和政策、非关税壁垒的种类和做法、鼓励出口的体制和手段、管制出口的政策和手段，以及一国参与国际经济一体化的战略和政策等。这些范围内的有关体制、政策和基本做法都反映着上述三方面的含义，构成了国际贸易政策的基本内容。

4.1 自由贸易政策

4.1.1 自由贸易政策的含义及理论基础

自由贸易政策（Free Trade Policy）是指国家对国际贸易活动采取不干预或尽可能不干预的基本立场，对商品进出口不设置障碍，对进出口商不给予优惠和特权，也不对外贸活动进行管制和干涉，从而使商品能够自由地进出口和实行竞争的贸易政策。

自由贸易政策是以自由贸易理论作为其基础的的。

自由贸易理论主要由亚当·斯密的绝对优势论、大卫·李嘉图的比较优势论和赫－俄的要素禀赋说构成。亚当·斯密认为，只有按绝对成本高低进行国际分工，以及在此基础上的交换才可以为交易双方带来利益，而只有在自由贸易政策下，各国才能充分享受到按绝对成本高低分工带来的利益。李嘉图的比较成本论认为，即使一国连一个具有成本优势的产品也没有，也会产生国际贸易，而且这时贸易双方仍能分享到贸易利益，但要获得这种比较利益也必须实行自由贸易政策。赫－俄的要素禀赋说认为，应当按照商品所需要素的特性和各国的要素禀赋进行国际分工和决定商品的流向，这样一来生产要素就可以得到最有效的利用，而这一切均需以自由贸易为基础，没有商品的自由流动，具有不同要素禀赋的各国的优势就发挥不出来。

不论斯密、李嘉图、赫－俄论述问题的角度怎样不同，但作为自由贸易理论，他们有以下共同点：自由贸易政策可以形成互相有利的国际分工；每个国家都根据自己的条件发展最善于生产的部门，劳动和资本就会得到正确的分配和运用，就能增加国民财富；自由贸易有利于加强竞争，提高经济效率，从而提高利润率和促进资本积累。

在国际贸易发展的历史上，在资本主义自由竞争时期的自由贸易政策和 20 世纪 50—70 年代的自由贸易倾向是具有典型特点的自由贸易政策。

4.1.2　自由贸易政策的历史演变

自由贸易政策的渊源可追溯到 15 世纪—17 世纪。

最早提倡自由经济思想的是法国重农学派（Physiocrats）的代表人物魁奈（Francois Quesnay，1694—1774）。重农学派认为：自然界有自然法则，人类社会的活动也与自然界一样有其自然秩序。实现"自然秩序"的唯一途径就是经济自由。这种思想应用于经济政策上，则反对重商主义的干预与统制的经济政策，以及贸易顺差政策和课征高额进口关税，倡导自由经济政策，鼓励以农产品为中心开展自由贸易。

重农学派的自由贸易思想为英国学者休谟（David Hume，1711—1776）发扬光大。休谟在《政治通论》（Political Discourse）中提出"物价与金银流通的调整机能"理论。该理论认为，一国出超，黄金将流入，国内货币供给量自动增加，国内物价上涨，外国产品将变得更便宜，输入将增加；当一国入超时，黄金将流出，国内货币供给量减少，物价下跌，本国产品将更具国际竞争力，输出将增加。这样，在物价与金银流动的调整下，贸易不平衡情况会自然得到改善，政府采取干预政策毫无意义。休谟的理论使重商主义发生了根本性动摇。

18 世纪后半期，在英国发生了前所未有的产业革命（1760—1830）。产业革命使机器代替手工劳动，生产效率大大提高，生产、运输、通信等部门突飞猛进，英国成为世界工厂，原料不足、国内市场狭小等矛盾日渐突出。英国在产业革命的基础上首先实行自由贸易政策，旨在从海外获得廉价原料并推销其工业产品。许多政治家、经济学家和企业家加大批评重商主义的力度，极力宣传"自由放任主义"（Laissez-Faire），倡导自由竞争和自由贸易，对当时英国资本主义的产生、发展起到了巨大的推动作用。

生活在由工场手工业向机器大工业过渡时期的英国经济学家亚当·斯密（Adam Smith，1723—1790）在其名著《国富论》中首次提出国际分工和自由贸易理论。斯密认为每个人的一切活动都受"利己心"支配，每个人在追求个人利益的同时，也会给整个社会带来共同利益；经济自由是人的利己本性的体现，是"自然秩序"的规律性要求，应努力排除一切封建障碍，反对重商主义，自由地发展资本主义。

大卫·李嘉图（David Ricardo，1772—1823）于 1817 年在其代表作《政治经济学及赋税原理》中提出"比较优势理论"（Theory of Comparative Advantage），进一步揭示了斯密的自由贸易理论，为自由贸易政策提供强有力的理论依据。

斯密和李嘉图的自由贸易理论后来又为约翰·穆勒（John Stuart Mill，1860—1873）、阿弗里德·马歇尔（Alfred Marshall，1842—1924）、俄林（Bertil Gotthard Ohlin，1899—1979）等学者进一步发扬光大。

进入垄断资本主义时期以后，实行自由贸易政策的国家为数极少；二战后，《联合国宪章》规定自由贸易原则，《关税与贸易总协定》积极推行自由经济和自由贸易，要求降低关税和消除非关税壁垒，自由贸易已成为各国贸易政策的主流。

4.1.3 早期自由贸易政策

1. 早期自由贸易政策的产生

早期自由贸易政策是从 18 世纪开始产生的，到 19 世纪 70 年代达到高峰。英国是实行自由贸易政策最典型的国家。

英国较早且全面实行自由贸易政策是有其历史背景的。

一方面，18 世纪中叶以后，英国首先进入产业革命，工业迅速发展，在世界上处于绝对领先地位，逐渐成为世界工厂，并巩固了自己的地位。英国的工业制成品物美价廉，有极强的国际竞争力，不怕与别国商品竞争。因此，英国工业资产阶级迫切要求进一步走向世界，向国外扩张，要求凭自己工业品的竞争力，通过自由竞争和自由贸易开拓阵地，占领市场，把全世界作为自己的销售市场，使世界各国成为英国的原料和粮食的供应地。在这种情况下，重商主义的政策主张已不能满足新兴工业资产阶级的要求了，新兴工业资产阶级迫切要求废除重商主义政策，扫清对外扩张的障碍，实行自由贸易政策。

另一方面，这一时期的自由贸易政策的理论基础——斯密、李嘉图的自由贸易理论开始走向经济学的殿堂，并开始取代重商主义理论。

2. 早期自由贸易政策的具体内容

英国是较早、较全面实行自由贸易政策的国家。其早期自由贸易政策的具体内容有以下几个方面。

一是废除阻碍自由贸易的有关法规。从 1824 年起英国与其他国家订立的贸易条约中逐步废除了限制外国航运业竞争和垄断殖民地航运事业的政策。最后于 1854 年，英国的沿海贸易和殖民地全部开放给其他国家。1838 年英国棉纺织业资产阶级组成"反谷物法同盟"，然后又成立全国性的反谷物法同盟，展开了声势浩大的反谷物法运动，经过斗争，最终使国会于 1846 年通过废除谷物法的议案，并于 1849 年生效。

二是简化关税税法，减轻税费。在 19 世纪初，经过几百年的重商主义实践，英国有关关税的法令达 1000 件以上，不同的法令经常对同一商品规定不同的税率。从 1825 年起，英国开始简化税法，降低税率，对制成品进口税的平均税率规定在 30% 左右，原料进口税为 20%，而对出口的限制大部分废除。所征收的关税全部是财政关税。禁止出口的法令完全废除。

三是取消外贸公司的特权。对广大民营企业开放外贸经营领域。1813 年，英国先后分别废止了东印度公司对印度和中国贸易的垄断权，从此对外贸易向所有英国人开放。

四是改变对殖民地贸易的政策。这主要表现在，殖民地可以对任何国家输出商品，也可以从任何国家输入商品。废止了对殖民地商品的特惠税率。准许殖民地与外国签订贸易协定，殖民地可以与任何外国建立直接的贸易关系，英国不再加干涉。

五是与外国签订了"科伯登"条约，这是以自由贸易精神签订的第一项贸易条约，其中列有最惠国条款。条约规定英国对法国产的葡萄酒和烧酒减低进口税，并承诺不禁止煤炭的输出。法国则把对英国制成品的关税降低至30%以下。在19世纪60年代，英国就缔结了8项这种形式的条约。

3. 对早期自由贸易政策的评判

英国采取自由贸易政策后，大大促进了本国的工业和对外贸易的发展。1870年英国对外贸易额在世界贸易总额中占近1/4，几乎相当于法、美、德各国的总和。英国拥有的商船吨位为世界第一，相当于荷、美、德、俄各国商船吨位的总和。英国工业生产占世界工业生产总量的32%，煤铁产量占到世界总产量的一半。伦敦成为国际金融中心。正因为如此，英国的自由贸易政策后来成为其他资本主义国家的蓝本。后进的资本主义国家往往先实行一个时期的贸易保护政策，待本国经济有了较大发展之后，就转向自由贸易政策。

从本质上说，自由贸易政策强调的是"资本的自由"，考虑的是英国资本自由对外扩张的需要。自由贸易政策的目的是使英国成为"世界工厂"，其他国家成为英国工业品销售市场、原料和粮食的供应地。

4.1.4 二战后自由贸易政策的表现及特点

二战后资本主义国家的对外政策具有明显的自由贸易政策的倾向。这一时期（20世纪50年代至70年代）的自由贸易政策具有如下一些特点。

1. 自由贸易政策的实施具有普遍性

战后初期，美国作为世界上最强大的经济和贸易国家，积极倡导"贸易自由化"，极力迫使西欧等地区和国家为其开放市场，降低关税，放宽进口。1947年由美国倡议，23个国家参加，签订了《关税与贸易总协定》，相互给予最惠国待遇，并逐步减免乃至取消关税和其他贸易壁垒，促进贸易自由化，以便实现美国商品打入西欧的外贸政策目标。

西欧各国随着经济的恢复和发展，为了对外扩张，争夺国外市场，特别是发达国家市场，它们也愿彼此减税，放宽进口，逐步实施自由贸易政策。1958年成立的西欧共同市场及后来的欧洲自由贸易联盟，一方面反映了西欧各国为维护自身利益而联合的趋势进一步发展，另一方面这一经济贸易集团的成立和扩大，内部取消工农业产品关税，商品进行自由流通，从而发展了自由贸易。1972年共同市场与欧洲自由贸易联盟签订了"自由贸易区"协议。1975年欧共体签订了单方面给予非洲、加勒比和太平洋地区的发展中国家以特惠待遇的"洛美协定"。

战后发展中国家为了发展民族经济，扩大出口，也迫切要求发达国家实施自由贸易政策，对发展中国家实施减免关税和取消进口限制。

2. 自由贸易政策的实施具有显著性

这种显著性表现在两个方面。

一是关税大幅度降低，如1947年关税与贸易总协定成立，至1973年的"东京回合"，总协定缔约国平均进口税的最惠国税率由 50% 左右降为 5% 左右。又如，发达资本主义国家实施普遍优惠制，对来自发展中国家的制成品和半制成品的进口给予优惠关税待遇。再如，在欧洲自由贸易区内，对占世界贸易额约 40% 的工业品实现了互免关税。

二是非关税壁垒措施有显著减少，如经济合作与发展组织成员国之间的进口数量限制已取消 90%，欧共体成员国之间工业品的进口数量限制已取消。又如，"东京回合"达成了减少和限制非关税壁垒的协议共 9 项。

3. 自由贸易政策的实施具有区域性

自由贸易政策的实施明显具有普遍性和显著性的特点，但这种普遍性和显著性更多的是与区域性相联系的，即在关贸总协定的范围之内、在区域关税同盟之内、在自由贸易区之内和共同市场内更具普遍性和显著性。

4. 现代自由贸易政策与早期自由贸易政策具有不同性

这种不同性表现在两个方面。一是实施自由贸易政策的经济基础不同。现代自由贸易政策是建立在生产的国际化、资本的国际化、国际分工的纵横发展和跨国公司大量出现的基础之上的，它反映着世界经济和生产力发展的内在要求。而早期的自由贸易政策是建立在资本主义自由发展的基础之上的，它反映了英国工业资产阶级一国的要求。二是现代自由贸易政策往往同保护贸易政策相结合，是一种选择性的政策，如区域经济集团内部贸易自由化超过对集团以外国家的贸易自由化，而早期的自由贸易政策则没有这种选择性和区域性。

4.2 保护贸易政策

4.2.1 重商主义的政策主张

1. 重商主义的基本理论

1）重商主义的基本观点

不论是早期重商主义，还是晚期重商主义，它们都有以下相同的认识。第一，世界的资源是一定的、有限的，因此本国商人、制造业和航运业为获得更大的利润而扩大业务时，或迟或早必然会同其他国家发生冲突。政府为了支持和保护本国商人、制造业和航运业在国际贸易中的利益就必须保持国家的强大。增强国家实力主要表现于陆海军武装力量的壮大。实现这一目标，就需要积累大量的财富，并由国家统治整个经济活动。第二，它们都认为财富和货币是完全统一的，财富就是金银，金银就是财富的唯一形态，是衡量国家富裕程度的唯一尺度。一个国家拥有的黄金和白银越多，它就越富有。第三，它们都认为剩余价值只能在流通领域中产生，只有商业，尤其是对外贸易才是利润的源泉和财富的源泉，只有对外贸易才能增加一国的货币量，从而增加国家财富。第四，在国内商业与对外贸易关系上，它们认为国内商品生产应当服从于对外贸易的需要，应鼓励工场手工业和出口贸易的发展。在对外贸易上奉行"多卖少买"的原则。

2）早期重商主义的主要观点

早期重商主义的观点有二。

一是在货币与商品的关系上，将二者绝对地对立起来，要求在对外贸易中绝对地多卖少买，使金银流入国内。斯坦福在其代表作《对我国同胞某些控诉的评述》一书中就贯彻着这样的思想，即从外国输入商品，对国家不利，输入本国能够制造的商品，害处更大，因为输入商品就要引起货币输出。他还指出，外国商人同我们贸易，从我们手中赚到货币就离开我国一去不复返了。反之，凡是我们本国人相互之间所赚到的货币，还留在国内。

二是在对待货币的态度上，孤立地对待货币运动，千方百计要把侥幸得到的货币保存在国内并把它窖藏起来。他们不择手段地骗取那些和本国通商的民族的现钱，并把侥幸得来的金钱牢牢地保持在关税线以内。

正是基于上述两种观点，早期重商主义总是力图在国内把货币以贮藏货币的形式积累起来，从而达到积累货币财富的目的。早期重商主义者的这种思想被称为货币差额论。

3）晚期重商主义的基本观点

晚期重商主义产生于16世纪下半叶。当时工场手工业已开始产生，信贷事业开始发展。这一切使得重商主义已经开始用资本家的眼光来看货币。他们开始明白，一动不动地放在钱柜里的资本是死的，而流通中的资本却会不断增殖。

晚期重商主义的理论核心是贸易差额论，其主要观点有二：一是在货币与商品的关系上，与以"货币差额论"为中心的早期重商主义不同，认为货币与商品具有统一性；二是在对待货币运动的态度上，不主张将货币窖藏起来，因为"货币产生贸易，贸易增多货币"。并认为，投入流通中的货币愈多，带来的利益越大。但投入流通的范围应当是发展对外贸易，特别是转口贸易，因为对外贸易是增加财富和现金的通常手段。在对外贸易中，不一定要对每个国家和每笔贸易都是顺差，只要在对外贸易总额中，出口大于进口，就能使更多的货币流入本国，国家就会富足。

基于这种认识，晚期重商主义总是力图通过发展对外贸易，扩大商品输出，限制商品输入，从而达到积累财富的目的。晚期重商主义者的这种思想被称为贸易差额论。

2. 重商主义的政策主张

1）早期重商主义的政策主张

早期重商主义的政策主张主要表现在这样几个方面。一是严禁金银出口政策，认为贵金属一旦进口以后，就应留在国内。这一政策在西班牙执行得最久，也最严格，凡输出金银币或金银块者可以判处死刑。二是在禁止金银输出的同时，制定政策想方设法吸收外国金银，规定外国人来本国进行贸易时，必须将其销售货物所得到的全部款项，用于购买本国的货物。三是实行由国家垄断全部货币贸易的政策，例如葡萄牙和西班牙在16世纪实行的贸易垄断。

2）晚期重商主义的政策主张

晚期重商主义的政策主张，有些是早期重商主义政策的延续和发展，如贸易垄断政策、保护关税政策。有些则是与早期重商主义政策不同的，如在货币政策上，晚期重商主义的政策主张则是反对禁止金银出口的禁令，将对货币的追求转为对贸易顺差的追求。

晚期重商主义政策主张主要表现为：奖出限入政策、国内产业发展政策、本国航运发展政策。

奖出政策的主要内容是：对本国某些商品的出口给予津贴；减低或免除出口关税，或退回进口原料时征收的关税；鼓励输入原料，加工后再出口；设立独占经营的殖民地贸易公司，在殖民地经营独占贸易，使殖民地成为本国制成品的市场；国家用现金奖励在国外市场上出售本国产品的商人，但对重要原料的出口则加以限制。

限入政策的主要内容是：对国外某些商品，特别是奢侈品禁止进口；对进口货基本无一例外地征收重税，税负之重往往使人们无法购买进口货；允许在殖民地取得廉价的原料，并运回本国，条件是将其加工成制成品，然后高价向殖民地或其他国家出售。

国内产业发展政策的指导思想是：通过发展本国的农业和工业，从而增加可出口的商品，减少对进口商品的需求，以便实现贸易顺差。这一政策的主要内容是：通过若干法令限制谷物的进口，以保护本国农业的发展，如英国的谷物法；给工场手工业者发放贷款和提供各种优惠条件；为了给工业发展提供劳动力，奖励人口繁殖，高薪聘请外国工匠，禁止熟练技术工人外流，充裕劳工来源；实行低工资，以降低劳工成本；鼓励原料和半成品输入，以发展制造业和加工工业；制定工业管理条例，加强质量管理，以提高产品质量，增强本国产品在世界市场上的竞争力，保持出口优势。

本国航运发展政策的主要内容是：建立强大的商船队和渔船队；禁止外国船只从事本国沿海航运和本土和殖民地之间的航运，如 1651 年英国通过重要的航海法案，该法案规定，一切输往英国的货物必须用英国船载运或原出口国船只装运，亚洲、非洲及北美的贸易必须利用英国或殖民地的船只。

4.2.2 保护贸易政策的其他传统理论依据

1. 保护幼稚工业论

在发展中国家中，贸易保护的最重要最流行的依据是保护幼稚工业（infant industry）论。保护幼稚工业理论的主要观点是：许多工业在发展中国家刚刚起步，处于新生或幼嫩阶段，就像初生婴儿一样，而同类工业在发达国家已是兵强马壮、实力雄厚。如果允许自由贸易、自由竞争的话，发展中国家的幼稚工业肯定被打垮、被扼杀，永远没有成长起来的希望。如果政府对其新建工业实行一段时间的保护，等"新生儿"长大了，再取消保护，那么它就不但不怕竞争，还可与先进国家的同类工业匹敌了。

保护幼稚工业的理论历史悠久，流行广泛。这一理论可追溯到 18 世纪美国经济学家亚历山大·汉密尔顿（Alexander Hamilton）那里，他在 1791 年的《制造业的报告》中就提出了这一论点。但真正全面阐述和发展这一理论的是19世纪德国经济学家弗里德里希·李斯特（Friedrich List）。李斯特从当时德国相对落后的状况出发，提出要以禁止进口和征收高关税的办法对其新兴的工业进行保护，以免被当时先进的英、法工业挤垮。李斯特的理论以后一直被广泛引用，成为落后国家保护其工业的主要论据。这一理论在中国很流行，有时还加上一些非经济的色彩，称为保护"民族工业"。

保护幼稚工业的理论是着眼于一国的长期利益。其基本假设是，保护这些工业在短期内虽然有代价，但从长远看是有利的和必要的。这一点在理论上是成立的，但在实际操作中却不一定。保护幼稚工业能否在长期获利，取决于三个条件：第一，这些被保护的"新生儿"必须有长大的潜力，从国际贸易的角度分析，必须有潜在的、通过成长会发挥出来的比较优势；第二，保护只是短期的，为保护所付出的代价是短暂的、有限的；第三，被保护的"新生儿"在长大后带给社会的收益会足以弥补社会为保护其所付出的"抚养费"。这里的第二、第三点实际上是建立在第一点的基础上的，如果"新生儿"在保护中总也长不大，保护就不可能是暂时的，代价也不会小，也不要指望有朝一日能补偿损失。

因此，根据这三个条件，并不是所有的幼稚工业都应该保护，而只有那些确有潜力的工业才应得到保护。但在现实中，许多受到保护的工业并不符合这一点，结果是，保护的目的没有达到，保护的代价却很高。美国经济学家富兰克·陶西格（Frank Taussing）在19世纪末考察了当时受到关税保护的美国新兴铁器制造业，结果发现该行业的生产方式20年内没有变化，市场份额也没有任何扩大，保护并没有使这一幼稚行业长大。近几年来，一些经济学家对第三世界国家中受保护的"幼稚工业"做了一些研究，发现受保护工业的生产成本的下降速度并不比不受保护的工业快，而保护的代价则相当于由此而节约的外汇支出的两倍。

经济学家发现，保护幼稚工业理论在实践中有以下两个很难克服的困难。

（1）保护对象的选择问题。尽管理论上说要保护幼稚产业，但在实际选择中往往取决于各种政治经济力量的对比。许多发展中国家政府选择保护目标并不是真正从经济利益出发，而是从政治或其他利益出发，所选对象就难以符合上述三个条件。另外，是否能选准那些应该保护的行业还有一个信息和判断问题。由于人们不可能掌握全部信息（包括未来发展的信息），决策中就有可能出现错误。即使从经济利益出发，也会出现技术上的错误判断，结果不能达到预期目标。

（2）保护手段的选择问题。有时对象选对但手段用错，其结果仍然达不到通过对幼稚工业的保护来促其成长的目的。一般来说，采用产业政策优于关税等限制进口的贸易政策。产业政策（如生产补贴）不仅对社会造成的损失较小，还可能起到监督企业、加速企业成长的作用。在产业政策下，企业的补贴来自政府，政府有权进行控制和调节，政府为减少开支会促进企业提高效率。而在关税等限制进口的贸易政策下，企业的收益来自市场，来自无数个不知名的消费者，对此企业自然无所顾忌，没有提高效率的压力。

另外，通过限制进口的错误手段来保护幼稚工业还有一种常常不被人注意的社会代价，即推迟接受和普及先进技术和知识所造成的损失。尤其是，发展中国家的许多幼稚工业恰恰都是新兴工业或高科技工业。最明显的例子是对电子计算机工业的保护。为了保护国内幼稚的电子计算机工业，一些国家对国外的电子计算机实行进口管制。结果是，在发达国家计算机已普及到家庭的电子时代，这些国家的电子计算机仍因价格昂贵而使大多数人望而却步。与彩电、冰箱等不同，计算机不是一般的消费品，计算机的普及价值是整个社会生产效率的提高和先进技术的外溢与普及，限制计算机进口，保护的只是一个行业，拖延的是整个社会的进步，其损失是远远超过所得的。

当然，我们不是说不要发展本国的电子计算机工业，但应该用其他手段而不是用限制进口的政策。日本在早期也采用过阻止进口的办法，但很快就转向其他形式，如优惠贷款、专利、免税等，来支持发展本国的电子计算机工业。日本的这一政策转变正是基于这一认识。

实际上，保护手段的选择不仅是一个认识问题，还涉及政府的利益。采用关税，政府可以有收入，而使用产业政策，政府不但失去税收还要增加支出。因此，虽然从社会角度来说应该使用产业政策，但从政府角度来说，利用关税保护对其更有利，选错手段则常常成为不可避免的事。应该指出，在中国旧有的经济体制下，政府和国有企业是一体的，即使使用产业政策也未必对企业有多少监督促进作用。企业哪怕亏损了，政府都会给予补贴，从而缺乏压力去提高效益。

幼稚产业保护论自产生之后便受到学者的怀疑。有些学者怀疑对幼稚产业实行保护的必要性。在实践中，并非幼稚产业只有通过保护才能成熟。如果这些产业确有潜在优势，在自由贸易条件下也有能力同国外的老企业相抗衡，因为新建产业可以采用最新技术，具有学习效应和后发优势，而老企业则往往存在技术设备落后和缺乏活力的缺陷。其次。政府难以准确选择适宜的保护对象。从客观方面来讲，在现实中符合上述三个值得保护的条件的幼稚产业难以判断；从主观方面讲，政府需要有"工程师的技能、经济学家的头脑和企业家的冒险精神"，这对于政府来说显然是有点苛刻。此外，政府往往不仅考虑经济因素，还要考虑政治和社会因素，更使得幼稚产业的选择容易出现偏差。

幼稚产业的保护要想取得成功，关键是要得到企业的配合，即企业能够在政府的保护之下尽力走向成熟。但是，在政府的保护伞之下，企业往往因缺乏竞争压力而产生依赖思想，长期享有政府的各种照顾而不思进取。这样，无论政府如何保护，幼稚产业都无法走向成熟。

一些学者通过考察幼稚产业保护的实践，得出的普遍结论是对于幼稚产业的保护缺乏成效。例如，一项关于1913年以前美国贸易保护的研究得出了这样的结论：受到保护的美国工业要么一直对外国竞争者享有比较优势，要么从来没有取得比较优势。美国经济学家富兰克·陶西格在19世纪末考察了当时受到关税保护的美国新兴铁器制造业，结果发现该行业的生产方式在4年内没有变化，市场份额也没有任何扩大，保护并没有使这个幼稚产业成熟。另一个美国学者豪克（G. R. Hawke）考察了19世纪末期美国关税的有效保护效果后得出的结论是，1879—1904年美国工业所受保护的增长远远低于公认的水平。他认为，技术进步贡献在总产出中的较大份额和工业投入品的关税抵消了工业产出品关税的上涨。而且，在这段时间里美国的主要增长工业并不是那些享受最高有效关税的部门。一些学者对当代发展中国家受保护的"幼稚产业"做了一些研究,发现受保护工业的生产成本的下降速度并不比不受保护的工业快,而保护的代价则相当于由此而节约的外汇支出的两倍。

因此,保护幼稚工业论在理论上虽然成立,实施中往往弊大于利,保护的代价昂贵而保护的效果却不甚理想。

2. 改善国际收支论

国际收支论(balance-of-payment argument)主张以关税、配额等贸易保护措施限制进口,减少外汇支出,以达到迅速、有效改善国际收支的目的。

贸易虽然是有进有出,但不一定平衡。如果出口所得金额多于进口所付金额,称为贸易出超或贸易顺差。反之,则是贸易入超或贸易逆差。贸易的出超和入超对一国的国际收支和外汇储备有很大影响:出超时给国家带来外汇净收入,外汇储备增加;入超则是外汇净支出,外汇储备减少。对于一个国家来说,保持国际收支的基本平衡是必要的。如果一国出现了严重的国际收支失衡(通常为国际收支赤字过大),则容易导致货币的大幅度贬值并可能引发国内金融危机。改善国际收支论认为,实行贸易保护可以减少进口,从而减少外汇支出,增加外汇储备。贸易保护主义者认为,贸易保护是一国改善国际收支状况的有效手段。其作用机制是,通过限制进口可以减少本国的外汇支出,通过补贴出口则可以增加本国的外汇收入。外汇收支一增一减的结果就可以使本国的国际收支状况得到改善。

该观点从理论上说没有问题,少进口少花外汇,可以减少赤字或增加储备,但实施起来有以下两个问题必须考虑。

第一,别国的对策及这种对策对本国出口的影响。我们在前面已经谈到,贸易是双方的,一国实行保护,别的国家也会跟进,不管是有意报复还是进口能力下降,都会反过来影响本国的出口,其结果是,虽然少买了东西省了钱,但也少出口少赚了钱,国际收支也许没改善多少,本国消费者和出口行业都要为之付出很大的代价。

第二,有没有更好的办法来改善国际收支?要平衡收支,不仅要"节流",更要注重"开源"。少进口省外汇只是一种消极的、代价昂贵的平衡方法,而提高出口产业的劳动生产率,挖掘更多的出口潜力去多赚外汇,才是积极的、代价较少的改善国际收支的办法。改善国际收支的关键是要调整国内经济结构、提高国际竞争力以不断扩大出口。另外,在一国的国际收支出现暂时困难时,不一定非要采用贸易方面的措施,也可以在资本项目上做些文章,比如利用国外贷款和国际直接投资等。

因此,多边贸易体制把国际收支保障作为例外,允许一国在国际收支严重困难时采用贸易保护的措施。但是,国际收支保障条款的使用是受到非常严格的限制的,必须符合国际贸易组织认可的严重国际收支困难这一基本条件。因此,在一般情况下,任意使用限制贸易的做法来改善国际收支甚至片面追求贸易顺差,则是受到多边贸易体制反对的贸易保护措施,必然遭到有关国家的报复和制裁,是很难顺利实施的。退一步讲,即便其他国家不反对,靠贸易保护尤其是限制进口来改善国际收支是一种消极的、代价昂贵的办法。

以国际收支方面的理由作为贸易保护的依据，在发展中国家很普遍。从 1979 年东京回合到 80 年代末，发展中国家在向关贸总协定通报进口限制时，85％以上都以平衡国际收支为理由，这主要与发展中国家普遍出口能力低，外债严重有关。但改善国际收支论在出口能力强的亚洲国家也比较流行，这大概与中国及亚洲文化有一定的联系。中国和其他东亚国家的人们都比较注重储蓄，不大愿意举债，反映在贸易政策上就是追求贸易顺差。

当然，我们并不是说出超不好，也不是说外汇储备多不好，但如果通过贸易保护手段来达到出超和增加外汇储备的目的，其代价一定是不小的。消费者为此做出的牺牲会超过出超所得。这种贸易保护所带来的损失，我们已经在前两章中做了详细分析。

另外，追求出超的目标本身就有问题，出超越多并不表示一国的福利水平越高。从宏观范围来说，出超只是表明一国的消费水平低于生产水平，生产出来的一部分产品出口到外国去了。在生产水平给定的前提下，出超越多，本国应有的当前消费越少。当然，出超增加了外汇储备，积攒了今后进口和消费的能力，因此出超只相当于一种储蓄。

通过贸易保护（包括限制进口和鼓励出口）来追求出超还会引起与入超国的矛盾和纠纷。近年来，中国与其他国家的外贸普遍出超，在中美贸易中，中国成为仅次于日本的第二大出口国。20 世纪 90 年代中美经贸关系不顺利，美国国会一直想取消中国的最惠国待遇，原因之一就是美国指责中国实行贸易保护，从而使美对华贸易出现巨额逆差。美国一再扬言，中国如不采取措施开放市场，美国就要对中国的出口产品采取相应的报复行动。近年来，欧洲各国纷纷对中国的出口商品进行反倾销，其原因之一也是中国对欧盟的贸易顺差越来越大，引起进口国的不满。可见，想通过贸易保护来改善国际收支的做法在实践中有许多困难。

3. 改善贸易条件论

贸易条件论（terms-of-trade argument）者认为，在一定条件下，一国通过对进口商品征收关税和限制出口等措施，可达到改善贸易条件、提高福利水平的目的。

贸易保护主义者认为，实行增加关税等贸易限制措施后，会降低本国对进口品的需求，国外供应商为了保持增税前的销售额，就必须降低价格。由于贸易条件是出口商品价格与进口商品价格的比率，进口商品价格的降低就可以改善进口国的贸易条件，即同样数量的出口商品可以换回更多的进口商品，从而使整个国家获利。于是，增加关税等贸易保护的手段通过降低进口商品价格可以达到改善贸易条件的目的。

以改善贸易条件为依据进行贸易保护的最终目的是想从中获利，而获利的手段则是迫使别国降价，从别人的口袋里捞出一部分钱来充为己有，这种做法被称为"向邻居乞讨"。从经济学角度来说，不管是个人、企业，还是国家，追求利益最大化本身是经济行为的目标。但是，通过贸易保护来改善贸易条件的有效性仍然值得考虑。主要有两点：第一，通过保护来获利的做法能否成功？第二，从资源利用的角度来看，这种做法是否有益？

首先，能否成功地通过贸易保护来降低产品的进口价格，首先取决于该国对国际市场的影响力。在对关税的分析中我们将会知道，只有贸易大国才会对市场价格有影响力，才能通过限制进口来降低进口价格。如果是一个贸易小国，本身在国际市场上的地位无足轻重，那么，再怎么保护，对世界市场也不产生影响，哪怕完全不进口，进口产品的国际价格也不会下降。

其次，即使是贸易大国也未必能通过降低进口价格来获益，因为贸易是互相的，如果为了改善贸易条件而实行保护，很容易引起别国相应的报复措施。最终结果是，贸易条件没有得到改善，贸易量却因此下降。不仅进口商品的消费者受到损失，出口商品的生产者也遭池鱼之殃。

当然，在现实中，这种报复也可能不发生。贸易往往是多边的，如果中国是日本商品的进口大国，不一定就是向日本出口商品的大国，日本的出口在很大程度上依赖于中国的进口，而中国的出口也许并不依赖于日本的进口。这样，中国通过减少进口可以压低日本商品的国际市场价格，而日本对中国就难以实施报复。但是，无论别国报复与否，为改善贸易条件所进行的贸易保护会造成国际市场价格的扭曲，从而不利于资源的有效利用。

因此，以限制贸易来改善贸易条件并非良策，积极的办法应是促进进口替代部门的成长，以改善贸易条件。

4. 增加政府收入论

政府收入论（Government Revenue Argument）又称关税收入论（Tariff Revenue Argument）或幼稚政府论（Infant-government Argument）。该论点认为，新独立或发展中国家因其他税源缺乏或无法征得足够的税收，以征收简单、易行的关税作为政府收入的主要来源，可部分解决政府提供诸如卫生、教育、治安、水利和国防等方面的基本公共服务所需的开支。

通过关税来增加政府收入，与其说是一种政策理论，不如说是一种利益行为。不管消费者和整个社会所付的代价如何，作为政府，征收的关税则是实实在在的收入，这也是政府要实行贸易保护的动力之一。

对于广大发展中国家来说，政府既没有什么自己拥有的企业，又由于本国工业生产能力有限，国内人民生活水平低而没有多少收入税可征，关税就成了政府收入的重要来源。另外，征收关税比增加国内的各种税收要容易得多。国内的各种税收，无论收入税、销售税，还是生产税，国内的消费者或生产者都直接看到，征税的阻力自然就大，而关税则在外国商品进入本国市场前就征收了，由此产生的商品价格上涨似乎并不是政府的原因。虽然，最终还是消费者支付了一定的关税，但消费者对这种间接的支付感觉并不灵敏，反对的声浪也不大。这一点，对政府来说，尤其是对那些要靠选民投票的政治家们来说是很重要的。

关税的比重跟一国的发展程度有反向关系：发展程度越低，关税在政府收入中的比重就越高（如喀麦隆和埃塞俄比亚，比重超过20%）；反之则越低（如挪威、瑞典、葡萄牙等国都不到1%）。

从理论上说，征收关税的另一个好处是可以将一部分税赋转嫁到外国生产者或出口商身上。如果是进口大国的话，通过关税减少进口，会压低国际市场价格，结果相当于外国生产者为此承担了部分税赋负担，而且如果税率恰当的话，进口国的总福利水平还会得到提高。但是，以增加收入为目的的关税在失之偏高和不当时会导致资源配置严重扭曲，使经济成长受阻，进口和出口能力因而递减，关税收入终将减少。同时，进口国的总福利水平得到提高的必要条件是：实行贸易保护的必须是举足轻重的进口大国。事实上，有这种地位的发展中国家几乎没有，尤其是那些国内没有多少税源的穷国，根本不可能有钱大量进口外国商品，无法大量进口又怎样成为进口大国呢？因此，大多数国家政府的关税所得主要还是由国内消费者支付，并且，消费者的支付超过政府关税税收所得。所以，以关税作为增加政府收入的主要来源，是一种杀鸡取卵的做法，以健全的税制来促进经济增长，才是政府取得开支所需的长期可靠来源。

5. 民族自尊论

尽管当代世界各国的相互依赖性不断增强，但一些国家的学者和政府认为进口商品代表的是外国的文化，担心外国商品充斥本国市场有损于民族自尊心和自豪感，主张采取贸易保护政策来减少外来冲击，发展民族工业。

进口商品并不仅仅是一种与国内产品无差别的消费品，进口商品的品种、质量常常反映了别国的文化和经济发展水平。而且，进口的商品上都带有"某某国制造"的标签，以示与本国商品的区别。一般来说，进口货总是比国产的要"物美"一些，比同质产品又"价廉"一些（否则也不会进口），尤其是发展中国家所进口的先进工业商品，许多是本国不能制造的。在消费者"崇洋赞洋"的时候，政府往往会觉得有损民族自尊心和自信心。为了增加民族自豪感，政府一方面从政治上把使用国货作为爱国主义来宣传，一方面企图通过贸易保护政策来减少外来冲击，发展本国工业。

借口维护民族自尊而实行贸易保护的观点是非常片面和有害的。首先，当代各国的经济交换日益广泛和深入，任何一个国家企图主要消费本国产品都是不可能的。对于大多数产品的生产和消费活动来说是自然的无差别的过程，不应该上升到所谓民族或其他政治的角度。其次，当代国际分工日益细密，许多产品生产的最终完成是若干国家合作的结果，很难确定一个单一的生产国。例如，当代世界的许多产品是跨国公司生产的。运动员脚上的运动鞋尽管打的是"阿迪达斯"、"耐克"和"锐步"这些发达国家的商标，但绝大多数都是在包括中国在内的发展中国家生产的。再次，积极发展民族工业是无可厚非的，但是这不能成为贸易保护的理由，因为实践已经证明，依靠贸易保护来发展民族工业的道路是走不通的。

"爱国主义"和"民族自尊"的贸易保护理论在中国是不陌生的。在闭关锁国的年月中，什么东西都提倡自己设计，自己制造，正常的贸易被排斥，甚至连是否购买外国船只来增强运输能力的问题也被上升到是不是卖国主义的政治问题。这种企图通过贸易保护政策来振兴民族工业、实现民族自尊的做法往往是不成功的，其结果可能是使国家更落后，离现代科技发展更远，民族也就更没有资本来自尊自主了。

6. 经济多样化论

经济多样化论（Diversified-economy Argument）者主张，经济高度专业化的国家应借保护关税等措施推动本国生产活动的多样化，以减少国际市场波动对本国经济的影响，稳定国内经济。

这种论点颇为中肯。高度专业化的经济，如巴西的咖啡经济、智利的铜矿经济，以及中东的石油经济，其产品的出口和价格的确容易受国际市场波动的影响，对本国的收入和就业均有十分不利的影响，国内经济很不稳定。

但是，由于资源禀赋和技术条件的限制，一国经济由高度专业化转变为多样化生产可能代价极大。加之难以预知哪些产业值得纳入多样化生产的范围，勉强多样化的结果将导致资源使用效率的降低，从而增加多样化生产的代价。如果一国实行高度专业化，主要生产一种或几种商品，国内其他需求大量依赖进口，那就会形成比较脆弱的经济结构，如巴西的咖啡经济、智利的铜矿经济、中东的石油经济等。一旦外部环境发生变化，这些出口商品价格猛跌，其收入将受到巨大损失，国内经济也难以调整和适应。因此，经济多样化论者主张：通过推行保护贸易政策来推动本国生产活动的多样化，还会有助于国内经济的稳定。

该论点的不足之处在于：（1）对先进国已多样化的经济（如美国）并不适用；（2）由于资源禀赋与技术条件限制，一国经济由高度专业化转向多样化的代价可能相当大；（3）难以确定哪些产业应纳入多样化生产的范围；（4）用关税或配额鼓励生产多样化，其成本将比以补贴直接鼓励更大。

7. 保护就业论

保护就业论虽不像保护幼稚工业论那样具有悠久的历史，但流行范围却同样广泛，而且主要是在西方发达国家。每当经济不景气、失业率上升时，西方国家的一些政治家和工会领袖就归罪于来自外国的尤其是发展中国家的竞争，纷纷主张以限制进口来保障本国工业的生产和就业。20 世纪 80 — 90 年代的西方贸易保护主义加强的一个重要理论依据就是保护国内的生产和就业。

保护就业论可以从微观和宏观两方面来解释。从微观上说，某个行业得到了保护，生产增加，工人就业也就增加。这一点，我们从前面几章对贸易政策的分析中已经看到。从宏观上说，保护就业论是建立在凯恩斯主义经济学说基础之上的。凯恩斯（John M. Keynes）是英国经济学家。在 1929 年至 1933 年的西方大萧条中，凯恩斯看到了古典经济学完全依赖市场机制和只重视供给方面的不足，认为一国的生产和就业主要取决于对本国产品的有效需求。如果有效需求增加，就会带动生产和就业的增加；反之，如果有效需求不足，就会出现生产过剩、经济衰退，造成失业增加。因此，要达到充足就业，就要对商品有足够的有效需求。

什么是有效需求呢？有效需求由消费、投资、政府开支和净出口四部分组成。净出口则定义为出口减去进口。也就是说，出口会增加有效需求，进口则减少有效需求。因此，贸易对整个社会就业水平的影响过程可以表述为：

增加出口，减少进口 → 增加有效需求 → 增加国民生产和就业

反之，如果进口太多，出口太少，则会减少有效需求并降低本国生产和就业水平。凯恩斯理论不仅阐述了进口与国民生产的逆向关系，还指出这种影响是具有乘数效应的。也就是说，如果净进口增加 1 元的话，国民生产水平的下降会超过 1 元，对就业的影响当然也就更

大一些。而减少 1 元的净进口，也能使国民生产有超过 1 元的增加，所能创造的工作机会也就越多。保护就业论者就是根据凯恩斯的宏观经济理论提出贸易保护的。他们相信，通过限制进口、扩大出口的贸易保护政策，可以提高整个国家的就业水平。

怎样评价保护就业论呢？从理论上说，贸易保护无论在微观上还是在宏观上，对增加就业都有积极作用。但这一理论忽视了一个现实问题：怎样才能做到限制进口同时又不伤害出口呢？我们知道国际贸易是双方的事，一国不可能只出口不进口。希望通过扩大出口减少进口来保护就业的做法在现实中会遇到困难。首先，别国对这种做法不会毫无反应。一国要考虑自己的就业问题，别国也要考虑他们的就业问题。一国限制进口，则伤害了别国的出口，为保护自己的利益，别国也会以限制进口作为回报，那么该国的出口也不得不减少。其次，即使别国不进行报复，长期的大量的贸易逆差必然影响别国的经济发展和国际支付能力，别国经济实力的下降则反过来影响对本国的出口商品的购买力，其结果也影响到实行贸易保护国家的出口。因此，从总体均衡或长期均衡的角度来看，要想限制进口而不伤害出口或扩大出口而不增加进口都是不大可能的。所以，实行贸易保护的结果往往是增加了一个部门的就业，减少了另一部门的就业，还外加消费者的损害，即常常是，此得彼失，得不偿失。

8. 保护工资论

该理论认为，经济比较落后而劳动力相对丰富的国家的工资水平较低，故其生产成本也较低。如自由进口这些国家的产品，则本国产品很难与之竞争，结果使本国难以维持较高的工资水平与生活水平。为维护本国较高的工资水平，避免廉价劳动产品的竞争，必须实行保护贸易政策。这种观点过分夸大工资在商品成本构成中的比重及其对商品价格的影响。

9. 资源耗竭与环境保护论

该理论认为，一国的自然资源是有限的，为保存本国的自然资源禀赋和维护生态环境，必须对需要投入大量自然资源（特别是非再生资源）和严重危害生态环境的产品限制出口。但是，若每一个国家都为保护资源而限制贸易，各国则无法互通有无，也无法发挥比较优势，甚至可能陷入自给自足的封闭经济。

随着全球性环境问题的日益突出，保护环境和实现可持续发展成为世界各国共同追求的目标。但是，一些国家却浑水摸鱼，以环境保护之名行贸易保护之实。它们借口环境保护，制定本国的环境标准，然后强加于他国，排斥或限制他国商品的进口。有的国家甚至在环境保护问题上公然实行双重标准，对于他国商品实行歧视性待遇。

作为人类重要的经济活动，国际贸易也必须为环境保护和可持续发展服务，这是毋庸置疑的。但是，环境保护不应该成为限制和阻碍正常国际贸易活动的理由，以环境保护之名行贸易保护之实更是没有道理的。

10. 国家安全论

以维护国家安全为由而实行贸易保护的观点由来已久。17 世纪的英国重商主义者就以国家安全为依据，主张限制购买外国商船和使用外国海运服务。后来，自由主义大师亚当·斯密竟然也支持这种主张，认为国家安全比经济繁荣更重要。此后，借口国家安全而实行贸易保护的主张和行动一直经久不衰。

国家安全论的基本观点是：自由贸易将导致本国对外国的依赖性。这种依赖性在和平时期可以得到维持，但一旦发生了战争，贸易停止，供应中断，本国将处于非常不利的地位，甚至可能不战自败。为了避免这种局面的发生，需要对国内的"基本产业"，如制造业、动力工业、农业等战略性产业实行保护，使这类产业在平时也要维持一个适当的水平。

发展国内经济必须考虑国家安全，这一点是正确的。但是，如果诉诸贸易保护则很难有效。首先，依靠贸易保护来发展"基本产业"是靠不住的，因为靠保护建立起来的产业是没有竞争力的，在和平时期没有竞争力，在战争时期同样没有竞争力。其次，现代战争是综合国力和整个经济实力的较量，单靠少量的所谓"基本产业"是不可能获胜的。而对于众多的国内产业来说，不可能都纳入贸易保护的范围。这样，贸易保护就陷入了两难选择的尴尬境地。再次，对于战争必需的战略性物资来说，存在比贸易保护更有效的办法。例如，一个较为简便的方法是在和平时期廉价进口并储备起来。

11. 社会公平论及收入再分配论

当代一些国家特别是发达国家还以维护社会公平为由来推行贸易保护政策。所谓社会公平，是指社会各阶层或各种生产要素在收入上的相对平衡。为了维护社会公平，这些国家利用贸易保护来调节国内各阶层或不同生产要素所有者之间的收入差别，以减少社会矛盾和冲突。以维护社会公平为由而推行贸易保护政策的最典型的例子是：发达国家为了维护农场主阶层的利益而实行的农产品贸易保护（如出口补贴）。在服务贸易政策中，一些国家为了维护本国工人的利益，对劳动力的跨国流动实行种种限制措施。

收入再分配论（Income-redistribution Argument）者主张通过贸易限制对一国的收入进行重新分配，以保护国内生产，或矫正不利的收入分配后果，或缩小贫富差别。

通过关税、配额等限制措施，可使生产者剩余增加，消费者剩余减少，即部分社会收入由消费者转移至生产者，从而保护特定产业的国内生产。

另外，根据要素价格均等化学说，自由贸易对一国供给丰富的生产要素的报酬有利，而对稀缺的生产要素的报酬不利。因此，稀缺要素所有者和相对密集使用稀缺要素于生产的进口替代产业主可能会请求政府的保护，以避免其收入下降。

而在一些国家，实行贸易限制是为了税富济贫，从而缩小贫富差别。这类国家常常通过对奢侈品进口征收高关税，使富人向政府缴纳高税额，同时对必需品的出口征税以保证国内市场供给，降低价格。但这种办法往往违背政府实行限制的初衷，因为对奢侈品进口课征高关税和对必需品出口征税的结果会导致国内生产者增加价高的奢侈品生产，而对价廉的必需品的生产缺乏积极性。

由以上分析可见，社会公平论的实质是以国际贸易来解决国内问题，通过国际贸易把国内矛盾转嫁给他国，属于明显的以邻为壑的贸易保护主义做法。限制贸易虽然可实现社会收入在不同利益集团之间的再分配，使特定利益集团的收入增加，但并未减轻公众的负担。因此，对于收入分配不均，或因国际贸易所致的不利的收入再分配后果或贫富差别等问题，应以国内政策救济措施来解决，而不应限制对外贸易，因为这样会丧失通过对外贸易所能获得的利益，从而使社会整体福利水平下降。

12. 夕阳产业保护论

与幼稚产业保护论相反，夕阳产业保护论主张对本国正在衰落的产业实行保护。该理论认为，夕阳产业在历史上曾经是国民经济的支柱产业，吸纳了大量的劳动就业，为经济发展做出了重要贡献。如果不对其实行保护，将造成大量失业和生产设备的闲置。尽管这些产业最终将被淘汰，其资源和劳动力可以转移到其他产业，但这一转移过程并不一定能成功，至少无法完全实现。即便能够完全实现，在夕阳产业的资源和劳动力的转移过程中，也必须实行暂时的保护，以提供足够的过渡时间并防止因大量资源和劳动力闲置而引起的经济和社会结构的振荡。西方的一些学者甚至认为，发达国家经济发展缓慢的一个主要原因是制造业产值在国内生产总值中的比重不断下降，为了提高生产率和经济发展的速度，就必须提高制造业产值在国内生产总值中的比重。而贸易保护是促进制造业发展的必要手段。

夕阳产业保护论是一种完全没有道理的彻头彻尾的贸易保护主义主张。夕阳产业是一国失去竞争优势的即将淘汰的产业，从世界资源最优配置的角度讲，这些产业理应转移到具有比较优势的其他国家。一国对本国不具有比较优势的夕阳产业的保护明显背离了自由贸易的基本原则，损害了有关国家的利益。如果各国竞相对诸如夕阳产业这样的劣势产业进行保护，那么正常的世界贸易将很难进行。同时，一国对夕阳产业的保护是一种"损人不利己"的政策。由于夕阳产业是即将淘汰的产业，无论国家如何保护，也无法重新获得竞争优势，反而要因此支付很高的保护成本。

4.2.3 保护贸易政策的现代理论依据

1. 规模经济收益论

规模经济收益论是传统的幼稚产业保护论在当代的翻版和发展。传统幼稚产业保护论的核心是：某些幼稚产业具有潜在的比较优势，因此需要保护。规模经济收益论则把贸易保护的理由集中在享有规模经济效益尤其是外部经济上。该理论认为，某些产业具有广泛的前向和后向联系，蕴藏着巨大的外部经济效益，例如有些部门能够通过其研究和开发活动、对管理者和工人的训练、提供原材料和投入品等方式带动其他行业和整个经济的发展。如果对这些产业实行保护，不仅可以保证这些产业自身的成长壮大，而且可以消除社会收益和私人收益的差异，促进相关产业和整个经济的发展。

从享有规模经济收益论的观点来看，它只是为幼稚产业保护论在现代经济条件下寻找新的借口，并没有多少新鲜的东西，尤其是在解决幼稚产业保护论可行性差的问题上没有任何作为，因此同传统的幼稚产业保护论一样受到了人们的怀疑。具有讽刺意味的是，享有规模经济效益论的致命弱点在于其主张分享的规模经济效益。尽管某些产业由于具有较强的外部经济效益，但其他部门要想尽快享有这种效益，可能保护还不如不保护。因为如果保护期不是较短即受保护产业不能迅速成熟的话，对进口品的排斥将导致其他部门无法充分利用受保护产业的产品，这种保护反而阻碍了该部门产品外部经济效益的发挥。比如，电子计算机行业是当代技术进步、经济和社会发展不可或缺的工具，具有难以估量的巨大外部经济效益，如果对电子计算机的进口进行限制，而本国的电子计算机产品又无法满足经济发展的需要，那么，这种贸易保护将阻碍整个社会的进步，其损失同样是不可估量的。

2. 利用关税分享国外垄断利润论

在国际市场上，许多产品是由垄断或寡头企业提供的。由于拥有垄断地位，在追求利润最大化的目标下，垄断或寡头企业往往把价格定在高于边际成本的水平，从而获得超额垄断利润。贸易保护论者认为，进口国可以通过征收关税提高外国企业的边际成本，从而把一部分垄断利润转移到进口国。

如图4-1所示，在征收关税前，外国企业的边际收益为MR，边际成本为MC_1，销售量为Q_1，销售价格为P_1。征收关税后，外国企业的边际成本提高为MC_2。为了弥补损失，外国企业把销售价格提高到P_2，销售量下降为Q_2，进口国政府得到了面积为$ACDB$的关税收入。由于进口国的需求曲线不是完全没有弹性，征收关税后价格上升的幅度要小于边际成本上升的幅度。因此，进口国政府所得到的关税收入要大于外国企业通过提高价格所得到的收益，即进口国消费者所受到的损失（P_1P_2EF）。结果，外国企业的一部分垄断利润就转移到进口国。

通过征收关税来分享外国企业的垄断利润是有一定道理的，但是对于国民福利的净效应则很不确定。如果进口商品的需求弹性很小甚至无弹性，那么外国企业就可以利用提高价格的方法来抵消全部或者大部分关税效应。这时，进口国福利的提高幅度就非常有限。同时，无论关税效应能否抵消，进口国消费者都要忍受更高的垄断价格，关税收入的很大一部分是由本国消费者支付的。除非政府利用关税收入来予以补偿，否则消费者的利益将受到很大的损害。另外，征收关税来分享外国企业利润的做法使出口国的利益受损，因此进口国同样要面临他国报复和制裁的危险。

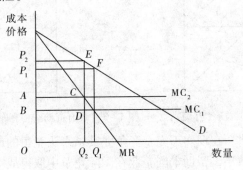

图4-1 通过关税分享国外垄断利润

3. 战略贸易论

20 世纪 70 年代以来，以美国学者保罗·克鲁格曼为代表的一些学者从不完全竞争的市场结果出发，提出了政府帮助本国企业占领国际市场、获取垄断利润的"战略贸易论"。该理论的基本观点是，在不完全竞争尤其是寡头垄断的市场上，由于存在着很强的规模收益递增现象，只能容纳很少的几家规模最大的厂商，市场竞争便成了一场这几家厂商之间的博弈。即各个厂商根据对手的行为调整自己的战略，以抢占市场，获取超额垄断利润。在这场博弈中，如果政府采取补贴等"战略性贸易政策"，就可以影响本国厂商及其外国竞争对手的决策行为，帮助本国厂商在竞争中获胜。

主张"战略贸易论"者通常利用美国波音公司与欧洲空中客车公司之间的寡头竞争这一假想的例子来阐明该贸易保护理论。

他们假设，波音公司和空中客车公司都打算生产一种新型飞机，由于规模经济巨大，只有一家公司单独生产才能有利可图；如果两家公司同时生产，就只能两败俱伤。因此，这两家公司都只能进行两种选择：要么生产，要么不生产。

如图 4－2 所示，在无政府资助的情况下，如果只有一家公司生产这种新型飞机，那么它将获得 100 万美元的利润；如果两家公司同时进行生产，那么它们都将亏损 5 万美元。

现在假设欧共体采取战略性贸易政策，向空中客车公司提供 25 万美元的资助，以上损益格局将发生根本性变化。在空中客车公司获得政府资助后，如果两家公司都进行生产，波音公司的损益状况不变，仍然亏损 5 万美元。而空中客车公司在减去亏损后，将赢利 20 万美元。波音公司由于已无赢利的可能，最终不得不退出竞争。这样一来，空中客车公司就独占了整个市场，将获得 125 万美元的赢利。也就是说，欧共体仅以 25 万美元的补贴，就从国际竞争中夺得 100 万美元的利润（如图 4－3 所示）。

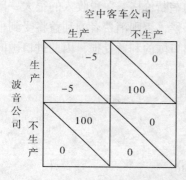

图 4－2　无政府资助下的损益表（万美元）

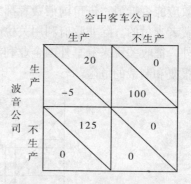

图 4－3　政府资助空中客车公司的损益表（万美元）

由此可见，从理论上讲，在现实不完全竞争尤其是寡头竞争的市场结构中，战略性贸易政策可以改进市场运行的效果，帮助本国企业在国际竞争中取得战略性优势，增进整个国家的经济福利。因此，战略性贸易政策对于贸易政策制定者来说具有很大的诱惑力。但是，战略性贸易政策是一种"刀锋"政策，即保证其成功实施的前提条件太苛刻，就像走在"刀锋"上一样，现实稍微发生偏离，便难以成功。其前提条件至少包括：第一，政府判断正确且政策得当；第二，企业能给予恰当的配合；第三，本国企业不同外国企业串谋；第四，他国政府不采取同样的贸易政策；第五，政府干预成本应小于可能夺得的垄断利润等。下面具体加以分析。

第一，政府判断正确且政策得当是战略性贸易政策成功的首要条件。政府首先要确定需要保护的产业，然后要选择何种保护手段（例如是征收关税还是发放补贴），还要解决多大的保护程度（例如关税税率高低和补贴数量多少）、何时保护等许多政策问题。若使这些决策准确无误，政府必须拥有较完全的信息，即能保证信息的全面性、准确性和迅捷性。如果信息不完，政府干预贸易的决策很难做到准确无误。政府的决策一旦失误，便导致资源错误配置，损害其他部门的发展，甚至会陷入无休止保护的恶性循环。

第二，即使政府政策得当，还必须有受保护企业的配合，战略性贸易政策方能成功。如果企业不配合政府的政策，政府巨额财政补贴和高关税壁垒往往适得其反，不仅不会鼓励企业去同国外企业竞争，反而会助长企业的惰性。

第三，企业不仅可能会不配合政府，有时还甚至可能同国外竞争对手串谋，以共同分享政府补贴。这时，政府补贴不仅未能帮助本国企业获得竞争优势，反而适得其反，降低了本国的总经济福利。

第四，战略性贸易政策是明显的以邻为壑的贸易保护主义政策，往往招致别国的报复，以至于因实行该政策而夺得的垄断利润化为乌有。如果别国再实行针锋相对的政策，非但双方都不可能成功，而且会因此付出资源上的惨重代价。如图4-4所示，如果欧共体和美国政府同时给予空中客车公司或波音公司25万美元的补贴，其结果是，尽管这两家公司都弥补了亏损，并各自得到了20万美元的盈利，但并没有改变原有的竞争格局，这20万美元只是政府的一种转移支付，整个社会的经济福利仍然减少了5万美元。

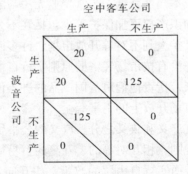

图4-4 空中客车公司和波音公司同时获得政府资助时的损益表

第五，即便通过国家干预，本国企业获得了垄断利润，但这些垄断利润同政府为此支付的高昂保护成本相比往往微不足道。这样，政府所实行的战略性贸易政策就显得得不偿失了。例如，在上例中，要使空中客车公司在竞争中击败波音公司，欧共体给予空中客车公司的补贴很可能不是 25 万美元，而是大于空中客车公司所获的利润（100 万美元），比如 250 万美元。

正是由于实行战略性贸易政策的条件过于苛刻，许多经济学家都对其可行性提出了质疑。彼得·林德特指出，对于战略性贸易政策实现目标的几率，"寡头垄断理论在这方面没有提供什么答案，因为它提供的答案太多了，等于没说。经济学家们已经发现了一个可能结果无限之多的菜单，他们的政策建议是由看来同样不现实的技术假设的种种变化而触发的。""战略贸易论"的创始人之一克鲁格曼也不得不承认："试图获得超额垄断利润的政策很难制定，因为适合的政策取决于不完全竞争的过程。既然对这一过程并不很清楚，也就很难判定何种设想为最合理。"根据克鲁格曼本人提供的资料，鲍德温、克鲁格曼、柯克斯、哈里斯、狄克西惕和维内伯斯等许多学者通过实证分析，都对战略性贸易政策的可行性持否定态度。

4.3　公平贸易政策

4.3.1　公平贸易政策的含义

公平贸易政策是指为维护国际贸易中的公平竞争秩序，世界承诺共同遵守国际贸易规则，并对违反规则的行为采取行动。

什么是国际贸易中的不公平竞争呢？各国定义很不一样，但一般来说，凡是由政府通过某些政策直接或间接地帮助企业在国外市场上竞争，并造成对国外同类企业的伤害，即被看成是不公平竞争。具体来说，出口补贴、低价倾销等都算不公平竞争。将监狱中犯人或其他奴工制作的产品，或使用童工生产的产品出口到国外，也是不公平贸易行为。因为犯人、童工的工资被强迫性压低，生产成本当然就低，正常企业无法与之竞争。通过不同的汇率制度人为地降低出口成本，对外国知识产权不加保护等也包括在不公平贸易的范围之内。

近年来，不公平竞争的定义扩大到不对等开放市场。许多西方国家指责发展中国家的市场开放不够，指责中央计划经济没有按市场经济的原则实行自由竞争。美国还用这一论点来针对欧洲、日本等别的发达国家，指责他们对美国产品的进入设置重重障碍。一些国家甚至把自己的贸易逆差归罪于对方市场开放上的不平等。

概括地讲，公平贸易政策有广义和狭义之分。广义的公平贸易政策是世界各国在国际贸易活动中共同遵守有关的国际规则，相互对等的、互惠的贸易待遇。它要求世界各国必须共同摒弃传统的保护贸易政策，转而实行自由贸易政策，相互向他国开放本国的市场。否则，一国如果实行保护贸易政策和封闭本国市场就属于不公平的贸易行为，必将引起他国运用公平贸易政策进行制裁和报复，从而意味着最终将失去他国的市场。狭义的公平贸易政策是指一国或地区利用贸易手段来反对他国的不公平贸易行为。这里的不公平贸易行为主要包括两种：倾销和补贴。相应地，狭义的公平贸易政策主要是指反倾销和反补贴政策。

4.3.2 公平贸易政策的分类

按照依据标准的不同，我们可以把公平贸易政策分为基于国际规则的公平贸易政策和基于单边规则的公平贸易政策。

基于国际规则的公平贸易政策实行的是"基于国际规则（international rule-based）"的标准，即以是否遵守国际公认的贸易规则为标准。"基于国际规则"的标准具体分为三类：第一类是乌拉圭回合谈判达成的最终协议，即全部世界贸易组织规则，这一类规则体现了国际一致同意原则，不需要做出任何解释；第二类是与世界贸易组织无关的国际协定，它包括某些专门领域的多边协定（如关于专利权的巴黎协定）和国家之间达成的双边条约［如日美商业和航行友好条约（Japan-US Friendship Commerce and Navigation Treaty)］；第三类是国际法的基本原则，这些原则尽管没有形成正式的国际协定，但对所有国家都具有约束力。基于国际规则的公平贸易政策强调，世界各国的公平贸易政策必须遵循国际公认的规则，而不是本国自己的规则。任何国家的公平贸易政策都必须同国际公平贸易规则相一致，不得超越于国际公平贸易规则之上。

把"基于国际规则"作为判别不公平贸易行为的标准，其意义是非常重大的。凡是违反国际规定的行为均属于不公平贸易行为，而一切不违反国际规则的行为都不能视为不公平贸易。遵循这一标准，可以避免一国依照某种借口任意滥用公平贸易政策，尤其是把本国的公平贸易政策强加于他国。

与基于国际规则的公平贸易政策相反，基于单边规则的公平贸易政策实行的是"基于单边规则（unilateral rule-based）"的标准。基于单边规则的公平贸易政策在判定不公平贸易行为和实施公平贸易行动时依据的不是公认的国际规则，而是本国的标准。基于单边规则的公平贸易政策尽管在名义上是为了惩罚不公平的贸易行为，维护公平的竞争秩序，但实际上是出于贸易保护的目的。另外，即使其目的是公正的，但由于所依据的规则不是国际规则而是本国的规则，是把本国的规则强加于他国，明显违背了国际规则中禁止单边措施的规定。而且，由于所依据的本国规则往往偏向本国的利益，缺乏客观和公正，从而导致公平贸易政策对贸易伙伴国利益的损害和对国际贸易的扭曲。

4.3.3 公平贸易政策的产生和发展

公平贸易政策最早起源于19世纪80年代的英国。当时英国实行自由贸易政策，对纺织品进口不征收关税。而德国实行保护贸易政策，对英国纺织品的进口征收进口税。结果，德国纺织品大量涌入英国市场，而英国纺织品很难进入德国市场。这种局面引起英国纺织界的强烈不满，他们组织"公平贸易俱乐部"，发起"公平贸易运动"。1894年，美国国会通过《威尔逊法案》，规定对经原产国补贴的所有货物征收反补贴税。1903年，加拿大制定了人类第一部反倾销成文法。随后，美国和西欧国家也分别制定了反倾销法。

二战以后的相当长一段时间内，由于少数发达国家尤其是美国的经济实力和国际竞争力在世界上处于绝对优势地位，其他国家根本无力与之竞争。其贸易政策基本上奉行单边自由化的原则，即本国的市场开放和贸易自由化并不以他国的对等行为为前提。尽管美国等发达国家也针对他国的倾销和补贴等不公平贸易行为采取过少量的贸易行动，但总的来说，对于不公平贸易行为不太注意，由此采取的贸易行动也极其有限。

20世纪70年代以后，随着一批新兴工业化国家或地区的崛起，他们的经济实力和国际竞争力明显增强，在一些产业上已经构成了对发达国家的威胁。这时，发达国家的贸易政策发生了根本的变化，即由过去的单边贸易自由化原则转为追求双边的市场开放和贸易自由化，强调贸易活动的公平、对等和互惠。于是，发达国家的贸易政策便被赋予了一种新的职能，即维护公平的贸易秩序，反对不公平的贸易行为。这便是公平贸易政策的"复兴"。

按照国际货币基金组织的观点，公平竞争论最初主要应用于工业国家与发展中国家之间的成本要素差异。由于一些发展中国家支出能力明显增加，这个论点现已用来要求对等开放市场。于是，许多工业国家提出，它们的经济进一步实行自由化，须以发展中国家，主要是新兴工业化国家是否采取对等行动为条件。这个论点还针对中央计划经济，针对日本的所谓的无形贸易壁垒。工业国家也提到了需要"公平竞争"，认为部门（例如农业、纺织、钢铁等）的自由化只有在所有国家同时放开这些部门的情况下，才有可能实现。根据统计，80年代报道关贸总协定的反倾销案件达1456例，绝大多数为发达国家采取的行动，其中澳大利亚、美国、加拿大和欧共体占95%。1980—1986年提出的抵消关税案件90%与美国有关。进入80年代后期以后，发展中国家中的一些新兴工业化经济也开始实行公平贸易政策，针对来自他国的不公平贸易行为采取了相应的措施。其中，实行公平贸易政策次数最多的发展中国家是墨西哥、巴西和印度等国。例如，1987—1992年，墨西哥共采取公平贸易行动83次，涉及国家最多的是美国（35次）、巴西（10次）、中国（8次）、德国（4次）和西班牙（4次）。1997—1998年，中国针对国外一些新闻纸生产企业的倾销行为采取了第一次公平贸易行动。

最初，世界各国的公平贸易行动主要采取单边的形式，即针对单个或几个国家的不公平贸易行为采取个别的行动。早在20年代中期，国际联盟为准备1933年的世界经济大会，成立了专门的筹备委员会，并指定专题报告人研究倾销和反倾销问题，但最终未能就倾销和反倾销形成正式的法律文件。在1947年的关贸总协定中，尽管有公平和互惠贸易的要求，并且有反对倾销、补贴等不公平贸易的条款，但几乎不存在真正意义上的多边公平贸易行动。例如，在关贸总协定主持的前几次谈判中，主要议题是发达国家之间的贸易自由化，并没有把发展中国家的贸易自由化问题纳入多边贸易体制。70年代以后，世界各国开始利用多边贸易体制为公平贸易政策服务。在肯尼迪回合、东京回合，尤其是乌拉圭回合谈判中，公平贸易开始成为多边贸易体制的一项重要原则。关贸总协定要求缔约方以对等减让及其相互之间提供互惠的形式来保持贸易平衡，并实现贸易自由化。例如，肯尼迪回合实行"划一减税规则"，要求各国均按同等比例削减所有关税。在乌拉圭回合谈判中，公平贸易政策运用更加广泛，它已经成为多边贸易体制的一项基本原则。

4.3.4　公平贸易政策的性质

以往的文献在分析公平贸易政策的性质时，一般把它归入保护贸易政策的范畴。其实，公平贸易政策具有两面性。就基于国际规则的公平贸易政策本身而言，它应该属于自由贸易政策的范畴。原因主要有以下两点。

其一，基于国际规则的公平贸易政策的目的是"履平竞技场"（Level the Field）和维护国际贸易规则，为各国的自由贸易提供一个公平竞争的环境。公允地讲，从战后公平贸易政策的复兴过程来看，新兴工业化国家和地区对发达国家所构成的威胁固然可以在很大程度上归因于这些国家的经济发展和竞争力的提高，但它们一般也都采取了贸易保护主义的做法，一方面在政府补贴下大量出口而另一方面却程度不同地封闭本国市场。这既违背了国际贸易规则，也给"守规矩"的其他国家造成了损害，这对于后者来说自然是不公平的。如同一国国内市场的正常竞争需要大家共同遵守既定的市场规则一样，国际贸易活动的正常开展也需要贸易各方共同遵守公认的国际贸易规则。否则，如果世界各国都竞相违反规则，对外大量倾销而同时封闭本国市场，正常的国际贸易活动就不可能进行。

其二，基于国际规则的公平贸易政策要求世界各国公平地在越来越自由的贸易政策上实现均衡，而不是促使各国"公平地"走向保护贸易政策。公平贸易政策的本质是贸易双方相互给予对方以互惠待遇，在多边贸易谈判中实行对等的贸易自由化措施，其结果必然是全球范围内自由贸易政策的实现。当然，由于各国经济发展水平的差异，尤其是发展中国家和发达国家之间的差距，要求各国完全对等地采取贸易自由化的措施是不现实的，这本身就是不公平的。事实上，基于国际规则的公平贸易政策并不要求不同发展水平的国家之间实行完全对等的贸易自由化，而是给予发展中国家一定的优惠和差别待遇。这一点在新的多边贸易体制中已经得到了充分的体现。但是，这并不等于发展中国家就可以不遵守公认的国际贸易规则，就可以采取规则所不允许的带有保护色彩的贸易政策。

从另一方面来讲，基于单边规则的公平贸易政策则属于贸易保护主义的范畴。不管这种公平贸易政策的结果是否公平，它所依据的标准本身就是背离国际规则的，是一种破坏和践踏国际规则的政府干预贸易的行为。从实践来看，基于单边规则的公平贸易政策的目的实质上是保护本国的利益，结果也往往是不公正的，导致公平贸易政策的滥用，妨碍了世界贸易的正常开展。这种公平贸易政策的确属于保护主义的范畴，是同自由贸易政策格格不入的。如1993年4月墨西哥对中国输往墨西哥的鞋类的"不公平"贸易指控，在很大程度上是因为该国制鞋工业多为家庭手工业，技术落后，面临中国及亚洲其他国家皮鞋的竞争而日益衰落。通过贸易保护来促进公平竞争，有可能造成更不公平的竞争，本国的消费者则将为此付出很高的代价。

4.3.5 基于国际规则的公平贸易政策

为维护国际贸易中的公平竞争，实现和保持多边贸易自由化，乌拉圭回合多边贸易谈判制定了一系列的公平贸易政策，要求世界贸易组织成员方必须遵照执行。这些政策包括以下几个方面。

（1）把互惠和促进公平竞争原则作为多边贸易体制的基本原则的重要组成部分。

互惠原则是指世界贸易组织成员方之间相互给予对方以贸易上的优惠待遇。互惠原则要求，任一成员方在享受其他成员方的优惠待遇时，必须给其他成员方以同样的优惠待遇。相应地，任一成员方在给予其他成员方以优惠待遇的同时，也享有其他成员给予的同样的优惠待遇。

促进公平竞争原则是指通过消除各成员方对贸易活动的人为干预及其带来的扭曲，维护自由市场原则，促进各成员方生产者之间的公平竞争。促进公平竞争原则的最主要体现是世界贸易组织的反补贴规则和反倾销规则。此外，消除歧视性待遇、削减非关税壁垒、扩大多边贸易规则的适用范围和保护知识产权等措施也都体现了促进公平竞争的原则。

（2）对等实行贸易自由化。

互惠原则在多边贸易谈判中的具体运用就是"通过互惠和互利的安排大量减少关税和其他贸易壁垒，消除国际贸易关系中的歧视性待遇"。按照互惠原则，如果一个成员方想通过减让关税或消除其他贸易壁垒以改善进入另一成员方市场的状况，它就必须使这一成员方认为它在关税和其他领域所做的减让是价值相当或者是可以接受的。互惠原则贯穿了乌拉圭回合多边贸易谈判的始终，并且在世界贸易组织今后的多边贸易谈判中继续发挥作用。例如，在乌拉圭回合谈判中，发展中国家要求发达国家在纺织品、热带产品等方面做出让步，发达国家则要求发展中国家在服务贸易和知识产权保护等方面做出让步，最终通过共同的而不是单方的"公平"行动达成了全面的贸易自由化协议。以世界贸易组织为标志的新的多边贸易体制是各个成员方之间妥协的结果，任一成员方在得到他方贸易自由化承诺的同时，自己也付出了相应的代价。以后要达成新的多边贸易协议，也必须通过成员方之间的妥协和相互给予互惠待遇。

（3）维护公平竞争的反倾销规则和反补贴规则。

针对倾销和补贴等具体的不公平贸易行为，乌拉圭回合多边贸易谈判制定了新的"倾销和反倾销协议"及"补贴和反补贴协议"，使反倾销和反补贴规则更加完善和具有可操作性。早在1947年的《关贸总协定》中就有关于反倾销和反补贴的原则性规定，但内容非常笼统和模糊，难以对各国的倾销和补贴行为形成有效的约束，反而给反倾销和反补贴措施的滥用提供了可乘之机。东京回合多边贸易谈判对关贸总协定的有关反倾销和反补贴的原则性规定加以具体化，制定了较为全面详细的反倾销规则和反补贴规则，但仍然不够严谨和明确，未能有效地遏制倾销和补贴行为及反倾销和反补贴措施的滥用。在乌拉圭回合多边贸易谈判中，经过较长时期艰苦的努力，终于制定出了较为完善的反倾销和反补贴规则，尤其是新的"倾销和反倾销协议"的达成被称为世界反倾销法的一场革命。

4.3.6 基于单边规则的公平贸易政策

在过去公平贸易政策的实践中，由于多边贸易规则的不完善，更多存在的是基于单边规则的公平贸易政策，而不是基于国际规则的公平贸易政策。一些国家出于贸易保护的目的，纷纷制定本国的公平贸易规则并强加于他国，从而出现了大量滥用公平贸易政策的现象。根据经合组织（OECD）1995年发表的一份报告，以往发达国家90%以上的反倾销行动都是妨碍"自由竞争"的不正当行为。具有讽刺意味的是，反倾销等公平贸易政策的滥用现在已经被公认为一种主要的不公平贸易行为。

基于单边规则的公平贸易政策具有如下几个特征：（1）尽管采取公平贸易行动的国家无一例外地声称是为了反对他国的不公平贸易行为，但真实的目的是保护本国的某些企业或产业；（2）它所依据的标准是本国的标准，而不是国际公认的规则；（3）实施公平贸易政策的过程缺乏客观性和公正性，例如选择替代价格的随意性和不充分听取出口国企业的意见等。

实行基于单边规则的公平贸易政策的最典型例子，是以基于结果的（result-based）标准来判定不公平贸易行为。"基于结果"的标准是指以贸易结果（主要是逆差或顺差）作为判定不公平贸易的标准，某些存在大量贸易赤字的国家、国内某些产业受到冲击的国家或希望向某些具体国家扩大出口的国家往往使用这一标准。例如，美国经常借口日本、亚洲新兴工业化经济、中国对美国的大量贸易出超而指责这些国家或地区存在不公平的贸易行为。"基于结果"的标准是非常不客观和不公正的。首先，贸易结果和贸易政策是否公平并无必然的联系。固然，一个国家的贸易顺差可能是由对外封闭本国市场或倾销或补贴造成的，但是，在更多的情况下，贸易顺差的获得是由于另外的原因。同时，奉行不公平贸易政策的国家的贸易结果不一定就是贸易顺差，而奉行公平贸易政策的国家的贸易结果也很可能是顺差。其次，造成一国贸易逆差的原因很复杂，单纯把它归咎于他国的所谓不公平贸易政策缺乏客观性，而且即使采取了公平贸易政策也往往于事无补。例如，如果一国的贸易逆差实质上是由于实行出口限制或者本国产品竞争力低或者其他本国的原因造成的，这时再指责别的国家显然是不客观和不公正的，也无法通过所谓的公平贸易行动来从根本上解决本国的贸易逆差问题。

基于单边规则的公平贸易政策的危害性是非常严重的。首先，基于单边规则的公平贸易政策所依据的标准往往缺乏客观性和公正性，将给受所谓不公平贸易行为指控的国家带来严重损害，妨碍国际贸易的正常开展。其次，基于单边规则的公平贸易政策所认定的本国经济所受到的损害往往是虚假的，因此公平贸易政策的实行实质上是无效劳动。不仅如此，公平贸易政策的实行还要支出大量的行政成本，同时增加本国消费者的负担，并因为保护本国的落后产业而带来生产效率的损失。再次，基于单边规则的公平贸易政策所遵循的标准是本国自己的标准而超越国际公认的标准，这将对多边贸易体制构成严重挑战。如果每个国家都无视国际标准而把自己的标准强加于人，那么整个多边贸易体制就必然面临崩溃的危险。

4.3.7 美国的公平贸易政策

美国是最先大规模推行公平贸易政策的国家。美国不仅在理论上觉得自己理直气壮，还在法律上对不公平贸易行为做出报复性的明文规定。早在 1897 年美国就通过了《反补贴关税法》，1930 年的《关税法案》的第 701 节对反补贴做了更具体规定，并在 1979 年和 1984 年做了进一步修改。《反倾销法》在 1916 年首次通过，后列入《关税法案》的第 731 节。20 世纪 70 年代以来，在日本和新兴工业化经济相继崛起的同时，美国经济发展非常缓慢，经济实绩不佳。在贸易方面的突出表现是国际竞争力减弱，外贸赤字巨大。外国制造商出口增加如此之快，这也逐渐被认为是不公平的。纠正产生贸易赤字这种情势而产生的政治压力使得几乎所有的国会议员和行政部门都来关心这件事。在国会的刺激下，里根政府开始利用双边谈判，以迫使外国政府打开市场，并修改某些增进出口的措施。1974 年通过的《贸易法案》中的 301 条款进一步明确授权政府运用限制进口等贸易保护措施来反对任何外国不公平的贸易行为，以保护本国企业的利益。其中有一个"特别 301 条款"（Special 301），专门用来对那些没有很好保护版权、专利、商标和其他知识产权的国家实行贸易制裁或制裁威胁。1988 年的《贸易和竞争综合法案》（The Omnibus Trade and Competitiveness Act）更是把焦点集中于对付不公平贸易和竞争方面。该法案中的"超级 301 条款"（Super 301 Clause）不仅将不公平案的起诉权从总统下放到美国贸易代表（相当于外贸部长）手中，还要求贸易代表在每年 4 月 30 日将"不公平贸易国家"的名单递交国会。一旦上了这份"黑名单"，该国家就可能被列入报复对象。

1988 年的《贸易和竞争综合法案》，尤其是"超级 301 条款"实施以后，首登黑名单的是日本、印度和巴西。日本上名单的原因是禁止公共单位购买美国的卫星和超级计算机及排挤美国木材制品。印度是因为不让外国（包括美国）投资其保险业。巴西则是因为对几乎所有的进口商品都实行许可证制度。中国内地则在 1991 年首登"特别 301"名单，经过谈判，中国同意保护美国在华的专利、版权等，美国随即撤销了对中国的"不公平贸易"的指控。中国台湾因为保护知识产权不力，导致美国的影片、唱片、计算机软件、书籍等被大量盗印、盗版而在 1992 年接替中国内地在黑榜留名。2001 年美国对 80 个国家的知识产权保护问题进行了调查并认为乌克兰等 51 个国家对美国产品的知识产权保护不力。

与其他国家相比，美国的公平贸易政策具有以下两个特点。其一，存在名目繁多的国内立法，贸易政策法律化。美国的公平贸易政策方面的立法，除了传统的反倾销法和反补贴法之外，还包括许多其他方面的立法。主要有：① 反不公平贸易的贸易法 201 条款。该条款又称"逃避条款（Escape Clause）"，它规定当外国通过不正当竞争出口到美国的商品损害到美国的同类企业时，美国可以逃避关贸总协定的关税减让义务，采取提高关税等临时性的补救和调整措施。② 报复外国贸易障碍措施的贸易法 301 条款。该条款规定，美国对外国政府的不公正（Unjustifiable）、不合理（Unreasonable）和歧视性的（Discriminatory）限制措施采取报复行动。这些限制措施包括对美国出口的限制，在投资领域不给美国最惠国待遇及导致美国对第三国出口下降的外国出口补贴等。③ 反不公平竞争的关税法 337 条款。该条款主要对外国侵犯商标、专利、版权等知识产权的行为采取报复措施。

其二，公平贸易政策实施的广泛性。美国公平贸易政策的实施可谓四面冲击，到处树敌。从部门来看，涉及电子、化学、食品、钢铁、皮革、机械、纺织、木材等众多部门；从对象国来看，既有发展中国家，又有发达国家，凡是经济实力较强的国家几乎都"榜上有名"。

乌拉圭回合谈判结束后，美国根据多边贸易规则的要求对其部分公平贸易政策进行了修订，使单边公平贸易规则同多边贸易规则的一致性有了较大程度的提高。但是，有些规则（如 301 条款）仍然同多边贸易规则存在较大的差距。问题的关键是美国实行公平贸易政策的标准仍然是本国规则而非国际规则，只不过现在同国际规则有所接近。就这个意义上讲，美国的基于单边原则的公平贸易政策对于多边贸易体制的破坏作用仍然是相当严重。

4.4　管理贸易论

管理贸易论（Theory of Managing Trade）者主张一国政府应对内制定各种对外经济贸易法规和条例，加强对本国进出口贸易有秩序地发展的管理，对外签订各种对外经济贸易协定，约束贸易伙伴的行为，缓和与各国间的贸易摩擦，以促进出口，限制或减少某些产品进口，协调和发展与各国的经济贸易关系，促进对外贸易的发展。

管理贸易论是适应发达国家既要遵循自由贸易原则，又要实行一定的贸易保护的现实需要而产生的。其实质是协调性的保护。它将贸易保护制度化、合法化，通过各种巧妙的进口管理办法和合法的协定来实现保护。在国际贸易领域中，商品综合方案、国际商品协定、国际纺织品协定、多种纤维协定、"自动"出口限制协定、有秩序的销售安排、发达国家的进出口管制、欧盟共同农业政策等都是管理贸易措施的具体反映。管理贸易不仅盛行于发达国家，也为发展中国家所采用，并运用于区域性贸易集团。

4.5　贸易政策的政治经济学分析

研究贸易理论和贸易政策的目的在于揭示一国的贸易政策影响着其经济的增长，选择什么样的贸易政策能够促进经济的增长。主张自由贸易的经济学家已经从静态和动态角度分析了贸易会给全社会带来福利，能够促进经济的增长。然而，无论是采取关税或者非关税措施，实行贸易保护主义政策都会给整个社会带来损害。因此，应该选择自由贸易的政策，不应该人为地阻碍贸易的发展。人们在学习贸易理论的过程中，常常不明白，既然自由贸易政策会给整个社会带来福利，贸易保护主义政策会给整个社会带来损害，那么世界上为什么会有这么多国家实行贸易保护主义政策呢？问题在于，古典经济学家在分析贸易理论时，他们并没有深入地分析贸易会对于国内收入的分配带来重大的影响。事实上，对外贸易在国内会使得一部分人受益，而另一部分人受到损害。同样，实行贸易保护主义政策，也会使一部分人从中获益，而另一部分人受到损害。可见，一个国家是选择自由贸易政策，还是选择贸易保护主义政策，即贸易政策的决定，常常是内部利益集团斗争的产物。某一个时期，某一利益集团在国内经济和政治上占优势地位，就可能采取有利于该集团的对外贸易政策。而另一个时期，另一个集团占上风，则会改变贸易政策，以适应另一集团的利益的需要。同时，一些国家当其在世界经济和贸易中取得绝对优势地位，为了国内在经济上和政治上占统治地位的集团的利益，需要向外扩张时，则会树起自由贸易的大旗，要求其他国家为其工业产品开放市场。一旦这些国家的产品受到其他国家的挑战，经济相对衰落时，又会实施贸易保护政策。贸易政策的决定不仅仅是政府的一种经济选择，同时也是一项政治与社会决策。

4.5.1 自由贸易理论的缺陷

自由贸易理论的第一个缺陷是没有分析贸易对于国内收入分配的影响。自由贸易理论从静态的各个不同角度说明自由贸易政策会使一个国家的所有的公民获得福利，而贸易保护主义政策会损害每一个人。然而，经济学家斯托尔伯和萨缪尔森不同意上述观点。他们认为，贸易对于国内收入的分配产生重大影响，无论是自由贸易政策或者是贸易保护主义政策，都是一部分人受益，一部分人受到损失，那些出口商品密集使用的生产要素的所有者，从自由贸易政策中获利；那些与进口竞争的商品密集使用的生产要素的所有者，从贸易保护主义政策中获利。例如，某国出口小麦，进口布。然而，为了维护织布行业的利益和就业，该国实行贸易保护主义政策，对于布的进口征收关税，从而使得小麦和布的相对价格发生变化。布的相对价格上升，小麦的相对价格下降。首先反映的是，两个产业的利润不同，织布业将享受着利润的提高，然而，小麦生产者的利润相对减少。于是，织布业利润的提高会导致其生产的扩大，产量的增加，而小麦的生产相对减少。它暗示着生产结构的重新组织，不只是资源从一个部门转移到另一个部门，而且两个部门的生产要素的比例，两种生产要素的边际生产率，乃至各部门内部的收入的分配都发生着变化。也就是关税改变着所有的一切。

假定，放弃每一单位的小麦生产，释放出 2 个单位的劳动和 3 分土地；而生产一单位的布，需要 4 个单位的劳动和 1 分土地。假定放弃生产 1 公斤小麦，可以增加生产 0.5 码布，那么多增加一码布的生产对于劳动力的需求就需要额外增加 2 个单位的劳动，而土地的供应多了 2 分地。其结果就会导致劳动工资上升，土地的价格下降。相对价格的变化会导致生产要素更加扩大的效应（magnification effect），与价格上升部门更加密切相关的生产要素的收益甚至比价格上升得更快，而与另一部门更加密切联系的要素的实际购买力将下降。某种要素愈是专业化，或者愈是集中于出口部门的生产，那么就愈是能从贸易中获益。相反某种生产愈是集中于与进口商品竞争的部门，愈是能从贸易保护中获益。某种只能在一个生产部门得到应用的生产要素，那么它的利害关系就永远与该部门的价格相联系在一起。在国际贸易的现实中，一个产业在贸易中，由于市场的扩大，从贸易中获利，它们支持政府实行自由贸易政策。然而，与进口竞争的产业，在贸易中承受着国际竞争的压力，可能丢失市场份额，甚至停产倒闭，遭受损失，它们支持政府实行贸易保护主义政策。20世纪70年代，美国一些行业，如钢铁、纺织和家用电器行业对国会施加压力，要求通过贸易保护主义法案。然而，农业、飞机和电子集团进行院外活动，反对通过这类的法案。他们担心这些法案将会引起外国对于美国的出口产品进行贸易报复。许多年里，美国农业利益集团一直是自由贸易的支持者。然而到了80年代，美国农产品出口下降，农场主也要求实施贸易保护主义政策。可见，贸易对于国内的收入分配有着重要的影响，它决定着这些利益集团对待贸易政策的态度。

自由贸易理论的另一个缺陷是没有论述到贸易对于就业的影响。古典和新古典经济学家主张自由贸易。他们认为在贸易的条件下，贸易的双方可以将本国的资源转移到本国具有绝对优势或者具有比较优势的部门，从而提高劳动生产率。但是，他们在论述的过程中，只是假设这种转移都是能顺利地进行的，没有分析资源如何转移，也没有分析当这种转移不能顺利进行时，如何处理这些没有再被使用的资源。事实上，有的资源转移出来以后，不会再被使用，或者被使用到效率更低的行业，那么这将对于整个社会造成资源浪费。在这方面最为突出的是贸易对于就业将造成正反两个方面重要的影响。例如，当一个国家大量进口劳动密集型的产品，如服装，出口资本密集型的产品，如汽车。那么，随着贸易的发展，汽车行业会愈来愈发展，生产的产量日益增加，而纺织服装业将由于进口竞争的影响生产逐渐收缩。这时生产要素将会从劳动密集型的纺织服装业转移至资本密集型的汽车制造业。然而，汽车行业是资本密集型的，吸收劳动力有限，其结果会造成一部分劳动力不被再使用，出现失业问题。因此，人们会认为，自由贸易理论很好，但是不能用来解决实际的问题。有的政治家提出，经济学家的自由贸易理论头头是道，但是我这里却有25万失业者，在理论上如何解决？

正是在贸易中会出现各种实际问题，涉及一些人的切身利害关系，当贸易损害了一部分人的利益时，他们会自然而然地对政府施加压力，要求实施贸易保护政策。这就是贸易保护主义的政治经济基础。

4.5.2　影响贸易政策的政治因素

除了上述所分析的贸易对于国内收入分配会产生重要影响，即对于生产要素的不同所有者产生收入分配的影响以外，还有一个十分重要的影响是自由贸易政策消除对于进口的限制能给消费者带来福利，而给与进口产品竞争的生产者带来损失。生产者和消费者这两大集团，一方面受到政府政策的影响；另一方面它们又会影响政府的贸易政策。然而，这两大集团对于政府的影响的实力相差十分悬殊。

首先，自由贸易政策消除对于进口的限制，对于消费者集团和与进口竞争的生产者集团有着不同的影响。政府实行自由贸易政策消除对于进口的限制，能够从海外进口大量物美价廉的商品，消费者从中获益。消费者人数是如此众多，贸易中他们所获得的利益分散在每一个消费者身上是微小的。然而，政府实行自由贸易政策，消除对于进口的限制，对于与进口商品竞争的生产厂商产生重大的竞争压力，它们往往被迫降低价格，或者丢失市场份额，不得不削减产量，甚至有着倒闭的危险。由于实施自由贸易政策，消除对于进口的限制，其所造成的损失比较集中在少数厂商身上，使这些厂商的损失比较沉重。

其次，消费者集团和生产者集团如果想要对于政府的政策施加影响，必然需要支付一定的成本代价，因此两大集团都会对支付的成本和获利之间进行比较，在这一方面两大集团的差距极大。如果政府实施贸易保护主义政策，损害了消费者的利益，那么消费者集团就会迫使其改变政策。为此他们会将支付的成本和获得的利益进行比较。假如，某一国家政府对于制鞋业进行保护，对于进口鞋征收关税，每一双征收 2 美元的关税。消费者为了影响政府的政策进行各种游说活动，其所付出的代价，将会远远超过 2 美元。为了 2 美元的关税去影响政府的政策，是不值得的。然而，对于与进口竞争的制鞋厂商，影响政府的政策，游说政府实施贸易保护主义政策，那么其获利将远远大于所花费的成本。是实施自由贸易政策，还是实施贸易保护主义政策，关系到制鞋厂商的投资，工人的就业，企业的扩大还是收缩，甚至关系到企业的生死存亡。特别是有的比较小的城镇，这一产业是这一地区的中心，它的兴旺和衰落关系到本地区许许多多人的就业，关系到这一地区商店、银行和各种服务业的生存和发展。如果政府实施贸易保护主义政策，这一集团将会在政府的保护下获得租金，可以避免外国竞争者的竞争压力，获得稳定的国内市场。那么它们对于国会和政府游说施加影响，其获利将大大超过成本。可见，消费者集团和生产者集团对于影响政府政策有着不同的动力。

其三，消费者集团和生产者集团之间的政治实力相差也十分悬殊。消费者人数众多，同时贸易政策对于消费者的利害关系，相对而言不十分严重，因此这一集团的组织是松散的，比较涣散，很难将消费者集合起来，凝聚成一股政治力量。在经济上，这一集团的活动也很难获得资金的支持。然而，与进口竞争的生产者集团则不同，贸易政策关系到它们的兴衰，关系到它们的生死存亡，利害关系十分密切，而他们的人数有限，相互之间有着共同的利害关系，因此组织比较严密，能够凝聚成为一股政治力量。在经济上，雄厚的资金来源，支撑着这一集团的活动，而且活动的效率也比较高。例如，从 20 世纪 60 年代开始，美国产品的国际竞争力开始下降，贸易收支状况不佳，与进口竞争的一些产业集团，如纺织、钢铁、电子和制鞋等产业集团对国会施加巨大的压力，要求控制进口。在 1968 年，美国的劳联－产联工会开始要求限制美国的进口贸易。国会立即做出反应，在肯尼迪总统时期，就颁布了包括 1000 多项商品的限制性货单。70 年代，美国钢铁业通过国会迫使政府采取一个所谓"引发价格机制"的措施。这一措施对于进口钢铁的价格规定一个限度，一旦外国钢铁的价格低于这一价格就自动地征收反倾销税，从而保护国内的钢铁产业免于受到外国比较便宜的钢铁进口的竞争。80 年代，在美国汽车产业集团和汽车工人联合会的压力下，美国国会提出了针对日本汽车进口的"当地构件立法动议"。这一立法规定，在美国销售 50 万辆以上的汽车，其汽车构件的 90% 必须来自美国和加拿大等。由此可见，政府政策是利益集团间实力争斗的产物。

4.5.3 国际贸易政策制定的政治经济学模型

20 世纪 80 年代以来，国际贸易政策制定中的政治和社会因素越来越受到经济学家的重视。与此相应地，经济学家们在国际经济学领域中建立起了一些政治经济学模型，包括梅耶（Mayer）的中点选民模型、集体行动和有效游说模型，以及格罗斯曼（Grossman）与海尔普曼（Helpman）的利益集团政治贡献模型等。在这些模型中，政府的目标是成功地掌握政权和维护政权的稳定，而非社会福利最大化。

1. 中点选民模型

中点选民模型假设政府是民主选举产生的。任何一个政党只有得到了多数选民的支持，该政党才有可能执政，因此政府在选择任何经济贸易政策的时候，必须要考虑如何得到多数选民的支持。

怎样才能选择得到多数选民支持的政策呢？

重要的方法就是尽可能地选择靠近中点选民的意见的政策。所谓中点选民的意见，一般表现为两种意见之间的观点。以中点意见为界，一边更为保守，另一边更为激进，且两边人数一样。

让我们用一个简单的例子来说明这一模型。假设本国有 9 个选民，他们对关税的偏好都不同，我们根据他们的关税（%）意见从低到高进行排列，如图 4 - 5 所示。

图 4 - 5　中点选民模型示意图

假设第 1 人主张关税率为 1%，第 2 人主张 2%，以此类推，第 9 个人主张 9% 的关税率。在这里，中点选民是第 5 个，中点选民的意见是关税率定在 5%。再假设本国有两个政党存在，如民主党和社会党。两党都想得到大多数选民的支持。在贸易政策的选择中，假定民主党选择了征收 7% 的关税，而社会党选择了 6% 的关税。这时，主张高关税的选民（7、8、9）就会支持民主党，但主张低关税的选民，包括从第 1 到第 6 个选民就都会支持社会党。从第 1 个到第 5 个选民的意见虽然没有被采纳，但相对于主张 7% 的关税的民主党来说，社会党更接近他们的意见。如果这时有一个第三党，比如说进步党，选择了关税率为 5% 的政策，那么从第 1 个到第 5 个选民就会转而支持进步党，支持社会党的就只剩下第 6 个选民一人了。

我们再反过来看，假如民主党主张征收 3% 的关税，而社会党选择 4% 的关税政策，那么，只有第 1 到第 3 的 3 个选民会支持民主党而其余的 6 人会偏向社会党。由此可见，越接近中点选民意见的政策越能得到大多数选民的支持。这就是中点选民模型。

2. 集体行动和有效游说

贸易政策的中点选民决定论理论上似乎没有问题，可是如果观察一下民主选举制国家的贸易政策实践，我们不难发现，在许多情况下，贸易政策保护的恰恰都是少数人。例如，几乎所有的发达国家都保护农产品，而农民占这些国家的总人口都不到 10% 。在发展中国家中农民是大多数，但这些占大多数的农民不但得不到保护，政府还通过对出口的控制压低国内的农产品市场价格，间接地保护了人数较少的城市中的农产品消费者。

钢铁、纺织品等行业在美国也是夕阳工业，就业人数越来越少，但他们受到的保护仍很高，占大多数的消费者为保护这些少数人而支付了不小的代价。那么，怎样解释政府选择这种牺牲大多数人利益来保护少数人利益的贸易政策的行为呢？研究公共政策的经济学家提出了集体行动（ collective action）的理论，认为一种政策是否被政府采纳并不在于受益或受损人数的多少，而在于利益集团的集体行动是否有效。

假如一国政府在考虑是否要对进口的苹果征收 10% 的关税，征税的结果是损害消费者的利益，消费者因而会反对这项政策，本国的苹果生产者则会因得到保护获得利益而支持征税。从人数上来说，苹果的消费者一定比生产者多，但在集体行动方面，消费者一定不如生产者有效。其主要原因是，人越多，"搭便车的人"（free rider）越多，积极参与的人反而少，意见也不容易统一，集体行动的效率低，而人少却更容易组织得好。在影响政府政策的游说中，人数较少的利益集团容易统一，从而在集体行动中步调一致，在游说中取得成效。

决定利益集团集体行动有效性的另一个重要因素是集团中个人利益的大小。政府如果对苹果征 10% 的关税，消费者作为一个整体来说，其总损失要比生产者收益和政府关税收入的总和还要大，但如果将总损失除以消费者总人数，每一个消费者的损失就很小了。另一方面，对于每个生产者来说这一政策所产生的利益就会很大，值得为此不遗余力地拼搏一下。为了更清楚地说明这个问题，我们不妨用一些假设的数字。我们假定有 100 名消费者和 2 个生产者，政府若征收关税对消费者总利益的影响为 100 元，对生产者总收益的影响为 50 元，政府税收变动为 30 元，有 20 元的社会福利净损失。从社会福利水平来看，应该不征关税，但从政治经济学角度看，政府是否废除这项政策取决于这项政策对其政治统治的影响。对消费者来说，虽然他们反对关税政策，但实行这一政策对他们每个人的损害和不征关税的个人所得都不很大：一个人 1 元钱。所以，消费者不会为此而花费太多的精力去游说，即使政府最终坚持征税，消费者也不愿意为这 1 元钱而游行示威，甚至反对政府。但是，从生产者角度看，50 元虽然不多，但因为只有两个人，每人的所得所失都有 25 元，是消费者人均利益变动的 25 倍。在这种情况下，生产者参与影响政府政策的集体行动和游说活动的积极性都远远超过消费者，甚至会因此而极力支持政府或反对政府，对政府能否实现其稳定执政的目标影响较大。政府面对的一边是对任何政策实际上都无所谓的 100 个消费者，另一边却是弄不好会为此拼命的 2 个生产者。在这种情况下，政府往往会选择总福利水平下降、大多数人利益受损而少数人受益的贸易政策。

本 章 小 结

1. 国际贸易政策的主要内容有各国对外贸易总政策、进出口商品政策、国别政策，包括一国的关税制度和政策、非关税壁垒的种类和做法、鼓励出口的体制和手段、管制出口的政策和手段，以及一国参与国际经济一体化的战略和政策等。

2. 自由贸易政策以自由贸易理论为基础，对国际贸易活动采取不干预或尽可能不干预的基本立场，对商品进出口不设置障碍，对进出口商不给予优惠和特权，也不对外贸活动进行管制和干涉，从而使商品能够自由地进出口和实行竞争。现代自由贸易政策与早期的自由贸易政策具有不同性。

3. 保护贸易政策以规模经济收益论、分享外国企业垄断利润论、战略贸易论等理论为指导，对国内市场进行保护，主要包括保护幼稚工业、平衡国际收支、改善贸易条件、增加政府收入、维护民族自尊、实现经济多样化、保护就业、保护工资、防止资源耗竭与保护环境、保障国家安全、维护社会公平及收入再分配、保护夕阳产业等政策主张。

4. 公平贸易政策是指为维护国际贸易中的公平竞争秩序，承诺共同遵守国际贸易规则，并对违反规则的行为采取行动。可以分为基于国际规则的公平贸易政策和基于单边规则的公平贸易政策。前者属于自由贸易政策的范畴，后者属于贸易保护主义的范畴。美国是基于单边原则的公平贸易政策的代表。

5. 管理贸易论主张一国政府应对内加强对本国进出口贸易有秩序地发展的管理，对外签订各种对外经济贸易协定，约束贸易伙伴的行为，缓和与各国间的贸易摩擦，协调和发展与各国的经济贸易关系，促进对外贸易的发展。

6. 一个国家是选择自由贸易政策，还是选择贸易保护主义政策，即贸易政策的决定，常常是内部利益集团斗争的产物。贸易政策的决定不仅仅是政府的一种经济选择，同时也是一项政治与社会决策。

关键术语

自由贸易政策	Free Trade Policy
贸易保护主义	Trade Protectionism
幼稚工业	Infant Industry
国际收支论	Balance-of-Payment Argument
出超	Trade Surplus
入超	Trade Deficit
贸易条件论	Terms-of-Trade Argument

政府收入论	Government Revenue Argument
收入再分配论	Income-Redistribution Argument
战略贸易政策	Strategic Trade Policy
公平贸易政策	Fair Trade Policy
管理贸易论	Theory of Managing Trade
中点选民模型	Mid-point Poll Model
集体行动	Collective Action

思 考 题

1. 自由贸易政策的主要主张有哪些? 二战后的自由贸易政策主张与早期的自由贸易政策主张有何不同?

2. 保护贸易政策中的合理主张有哪些? 实施这些合理主张面临哪些困难?

3. 如何正确认识公平贸易政策?

4. 既然自由贸易对参与贸易的所有国家都有好处, 为什么没有哪一个国家实行完全的自由贸易政策?

5. 假设两国贸易模型中不同贸易政策对本国经济影响如下:

		A 国	
		不保护	保护
B 国	不保护	(200, 200)	(-300, 500)
	保护	(500, -300)	(0, 0)

(1) 如果 A、B 两国各自独立制定政策, 他们会选择什么政策?

(2) 如果 A、B 两国谈判协作, 他们怎样提高各自的福利水平?

第5章

国际贸易政策措施（I）——关税

知 识 要 点

☑ 掌握关税的各种分类法及计算方法。

☑ 掌握大国和小国征收关税的不同福利效应。

☑ 理解名义关税和实际关税保护的差异。

技 能 要 点

☑ 学会名义关税和实际关税保护率的基本计算方法。

☑ 能够利用局部均衡分析关税的福利效应。

贸易政策措施是实行贸易政策的具体手段。国家通过各种不同的贸易政策措施来限制或鼓励国际贸易活动。贸易政策措施的种类很多，根据贸易政策措施的作用不同，可分为：（1）价格政策措施，即用来改变进口或出口商品价格以影响进出口的政策措施，主要包括进口关税（import tariff）、出口关税（export tariff）、进口补贴（import subsidy）和出口补贴（export subsidy）等；（2）数量政策措施，即用来直接影响进口或出口商品数量的贸易政策措施，主要包括进口配额（import quota）和出口配额（export quota）等。

另外，贸易政策措施还可以分为：（1）关税（tariff customs duties），这是由政府对越过关境的进出口商品所征收的税，其目的主要是改变进口或出口商品的国内与国际价格，以达到影响进口或出口数量的目的；（2）非关税障碍（non-tariff barriers），这是除关税以外的所有影响进口或出口的一切政策措施，主要有进口配额（import quota）、自动出口配额（Voluntary Export Quota）、进口许可证（Import License）、外化管制（Foreign Exchange Control）、政府采购政策（Government Procurement Policy）、国内税（Internal Taxes）、最低限价（Minimum Price）、进口押金制（Advanced Deposit）、海关估价（Customs Valuation）、技术标准（Technical Standards）、出口补贴（Export Subsidy）、出口信贷（Export Credit）等。尽管关税与贸易总协定要求以关税作为唯一的保护手段，但非关税障碍的使用越来越多。据估计，目前世界各国的非关税工具多达 1500 余种。

5.1 关税概述

5.1.1 关税的概念

关税（Customs Duties）是一个国家政府设置的海关依据国家制订的关税税法、税则对其出入关境的货物所征的税。

关境（Customs Territory）也称海关税境，就是海关征收关税的领域，它是海关执行国家的关税法令和规章的区域。一般情况下，关境和国境是一致的。但有些国家在其国境之内建立了经济特区，而进出经济特区的货物可以不征收关税，它位于该国的关境之外，此时关境就比国境小。当几个国家缔结成关税同盟，参加关税同盟的国家组成统一的共同关境，执行统一的关税法令，并且对彼此间进出国境的货物不征收关税，但对于来自和运往非同盟成员国的货物进出共同关境时征收统一的关税，这时关境就比其成员国各自的国境大。

关税是由海关征收的。海关是国家设在关境上的行政管理机构。它的主要任务是根据本国政府制定的进出口政策、法令和有关规定，对进出口货物、纸币、金银、行李、邮件、运输工具等进行监督管理，征收关税，查禁走私货物，临时保管通关货物和统计进出口商品等。对于不符合国家规定的进出口商品，海关有权不予放行或罚款，直至没收或销毁。

关税是随着社会生产力的发展、商品流通的扩大、国际贸易的产生而逐步发展起来的。据史书记载，最早产生关税的区域是欧洲大陆和中国内地。

在欧洲，关税在古希腊时代就出现，当时欧洲大陆出现了许多部落联盟，无论联盟内部还是外部，商人到市场进行交易都要向盟主交纳关税或市税。公元前 500 多年，地中海、爱琴海及黑海一带成为欧洲贸易中心，这一带的部落联盟及各地的领主，纷纷设立关卡，对于来往的外地商人征收入关关税。例如，雅典对进出其港口的货物征收 1%～5% 的税收。

在古罗马时期，罗马帝国规定对于进出其边境的货物都必须缴纳进出口关税。对来往其海港、桥梁等地的货物征收 2.5% 的税收。

在我国，早在周朝就设立关卡，对出入关卡的货物要征收税收，在当时戌关征税就十分普遍。在唐、宋、元、明、清时代，专门设立市舶机构来征收关税。我国的关税主要是内部关税，外部关税占的比重很小。

在封建社会，由于封建制度的严重束缚，商品经济发展十分缓慢，国内设置许多关卡，重重征税，形成内地关税，阻碍了对外贸易的发展。到了封建社会末期，欧洲各国先后爆发了资产阶级革命，确立了资本主义生产方式。资产阶级政权废除了由于封建割据而形成的重重内地关税，实行了进出口货物在一国边境上征收一次关税的国境关税制。这种国境关税制最早在英国率先实行，法国、比利时、荷兰也随后设立了统一的国境关税。后来世界各国都采用了这种统一的国境关税。

5.1.2 关税的特点及作用

与其他进口保护政策相比，关税具有如下特点。

（1）间接性。关税不是对外国商品进口实行直接的数量限制，而是通过价格变化来间接达到限制进口的目的。

（2）非歧视性。进口关税一般是因产品类别而异，对于某种商品的所有进口国来说都是相同的，它不歧视任何一个国家。

（3）公开性。进口关税是公开的，征收过程也是完全透明的，从而使外国出口商可以较全面准确地掌握有关信息。

（4）稳定性。进口关税税率一旦确定，将作为税则的重要组成部分在较长时间内保持不变，从而避免进口国政府朝令夕改，随意武断地干涉进口。

征收关税的作用主要有两个方面：一是增加本国财政收入，二是保护本国的产业和国内市场。其中以前者为目的而征收的关税称为财政关税（Revenue Tariff），以后者为目的而征收的关税称为保护关税（Protective Tariff）。

5.1.3 关税的种类

关税的种类繁多，按不同的标准主要可分为以下几类。

1. 按照征收的对象或商品流向，关税可分为进口税、出口税、过境税

1）进口税

进口税（Import Duty）是指进口商品进入一国关境时或者从自由港、出口加工区、保税仓库进入国内市场时，由该国海关根据海关税则对本国进口商所征收的一种关税。进口税又称正常关税（Normal Tariff）或进口正税。

进口税是保护关税的主要手段。通常所说的关税壁垒，实际上就是对进口商品征收高额关税，以此提高其成本，从而削弱其竞争力，起到限制进口的作用。关税壁垒是一国推行保护贸易政策所实施的一项重要措施。

各国进口税税率的制定要考虑多方面的因素。从有效保护和经济发展出发，应对不同商品制定不同的税率。一般来说，进口税税率随着进口商品加工程度的提高而提高，即工业制成品税率最高，半制成品次之，原料等初级产品税率最低，甚至免税，这称为关税升级（Tariff Escalate）。进口国同样对不同商品实行差别税率，对于国内紧缺而又急需的生活必需品和机器设备予以低关税或免税，而对国内能大量生产的商品或奢侈品则征收高关税。同时，由于各国政治经济关系的需要，会对来自不同国家的同一种商品实行不同的税率。

一般说来，进口税税率可分为普通税率、最惠国税率和普惠制税率3种。

（1）普通税率。如果进口国未与该进口商品的来源国签订任何关税互惠贸易条约，则对该进口商品按普通税率征税。普通税率是最高税率，一般比优惠税率高1～5倍，少数商品甚至高达 10 倍、20 倍。目前仅有个别国家对极少数（一般是非建交）国家的出口商品实行这种税率，大多数只是将其作为其他优惠税率减税的基础。因此，普通税率并不是被普遍实施的税率。

（2）最惠国税率。这是对签有最惠国待遇条款的贸易协定国家实行的税率。所谓最惠国待遇（Most-Favoured-Nation Treatment，MFN），是指缔约国各方实行的互惠。凡缔约国一方现在和将来给予任何第三方的一切特权、优惠和豁免，也同样给予对方。最惠国待遇的主要内容是关税待遇。最惠国税率是互惠的且比普通税率低，有时甚至差别很大。例如，美国对进口玩具征税的普通税率为 70%，而最惠国税率仅为 6.8%。由于世界上大多数国家都加入了签订有多边最惠国待遇条约的关贸总协定（现称世界贸易组织），或者通过个别谈判签订了双边最惠国待遇条约（如中美之间），因而这种关税税率实际上已成为正常的关税率。但最惠国税率并非是最低税率。在最惠国待遇中往往规定有例外条款，如在缔结关税同盟、自由贸易区或有特殊关系的国家之间规定更优惠的关税待遇时，最惠国待遇并不适用。

（3）普惠制税率。这是发达国家向发展中国家提供的优惠税率。它在最惠国税率的基础上实行减税或免税，通常按最惠国税率的一定百分比征收，并且不是互惠的，而是单向的。因此，享受普惠制待遇往往能促进出口。

2）出口税

出口税（Export Duty）是出口国家的海关在本国产品输往国外时，对出口商所征收的关税。目前大多数国家对绝大部分出口商品都不征收出口税，因为征收出口税会抬高出口商品的成本和国外售价，从而削弱其在国外市场的竞争力，不利于扩大出口。但目前世界上仍有少数国家（特别是经济落后的发展中国家）征收出口税。

征收出口税的目的主要是：第一，对本国资源丰富、出口量大的商品征收出口税，以增加财政收入；第二，为了保证本国的生产，对出口的原料征税，以保障国内生产的需要和增加国外商品的生产成本，从而加强本国产品的竞争能力，例如瑞典、挪威对于木材出口征税，以保护其纸浆及造纸工业；第三，为保障本国市场的供应，除了对某些出口原料征税外，还对某些本国生产不足而又需求较大的生活必需品征税，以抑制价格上涨；第四，控制和调节某些商品的出口流量，防止盲目出口，以保持在国外市场上的有利价格；第五，为了防止跨国公司利用"转移定价"逃避或减少在所在国的纳税，向跨国公司出口产品征收高额出口税，维护本国的经济利益。

我国历来采用鼓励出口的政策，但为了控制一些商品的出口流量，采用了对极少数商品征出口税的办法。被征出口税的商品主要有生丝、有色金属、铁合金、绸缎等，出口税率从 10%～100% 不等。

3）过境税

过境税（Transit Duty）又称通过税或转口税，是一国海关对通过其关境再转运第三国的外国货物所征收的关税。其目的主要是增加国家财政收入。过境税在重商主义时期盛行于欧洲各国。随着资本主义的发展，交通运输事业的发达，各国在货运方面的竞争激烈，同时过境货物对本国生产和市场没有影响。于是，到 19 世纪后半期，各国相继废除了过境税。二战后，关贸总协定规定了"自由过境"的原则。目前，大多数国家对过境货物只征收少量的签证费、印花费、登记费、统计费等。

2. 按照差别待遇和特定的情况，关税可分为进口附加税、差价税、特惠税和普遍优惠税

1）进口附加税

进口附加税（Import Surtax）是指进口国海关对进口的外国商品在征收进口正税之外，出于某种特定的目的而额外加征的关税。进口附加税不同于进口税，在一国《海关税则》中并不能找到，也不像进口税那样受到关贸总协定的严格约束而只能降不能升，其税率的高低往往视征收的具体目的而定。

进口附加税通常是一种临时性的特定措施，又称特别关税。其目的主要有：应付国际收支危机，维持进出口平衡；防止外国产品低价倾销；对某个国家实行歧视或报复等。

进口附加税是限制商品进口的重要手段，在特定时期有较大的作用。以美国为例，1971年，美国出现了自 1893 年以来的首次贸易逆差，国际收支恶化。为了应付国际收支危机，维持进出口平衡，美国总统尼克松宣布自 1971 年 8 月 15 日起实行新经济政策，对外国商品的进口在一般进口税上再加征 10% 的进口附加税，以限制进口。

一般来说，对所有进口商品征收进口附加税的情况较少，大多数情况是针对个别国家和个别商品征收进口附加税。这类进口附加税主要有反倾销税、反补贴税、紧急关税、惩罚关税和报复关税五种。

（1）反倾销税。反倾销税（Anti-dumping Duty）是指对实行倾销的进口货物所征收的一种临时性进口附加税。征收反倾销税的目的在于抵制商品倾销，保护本国产品的国内市场。因此，反倾销税税额一般按倾销差额征收，由此抵消低价倾销商品价格与该商品正常价格之间的差额。

根据关贸总协定《反倾销守则》的规定，所谓倾销，是指进口商品以低于正常价值的价格向另一国销售的行为。确定正常价格有 3 种方法：① 采用国内价格，即相同产品在出口国用于国内消费时在正常情况下的可比价格；② 采用第三国价格，即相同产品在正常贸易情况下向第三国出口的最高可比价格；③ 采用构成价格，即该产品在原产国的生产成本加合理的推销费用和利润。这三种确定正常价格的方法是依次采用的，即若能确定国内价格就不使用第三国价格或构成价格，以此类推。另外，这三种正常价格的确定方法仅适用于来自市场经济国家的产品。对于来自非市场经济国家的产品，由于其价格并非由竞争状态下的供求关系所决定，因此西方国家选用替代国价格，即以一个属于市场经济的第三国所生产的相似产品的成本或出售的价格作为基础来确定其正常价格。

按《反倾销守则》的规定，对某进口商品征收反倾销税有 3 个必要条件：① 倾销存在；② 倾销对进口国国内已建立的某项工业造成重大损害或产生重大威胁，或者对某一国内工业的新建产生严重阻碍；③ 倾销进口商品与所称损害之间存在因果关系。进口国只有经充分调查，确定某进口商品符合上述征收反倾销税的条件，方可征收反倾销税。

确定倾销对进口国国内工业的损害要从 3 个方面来认定：① 产品在进口国数量的相对和绝对增长；② 产品价格对国内相似产品价格的影响；③ 对产业的潜在威胁和对建立新产业的阻碍。此外，还要确定上述损害是否为倾销所致。若是由于其他因素（如需求萎缩或消费格局改变等）造成的损害，则不应归咎于倾销性进口。

如果某进口商品最终确证符合被征反倾销税的条件，则所征的税额不得超过经调查确认的倾销差额，即正常价格与出口价格的差额。征收反倾销税的期限也不得超过为抵消倾销所造成的损害必需的期限。一旦损害得到弥补，进口国应立即停止征收反倾销税。另外，若被指控倾销其产品的出口商愿做出"价格承诺"（Price Undertaking），即愿意修改其产品的出口价格或停止低价出口倾销的做法，进口国有关部门在认为这种方法足以消除其倾销行为所造成的损害时，可以暂停或终止对该产品的反倾销调查，不采取临时反倾销措施或者不予以征收反倾销税。

虽然关贸总协定制定了《反倾销守则》，但反倾销法的执行主要依赖各签字国的国内立法规定，因而具有很大的随意性。随着关税壁垒作用的降低，各国越来越趋向于利用反倾销手段对进口产品进行旷日持久的倾销调查及征收高额反倾销税来限制商品进口。

（2）反补贴税。反补贴税（Counter Veiling Duty）又称反津贴税、抵消税或补偿税，是指进口国为了抵消某种进口商品在生产、制造、加工、买卖、输出过程中所接受的直接或间接的任何奖金或补贴而征收的一种进口附加税。征收反补贴税的目的在于增加进口商品的价格，抵消其所享受的贴补金额，削弱其竞争能力，使其不能在进口国的国内市场上进行低价竞争或倾销。

关贸总协定的《补贴与反补贴税守则》规定，征收反补贴税必须证明补贴的存在及这种补贴与损害之间的因果关系。如果出口国对某种出口产品实施补贴的行为对进口国国内某项已建的工业造成重大损害或产生重大威胁，或严重阻碍国内某一工业的新建时，进口国可以对该种产品征收反补贴税。反补贴税税额一般按奖金或补贴的数额征收，不得超过该产品接受补贴的净额，且征税期限不得超过 5 年。另外，对于接受补贴的倾销商品，不能既征反倾销税，同时又征反补贴税。

（3）紧急关税。紧急关税（Emergency Tariff）是为消除外国商品在短期内大量进口对国内同类产品生产造成重大损害或产生重大威胁而征收的一种进口附加税。当短期内外国商品大量涌入时，一般正常关税已难以起到有效保护作用，因此需借助税率较高的特别关税来限制进口，保护国内生产。例如，1972 年 5 月，澳大利亚受到外国涤纶和棉纶进口的冲击，为保护国内生产，澳大利亚决定征收紧急关税，在每磅 20 澳分的正税外另加征每磅 48 澳分的进口附加税。

由于紧急关税是在紧急情况下征收的，是一种临时性关税，因此，当紧急情况缓解后，紧急关税必须撤除，否则会受到别国的关税报复。

（4）惩罚关税。惩罚关税（Penalty Tariff）是指当出口国某商品违反了与进口国之间的协议，或者未按进口国海关规定办理进口手续时，由进口国海关向该进口商品征收的一种临时性的进口附加税。这种特别关税具有惩罚或罚款性质。例如，1988年日本半导体元件出口商因违反了与美国达成的自动出口限制协定，被美国征收了100%的惩罚关税。又如，若某进口商虚报成交价格，以低价假报进口手续，一经发现，进口国海关将对该进口商征收特别关税作为罚款。

另外，惩罚关税有时还被用作贸易谈判的手段。例如，美国在与别国进行贸易谈判时，就经常扬言若谈判破裂就要向对方课征高额惩罚关税，以此逼迫对方让步。这一手段在美国经济政治实力鼎盛时期是非常有效的。然而，随着世界经济多极化、国际化等趋势的加强，这一手段日渐乏力，且越来越容易招致别国的报复。

（5）报复关税。报复关税（Retaliatory Tariff）是指一国为报复他国对本国商品、船舶、企业、投资或知识产权等方面的不公正待遇，对从该国进口的商品所课征的进口附加税。通常在对方取消不公正待遇时，报复关税也会相应取消。然而，报复关税也像惩罚关税一样，易引起他国的反报复，最终导致关税战。例如，乌拉圭回合谈判期间，美国和欧洲联盟就农产品补贴问题发生了激烈的争执，美国提出一个"零点方案"，要求欧盟十年内将补贴降为零，否则除了向美国农产品增加补贴外，还要对欧盟进口商品增收200%的报复关税。欧盟也不甘示弱，扬言反报复。双方剑拔弩张，若非最后相互妥协，就差点葬送了这一轮谈判的成果。

征收进口附加税主要是为弥补正税的财政收入作用和保护作用的不足。由于进口附加税比正税所受国际社会约束要少，使用灵活，因而常常会被用作限制进口与贸易斗争的武器。过去，我国在合理地、适当地应用进口附加税的手段方面显得非常不足。比如，因长期没有自己的反倾销、反补贴法规，不能利用反倾销税和反贴补税来抵制外国商品对我国低价倾销，以保护我国同类产品的生产和市场。直到1997年3月25日，我国颁布了《中华人民共和国反倾销和反补贴条例》，才使我国的反倾销、反补贴制度法制化、规范化。

2）差价税

差价税（Variable Levy）又称差额税，是当本国生产的某种产品的国内价格高于同类进口商品的价格时，为削弱进口商品的竞争力，保护本国生产和国内市场，按国内价格与进口价格之间的差额征收的关税。征收差价税的目的是使该种进口商品的税后价格保持在一个预定的价格标准上，以稳定进口国内该种商品的市场价格。

对于征收差价税的商品，有的规定按价格差额征收，有的规定在征收一般关税以外另行征收，这种差价税实际上属于进口附加税。差价税没有固定的税率和税额，而是随着国内外价格差额的变动而变动，因此是一种滑动关税（Sliding Duty）。

差价税的典型表现是欧盟对进口农畜产品的做法。欧盟为了保护其农畜产品免受非成员国低价农产品竞争，而对进口的农产品征收差价税。欧盟征收差价税首先在共同市场内部按生产效率最低而价格最高的内地中心市场的价格为准制订统一的目标价格（target price）；其次，从目标价格中扣除从进境地运到内地中心市场的运费、保险费、杂费和销售费用后，得到门槛价格（Threshold Price），或称闸门价格；最后，若外国农产品抵达欧盟进境地的

CIF（到岸价格）低于门槛价格，则按其间差额确定差价税率。

实行差价税后，进口农产品的价格被抬至欧盟内部的最高价格，从而丧失了价格竞争优势。欧盟则借此有力地保护了其内部的农业生产。此外，对使用了部分农产品加工成的进口制成品，欧盟除征收工业品的进口税外，还对其所含农产品部分另征部分差价税，并把所征税款用作农业发展资金，资助和扶持内部农业的发展。因此，欧盟使用差价税实际上是其实现共同农业政策的一项重要措施，保护和促进了欧盟内部的农业生产。

3）特惠税

特惠税（Preferential Duty）又称优惠税，是对来自特定国家或地区的进口商品给予特别优惠的低关税或免税待遇。使用特惠税的目的是为了增进与受惠国之间的友好贸易往来。特惠税有的是互惠的，有的是非互惠的。

特惠税最早开始于宗主国与其殖民地及附属国之间的贸易。目前仍在起作用的且最有影响的是洛美协定国家之间的特惠税，它是欧共体（现欧盟）向参加协定的非洲、加勒比海和太平洋地区的发展中国家单方面提供的特惠关税。按照洛美协定，欧共体在免税、不限量的条件下，接受受惠国的全部工业品和96%的农产品，而不要求受惠国给予反向优惠，并放宽原产地限制。

4）普遍优惠制

普遍优惠制（Generalized System of Preferences，GSP）简称普惠制，是发达国家给予发展中国家出口的制成品和半制成品（包括某些初级产品）普遍的、非歧视的、非互惠的一种关税优惠制度。

普遍性、非歧视性和非互惠性是普惠制的三项基本原则。普遍性是指发达国家对所有发展中国家出口的制成品和半制成品给予普遍的关税优惠待遇；非歧视性是指应使所有发展中国家都无歧视、无例外地享受普惠制待遇；非互惠性即非对等性，是指发达国家应单方面给予发展中国家做出特殊的关税减让而不要求发展中国家对发达国家给予对等待遇。

普惠制的目的是通过给惠国对受惠国的受惠商品给予减、免关税优惠待遇，使发展中的受惠国增加出口收益，促进其工业化水平的提高，加速国民经济的增长。

普遍优惠制是发展中国家在联合国贸易与发展会议上长期斗争的成果。从1968年联合国第二届贸发会议通过普惠制决议至今，普惠制已在世界上实施了30年。目前，全世界已有190多个发展中国家和地区享受普惠制待遇，给惠国则达到29个，分别是：欧洲联盟15国（德国、英国、法国、意大利、荷兰、比利时、卢森堡、爱尔兰、希腊、西班牙、葡萄牙、丹麦、奥地利、芬兰、瑞典）、瑞士、挪威、波兰、俄罗斯、乌克兰、白俄罗斯、日本、加拿大、澳大利亚、新西兰，以及美国、保加利亚、匈牙利、捷克，其中前25个给惠国给予了中国普惠制待遇。

普惠制方案是各给惠国为实施普惠制而制定的具体执行方法。各发达国家（即给惠国）分别制定了各自的普惠制实施方案，而欧盟作为一个国家集团给出共同的普惠制方案，因此目前全世界共有15个普惠制方案。从具体内容看，各方案不尽一致，但大多包括了给惠产品范围、受惠国家和地区、关税削减幅度、保护措施、原产地规则、给惠方案有效期等 6 个方面。

（1）给惠产品范围。一般农产品的给惠商品较少，工业制成品或半制成品只有列入普惠制方案的给惠商品清单，才能享受普惠制待遇。一些敏感性商品，如纺织品、服装、鞋类及某些皮制品、石油制品等常被排除在给惠商品之外或受到一定限额的限制。例如，欧盟 1994 年 12 月 31 日颁布的对工业产品的新普惠制法规（该法规于 1995 年 1 月开始执行），将工业品按敏感程度分为五类，并分别给予不同的优惠关税。具体地说，对第一类最敏感产品，即所有的纺织品，普惠制关税为正常关税的 85%；对第二类敏感产品，征收正常关税的 70%；对第三类半敏感产品，征收正常关税的 35%；对第四类不敏感产品，关税全免；而对第五类部分初级工业产品，将不给优惠税率，照征正常关税。又如美国的普惠制方案规定，纺织品协议项下的纺织品和服装、手表、敏感性电子产品、敏感性钢铁产品、敏感性玻璃制品或半制成品及鞋类不能享受普惠制待遇。

（2）受惠国家和地区。发展中国家能否成为普惠制方案的受惠国是由给惠国单方面确定的。各给惠国从各自的政治、经济利益出发，制定了不同的标准要求，限制受惠国家和地区的范围。因此，各普惠制方案大都有违普惠制的三项基本原则。例如，美国根据其单方面的判定，认为我国不符合其受惠国标准，至今没有给予我国的出口产品普惠制待遇。

（3）给惠商品的关税削减幅度。给惠商品的减税幅度取决于最惠国税率与普惠制税率之间的差额，即"普惠制减税幅度 = 最惠国税率 - 普惠制税率"，并且减税幅度与给惠商品的敏感度密切相关。一般说来，农产品减税幅度小，工业品减税幅度大，甚至免税。例如，日本对给惠的农产品实行优惠关税，而对给惠的工业品除其中的"选择性产品"给予最惠国税率的 50% 优惠外，其余全都免税。

（4）保护措施。各给惠国为了保护本国生产和国内市场，从自身利益出发，均在各自的普惠制方案中制定了程度不同的保护措施。保护措施主要表现在例外条款、预定限额及毕业条款三个方面。

所谓例外条款（Escape Clause），是指当给惠国认为从受惠国优惠进口的某项产品的数量增加到对其本国同类产品或有竞争关系的商品的生产者造成或将造成严重损害时，给惠国保留对该产品完全取消或部分取消关税优惠待遇的权利。很明显，例外条款表明，发达国家给予发展中国家普惠待遇的前提条件是其国内市场不会因给惠而受到干扰。如加拿大曾对橡胶鞋及彩电的进口引用例外条款，对来自受惠国的这两种商品停止使用普惠制税率而恢复按最惠国税率征收进口税。给惠国常常引用例外条款对农产品进行保护。

所谓预定限额（Prior Limitation），是指给惠国根据本国和受惠国的经济发展水平及贸易状况，预先规定一定时期内（通常为一年）某项产品的关税优惠进口限额，达到这个额度后，就停止或取消给予的关税优惠待遇，而按最惠国税率征税。给惠国通常引用预定限额对工业产品的进口进行控制。

所谓毕业条款（Graduation Clause），是指给惠国以某些发展中国家或地区由于经济发展，其产品已能适应国际竞争而不再需要给予优惠待遇和帮助为由，单方面取消这些国家或产品的普惠制待遇。毕业标准可分为国家毕业和产品毕业两种，由各给惠国自行具体确定。例如，美国规定，一国人均收入超过 8500 美元或某项产品出口占美国进口的 50% 即为毕业。美国自 1981 年 4 月 1 日开始启用毕业条款，至 1988 年底，终止了 16 个国家的受惠国地位，免除了来自 141 个发展中国家和地区约 3000 多种进口商品的普惠制待遇。

毕业条款是一项最敏感、最严格的保护措施，其实施会对相关国家的出口贸易产生很大的影响。具体地说，"已毕业"的国家和产品因为不能再享受优惠待遇，一方面不得不在进口国市场上与发达国家同类产品竞争，另一方面又面临其他发展中国家乘势取而代之打入进口国市场的严峻挑战。以亚洲"四小龙"为例，1987 年他们享受美国普惠制的受惠额占美国所给全部受惠额的 60%，达到美国规定的毕业标准。于是美国政府 1988 年 1 月 29 日宣布，亚洲"四小龙"已经从不发达国家和地区中毕业，从 1989 年起取消其向美国出口商品所享受的普惠制待遇。这样，亚洲"四小龙"被迫在不享受普惠待遇的情况下同美国市场上的德国、日本等发达国家同类产品竞争。同时，泰国、马来西亚、印度尼西亚、菲律宾等国从中得益甚多，向美国市场扩大出口。

毕业条款同样也困扰着中国产品的出口。在欧盟新的普惠制方案中，被取消普惠制待遇的中国产品，涉及世界海关组织《商品描述和编码协调制度》（The Harmonized Commodity Description and Coding System，简称《协调制度》）37 个章节，共七大类商品，占了近 41%。从 1993 年的出口金额看，这七大类产品对欧出口为 177 亿欧洲货币单位，占中国对欧总出口的 60%。可见，欧盟新普惠制方案的毕业条款会对中国对欧出口产生很大的消极影响。

（5）原产地规则。为了确保普惠制待遇只给予发展中国家和地区生产和制造的产品，各给惠国制定了详细和严格的原产地规则。原产地规则是衡量受惠国出口产品能否享受给惠国给予减免关税待遇的标准。原产地规则一般包括三个部分：原产地标准、直接运输规则和书面证明书。所谓原产地标准（Origin Criteria），是指只有完全由受惠国生产或制造的产品，或者进口原料或部件在受惠国经过实质性改变而成为另一种不同性质的商品，才能作为受惠国的原产品享受普惠制待遇。所谓直接运输规则（Rule of Direct Consignment），是指受惠国原产品必须从出口受惠国直接运至进口给惠国。制定这项规则的主要目的是为了避免在运输途中可能进行的再加工或换包。但由于地理或运输等原因确实不可能直接运输时，允许货物经过他国领土转运，条件是货物必须始终处于过境国海关的监管下，未投入当地市场销售或再加工。所谓书面证明书（Documentary Evidence），是指受惠国必须向给惠国提供由出口受惠国政府授权的签证机构签发的普惠制原产地证书，作为享受普惠制减免关税优惠待遇的有效凭证。

（6）普惠制的有效期。普惠制的实施期限为 10 年，经联合国贸易发展会议全面审议后可延长。

普惠制在实施 30 年来，确实对发展中国家的出口起了一定的积极作用。但由于各给惠国在提供关税优惠的同时，又制定了种种烦琐的规定和严厉的限制措施，使得建立普惠制的预期目标还没有真正达到。广大发展中国家尚需为此继续斗争。

5.1.4 关税的征收方法

关税的征收方法又称征收标准，一般来说，可分为从量税、从价税和混合税 3 种。

1. 从量税

从量税（Specific Duty）是以进口货物的重量、数量、长度、容量和面积等计量单位为标准计征的关税。其中，重量单位是最常用的从量税计量单位。例如，美国对薄荷脑的进口征收从量税，普通税率为每磅 50 美分，最惠国税率为每磅 17 美分。从量税的计算公式为：

$$从量税税额 = 货物计量单位数 \times 从量税率$$

以重量为单位征收从量税必须注意，在实际应用中各国计算重量的标准各不相同，一般采用毛重、半毛重和净重。毛重（Gross Weight）指商品本身的重量加内外包装材料在内的总重量。半毛重（Semi-gross Weight）指商品总重量扣除外包装后的重量。净重（Net Weight）则指商品本身的重量，不包括内外包装材料的重量。

采用从量税计征关税有以下特点。

（1）手续简便。不需审定货物的规格、品质、价格，便于计算。

（2）关税负担并不合理。同一税目的货物，不管质量好坏、价格高低，均按同一税率征税，税负相同，因而对质劣价廉进口物品的抑制作用比较大，不利于低档商品的进口，对防止外国商品低价倾销或低报进口价格有积极作用；对于质优价高的商品，关税负担相对减轻，关税的保护作用相对减弱。

（3）不能随价格变动做出调整。当国内物价上涨时，税额不能随之变动，使税收相对减少，保护作用削弱；物价回落时，税负又相对增高，不仅影响财政收入，而且影响关税的调控作用。

（4）难以普遍采用。征收对象一般是谷物、棉花等大宗产品和标准产品，对某些商品如艺术品及贵重物品（古玩、字画、雕刻、宝石等）不便使用。

在工业生产还不十分发达，商品品种规格简单，税则分类也不太细的一个相当长时期内，不少国家对大多数商品使用过从量税。但二战后，随着严重通货膨胀的出现和工业制成品在贸易中比重的加大，征收从量税不能很好地发挥关税保护作用，各国纷纷放弃了完全按从量税计征关税的做法。目前，完全采用从量税的发达国家仅有瑞士一个。

2. 从价税

从价税（Ad Valorem Duty）是以货物价格作为征收标准的关税。从价税的税率表现为货物价格的百分值。例如，美国规定对羽毛制品的进口，普通税率为 60%，最惠国税率为 4.7%。从价税的计算公式为：

$$从价税税额 = 进口货物总值 \times 从价税率$$

征收从价税的一个重要问题是确定进口商品的完税价格（Dutiable Value）。所谓完税价格，是指经海关审定的作为计征关税依据的货物价格，货物按此价格照章完税。各国规定了不同的海关估价确定完税价格，目前大致有 3 种：出口国离岸价格（FOB）、进口国到岸价格（CIF）和进口国的官方价格。如美国、加拿大等国采用离岸价格来估价，而西欧等国采用到岸价格作为完税价格，不少国家甚至故意抬高进口商品完税价格，以此增加进口商品成本，把海关估价变成一种阻碍进口的非关税壁垒措施。

为了弥补各国确定完税价格的差异且减少其作为非关税壁垒的消极作用，关贸总协定东京回合达成了《海关估价协议》，规定了六种应依次使用的海关估价方法。其中采用进口商品或相同商品的实际价格（Actual Value）作为估价的主要依据，即以进口国立法确定的某一时间或地点，在正常贸易过程中于充分竞争的条件下，某一商品或相同商品出售或兜售的价格为依据，而不能以臆断或虚构的价格为依据。当实际价格不能确定时，应以可确定的最接近实际价格的相当价格作为确定完税价格的依据。

征收从价税有以下特点。

（1）税负合理。同类商品质高价高，税额也高；质次价低，税额也低。加工程度高的商品和奢侈品价高，税额较高，相应的保护作用较大。

（2）物价上涨时，税款相应增加，财政收入和保护作用均不受影响。但在商品价格下跌或者别国蓄意对进口国进行低价倾销时，财政收入就会减少，保护作用也会明显减弱。

（3）各种商品均可适用。

（4）从价税率按百分数表示，便于与别国进行比较。

（5）完税价格不易掌握，征税手续复杂，大大增加了海关的工作负荷。

由于从量税和从价税都存在一定的缺点，因此关税的征收方法在采用从量税或从价税的基础上，又产生了混合税和选择税，以弥补从量税、从价税的不足。目前单一使用从价税的国家并不太多，主要有阿尔及利亚、埃及、巴西、墨西哥等发展中国家，我国也是其中一个。

3. 混合税

混合税（Mixed Duty）是在税则的同一税目中订有从量税和从价税两种税率，征税时混合使用两种税率计征。混合税又可分为复合税和选择税两种。

1）复合税

复合税（Compound Duty）是指征税时同时使用从量、从价两种税率计征，以两种税额之和作为该种商品的关税税额。复合税按从量、从价的主次不同又可分为两种情况：一种是以从量税为主加征从价税，即在对每单位进口商品征从量税的基础上，再按其价格加征一定比例的从价税；另一种是以从价税为主加征从量税，即在按进口商品的价格征税的基础上，再按其数量单位加征一定数额的从量税。

2）选择税

选择税（Alternative Duty）是指对某种商品同时订有从量和从价两种税率，征税时由海关选择其中一种征税，作为该种商品的应征关税额。一般是选择税额较高的一种税率征收，在物价上涨时使用从价税，物价下跌时使用从量税。有时，为了鼓励某种商品的进口，或给某出口国以优惠待遇，也有选择税额较低的一种税率征收关税的。

由于混合税结合使用了从量税和从价税，扬长避短，哪一种方法更有利，就使用哪一种方法或以其为主征收关税，因而无论进口商品价格高低，都可起到一定的保护作用。目前世界上大多数国家都使用混合税，如主要发达国家和地区美国、欧盟、加拿大、澳大利亚、日本等，以及一些发展中国家，如印度、巴拿马等。

我国是单一使用从价税标准的国家之一。改革开放以来，随着进出口商品数量的大量增加，低报、伪报进出口商品价格，偷税、逃税现象大量出现，外国商品向我国市场低价倾销等现象也时有所见。因此，我国除了应加强税收立法外，还可以考虑改革单一从价税制为混合税制，以便更好地发挥关税的保护作用。只要不是变相提高关税，这一考虑应该具有可行性。

在20世纪60年代以前，美国和一些发达国家大部分是以从量税的形式征税，很少以从价税的形式征税。从量税在关税的征收中占主导地位。然而，今天大多数国家主要是以从价税的形式征税。这种变化很重要的原因是，这两种不同的征税方法有其内在的优点和缺点，在世界经济形势发生变化的条件下，从价税的形式更加适应变化了的形势，从而成为征税的主要形式。

从量税的优点和缺点如下所述。

从量税的优点是，其一，操作比较简单，海关人员只需要将商品进行分类，分成按重量征税的、按数量征税的，或是按长度征税的即可，不需要对进口的商品的价格进行再审查。其二，对于外国出口商进行削价倾销的，有着较高的保护作用。假定某一个国家对进口汽车征收从量税，每一辆车的销售价格为18万元，一辆车的从量税为1.8万元。如果出口商削价倾销，将价格降低至每一辆为12万元，仍然征收1.8万元的从量税。这样税收在价格中的比重，前者为10%，后者为15%，税率增加了50%。

从量税的缺点是，其一，从量税具有累退性（Regressive）。例如，同类的产品按照其数量或者重量征税，那么价格高的商品其税收在价格中的比重相对比较低，而价格低的商品其税收在价格中的比重比较高。假定美国对进口汽车一律征收从量税，每一辆征收1000美元。从日本进口的丰田车，每一辆1万美元，征收1000美元的从量税，税收在其价格中为10%。从德国进口的奔驰车，每一辆5万美元，征收1000美元的从量税，税收在其价格中仅仅只有2%。又如美国的进口鞋，有的价格高达1000美元一双，有的一双的价格仅仅只是10美元。如果征收从量税，每一双征收10美元，前者的税收在价格中仅为1%，而后者则为100%。由此可见，价格愈低的商品，关税在价格中所占的比重愈大；相反，价格愈高的商品，关税在价格中所占比重愈少。一些发达国家相当大一部分消费品依赖于进口，征收从量税的结果是，贫穷的消费者在购买价格低的进口商品中比富裕的消费者在购买昂贵的进口商品中所支付的税收要多得多，沉重的税赋落在穷人身上。其二，在通货膨胀时期从量税将失去其保护作用。由于通货膨胀，商品的价格大幅度地上涨，从量税的税率是按数量或重量等征税的，因此失去保护作用。假定某国对于外国的进口电视机征收从量税，每一台电视机 300 美元，征收从量税 60 美元，然而，由于发生通货膨胀，每一台电视机的价格上升到 500 美元，由于征收的是从量税，每一台仍然征收 60 美元。通货膨胀以前税收在价格中所占比率为 20%，通货膨胀以后税收在价格中所占比重仅为 12%。如果随着通货膨胀率的上升而变化从量税税率，那将是一件极为繁杂的工作。20 世纪 70 年代，正是由于两次石油危机，石油价格大幅度上涨，出现了世界性的通货膨胀，物价普遍上涨，在世界经济形势发生变化的条件下，从量税失去了贸易保护作用，因而退出主导地位，被从价税所替代。

从价税的优点和缺点如下所述。

从价税的优点是，其一，它既不具有累退性，也不具有累进性，而是按照商品的价格制定一定的比例征税。价格高征收的税额较多，价格低征收的税额较少。人们认为从价税比较公平。假定美国对进口汽车一律征收 10% 的从价税，日本的丰田汽车每一辆 2 万美元，征收的关税为 2000 美元，德国的奔驰车每一辆 5 万美元，征收的关税为 5000 美元。其二，在通货膨胀时期，所制定的从价税的关税税率不需要随着通货膨胀率的变动而变动，价格上涨，关税会随着价格的上升而自动增加。在通货膨胀时期，从价税有比较高的保护作用。例如，某一个国家对外国的进口电视机征收从价税，一台电视机 300 美元，征收 20% 的从价税，税额为 60 美元。然而，由于通货膨胀，每一台电视机的价格上涨至 500 美元，仍然征收 20% 的从价税，这时的关税税额则为 100 美元。其三，对于一些特殊商品，种类相同但是价格相差极其悬殊，按照从量税征收十分困难，如果按照从价税征收关税，税率不需要变化，比较容易征收。例如，对于一些绘画，有的价值连城，有的则不值几文。又如钻石，如果是天然的，虽然体积不大，但是极其昂贵，如果是人工的，体积比较大，但是也比较便宜。对于这些特殊商品，如果征收从量税是很困难的，按数量、按面积或者按体积都无法征收。从价税就比较容易应用于这些特殊商品。假定外国有一颗钻石进口，它是天然的，价值 20 万元人民币，征收从价税 20%，征收的关税为 4 万元人民币；如果进口的是一颗人工钻石，价值 5000 元人民币，征收从价税仍然是 20%，征收的关税为 1000 元。

从价税的缺点是，其一，对于海关来说，从价税操作比较复杂。海关工作人员对于每一件进口商品的价格都必须进行审查，不能仅仅凭提货单，或者是发票上的价格征税，因为进口者总是会想尽办法低报进口商品的价格，从而少缴关税。对于世界各国来说，这是公开的秘密。因此，征收从价税对于价格的审查比较烦琐。其二，对于进口者来说，一些国家的海关工作人员则尽力地高估进口商品的价值。有的国家的政府有意地鼓励海关工作人员高估商品的价值。例如，第二次世界大战以后，在一个相当长的时期里，美国和澳大利亚对进口商品征收从价税，不是按照进口商品的价格征税，而是按照这些商品的国内价格征税。而这些国家的国内价格一般都高于世界价格。人们把这种现象称为 ASPS（American or Australian Selling Prices）现象。对此，许多国家极为不满。1979 年，在《关税与贸易总协定》主持下的东京回合谈判中，达成了《国际海关评价准则》（The International Code on Customs

Valuation），1981 年有 34 个国家参加签字并生效。这样，ASPS 现象才得到纠正。其三，按照从价税征税，往往由于商品的种类繁多，税目极其繁杂，税率相差巨大，而且常常由于分类不明确，引起持久的争议。例如，美国的税目共有 8753 类，从价税率相差巨大，最低的为 1%，最高的达到 458%。在美国海关征税中，半导体的进口税很低，对于这类产品的进口，几乎没有什么保护。可是，对于雷达探测器的进口，则设置了较高的保护。然而这两者常常难以区分，进口产品究竟是属于前者还是属于后者，在美国法庭上长期存在着法律纠纷。

5.2　竞争条件下关税对国内生产、消费和进口的影响

5.2.1　小国征收关税的影响

首先，用图 5 - 1 来分析小国征收关税对国内生产、消费和贸易量的影响。我们可以看到，在自由贸易情况下，中国钢铁价格等于国际市场价格，为每吨 1000 元。在此价格下，国内生产量是 S_1（假定为 60），国内钢铁的消费量为 C_1（假定为 120），进口量为 M_1（60）。

如果政府决定征收关税，并假设为每吨 500 元，或税率为 50%，第一个受影响的是进口商品的成本。由于要上税，每吨进口钢铁的成本上升了 500 元。为了不亏本，进口商必须将价格提高。

由于进口钢铁价格上升，对进口钢铁的需求量就自然减少，在图 5 - 1（b）中表现为中国的进口需求曲线向下平移 500 元（在预算不变的情况下，消费者愿意支付的进口钢铁价格会下降 500 元），或向左平移 20 吨（如果价格不变的话就少购买 20 吨）。但由于中国是钢铁进口小国，国际市场价格没有受到影响，仍是 1000 元。进口钢铁价格的提高使一部分消费者转向购买国内钢铁，从而刺激了国内钢铁的生产。一些原来由于生产成本较高无法与国际市场价格竞争的厂商也可能投入了生产。本国钢铁产量的增加会引起边际成本的提高，而边际生产成本的提高自然也提高了国产钢铁的价格，但只要这一价格仍然低于加关税后的进口钢铁的价格，国产钢铁就有市场，生产就会扩大。当国产钢铁的生产成本和市场价格都等于进口钢铁的税后价格时，国内生产的扩张就会停止（新的国内钢铁产量 S_2 假设为 70 吨）。在新的市场均衡下，国产钢铁与进口钢铁的价格一样，都是 1500 元，等于国际市场价格（1000 元）加上关税（500 元）。

关税对国内生产的影响过程还可以从某一个角度来看。我们假定政府突然宣布对每吨进口钢铁征收 500 元的关税，进口钢铁价格骤然升至 1500 元。而国产钢铁仍是 1000 元，这时，钢铁消费者自然而然涌向国产钢铁，从而使国产钢铁出现短缺。短缺的结果会造成国产钢铁价格上涨，直至与进口钢铁价格（包含关税）相同，此时供给又变得无限，短缺消失。国产钢铁价格就不会再涨。在这一价格下，国内钢铁产量增加到 S_2。

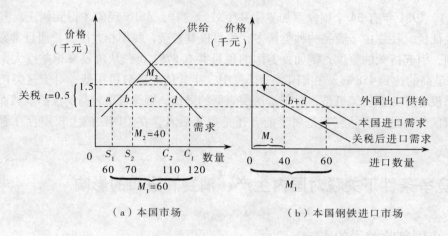

图 5-1　关税对进口"小国"的影响

另一方面，由于价格的上涨，一部分工矿企业不得不减少对钢铁的使用，从而使总消费量从 C_1（120 吨）下降到 C_2（110 吨），消费量与国内生产量的差额等于进口。在实行关税后，进口量减少到 M_2（40 吨）。

5.2.2　大国征收关税的影响

如果中国是国际钢铁市场上的主要进口国，也就是我们所说的进口"大国"，那么对进口钢铁征收关税不仅会影响国内的生产和消费，还会影响国际钢铁市场的价格。

图 5-2 中，由于关税使进口钢铁价格提高，中国的进口量随之减少，在国际市场上，中国的进口需求曲线向下移动（平移 500 元）。由于中国是一个钢铁进口大国，面对的外国出口供给曲线不再是一条水平曲线，而是向上倾斜（供给量与价格正向变动）的市场供给曲线。当中国的进口需求下跌时，国际市场均衡价格就会下跌。本来进口需要支付每吨1000 元的价格，现在则便宜了（假设为 800 元）。但是，中国国内的钢铁价格再加上关税后仍会比自由贸易时的价格要高，在新的降低了的国际市场价格上加上 500 元的关税，新的国内钢铁价格为 1300 元。虽然价格上涨幅度低于"小国"的情况，但仍比自由贸易时高了，因此国内的钢铁生产也因此从 S_1 扩大到 S_2（假定为 65），消费水平则从 C_1 降低到 C_2（假定为 115），进口数量也减少为 M_2（50）。

由上面的分析可以看到，无论大国还是小国，不管本国有无能力影响国际市场价格，征收关税都会导致产品国内价格上升，生产增加，进口减少，消费缩减，但影响的程度则会由于在国际市场上的地位不同而不同。

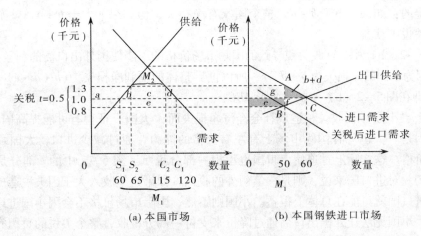

图 5 – 2 关税对进口"大国"的影响

5.2.3 关税的经济利益分析

对进口商品征收关税到底给本国带来什么经济利益呢？从直觉上说，消费者是不喜欢进口关税的，因为关税提高了商品的价格。国内与进口产品竞争的企业则欢迎或者说要求政府征收关税来保护它们的生产，显然它们是从中受益的。但消费者究竟受了多少损失，生产者又得到了多少好处，整个社会的经济利益究竟是增加了还是减少了呢？关税的经济利益分析不仅可以证实人们的直觉，还可以通过计算出利益和损失而超过直觉。

我们还是通过"生产者剩余"和"消费者剩余"来衡量利益。

我们仍然用图 5 – 1 来说明小国的利益变动。在自由贸易时，国内市场的价格是 1000 元，征收关税后，上升为 1500 元。价格的上升和生产的扩大给生产者增加的"剩余"（利益）是 a 部分。政府当然也愿意征收关税，通过课税，政府可以得到收入，总额等于商品的单位税额乘以进口总量，在图中，这是 c 部分。消费者剩余则会由于价格上升和消费量的下降而缩减。消费者的损失为整个 $a+b+c+d$ 部分。如果我们把所有的利益和损失加在一起，不难发现，由于征收进口税，整个国家实际损失了 b 和 d 部分。其中 b 是由于生产扭曲造成的无谓损失（deadweight loss），d 是消费扭曲造成的无谓损失。a 和 c 分别是生产者和政府的收益，但这部分收益并非真正通过提高效率或从国外出口商那里得来的，而是本国消费者的转移支付。如果用具体金额来计算的话，生产者增加了 3.25 万元，政府得了 2 万元，消费者则损失了 5.75 万元，净损失（$b+d$）为 5000 元。显然，关税政策对小国的整体利益是有损失的。

再来看图 5 – 2（a）中的大国的情况。与小国不同的是，大国征收关税降低了国际市场价格，从而使国内市场价格涨幅较小，由此引起的各部门的利益变动也小一些。生产者剩余增加了 a 部分，消费者剩余减少了 $a+b+c+d$ 部分，政府税收收入为 $c+e$，整个社会经济利益的净变动是 $e-(b+d)$。由于 e 是收益，所以关税政策对大国的整体利益是有损还是有利是不确定的：如果 e 小于 $b+d$，整个国家有净损失，但如果 e 大于 $b+d$，整个国家则可以从征收关税中获益。

在图 5 - 2（b）中，征收关税导致的国际市场价格的下降使国外出口商的利益损失了 $e+f$ 部分，又因为本国的净损失为 $b+d-e$，所以世界整体的福利净损失为 $(b+d-e)+(e+f)-b+d+f$，即在图 5 - 2（b）中的三角形 ABC。

为什么"小国"征收关税造成社会经济净损失而"大国"征税有可能提高国民收益呢？其主要原因是"大国"在国际市场上有左右价格的能力，通过减少进口，大国可以迫使出口国降低价格。这实际上是迫使出口国也承担一部分税赋。图 5 - 2 中的 e 部分是由出口国间接支付的。对进口国来说，则是一笔额外的收入，如果这笔收入大于因关税造成的经济损失的话，进口国就可能在总体上得益。小国则不然，国际市场价格不会因小国进口减少而下降。因此，小国无法让外国出口商通过降价来支付一部分税收，整个关税的负担完全由本国消费者承受，总体上不得不是净损失。

不过，大国想完全由出口国来支付关税也不大可能，除非出口国的出口供给曲线是完全没有价格弹性的垂直曲线。在完全没有弹性的情况下，出口国必须把一定数量的商品销售出去而不管什么价格，也只有在这种条件下，进口国才能将全部关税都转嫁到出口国头上。如果关税全部由出口国承担的话，进口国的国内市场价格不会上涨，国内生产也不会增加，进口量最终也不会减少，那么通过关税来减少进口以保护国内工业的政策目标就不能达到。不过，政府倒是通过关税获得了收入，整个社会福利也因此增加。

5.3　关税水平

关税水平（Tariff Level）是指一个国家的平均进口税率。用关税水平可以大体衡量或比较一个国家进口税的保护程度，同时也是一国参加国际贸易协定、进行关税谈判时必须解决的问题。例如，在关贸总协定关税减让谈判中，就经常将关税水平作为比较各国关税高低及削减关税的指标。关税水平的计算主要有简单平均法和加权平均法。

简单平均法是根据一国税则中的税率（法定税率）来计算，即不管每个税目实际的进口数量，只按税则中的税目数求其税率的算术平均值。由于税则中很多高税率的税目是禁止性关税，有关商品很少或根本没有进口，而有些大量进口的商品是零税或免税的，因此这种计算方法将贸易中的重要税目和次要税目均以同样的分量计算，显然是不合理的。简单平均法不能如实反映一国的关税水平，很少被使用。

加权平均法是用进口商品的数量或价格作为权数进行平均。按照统计口径或比较范围的不同，又可分为全额加权平均法和取样加权平均法两种。

全额加权平均法即按一个时期内所征收的进口关税总金额占所有进口商品价值总额的百分比计算。其计算公式为：

$$关税水平 = \frac{进口税款总额}{进口总值} \times 100\%$$

在这种计算方法中，如果一国税则中免税的项目较多，计算出来的数值就偏低，不易看出有税商品税率的高低。因此，另一种方法是按进口税额占有税商品进口总值的百分比计算，这种方法计算出的数值比上述方法高一些。其计算公式为：

$$关税水平 = \frac{进口税款总额}{有税商品进口总值} \times 100\%$$

但由于各国的税则并不相同，税则下的商品数目也不尽相同，因而这种方法使各国关税水平的可比性相对减少。

取样加权平均法即选取若干种有代表性的商品，按一定时期内这些商品的进口税总额占这些代表性商品进口总额的百分比计算。其计算公式为：

$$关税水平 = \frac{若干种有代表性商品进口税款总额}{若干种有代表性商品进口总值} \times 100\%$$

现举例加以说明——假定选取 A、B、C 三种代表性商品来计算：

	A	B	C
进口值（万元）	100	40	60
税率（%）	10	20	30

则，

$$关税水平 = \frac{100 \times 100\% + 40 \times 20\% + 60 \times 30\%}{100 + 40 + 60} \times 100\% = 18\%$$

若各国选取同样的代表性商品进行加权平均，对各国的关税水平比较则成为可能。这种方法比全额加权平均更为简单和实用。在关贸总协定肯尼迪回合中就关税减让谈判时，各国就是使用联合国贸易与发展会议选取的 504 种有代表性的商品来计算和比较各国的关税水平的。

关税水平的数字虽能比较各国关税的高低，但还不能完全表示保护的程度。

5.3.1　名义保护率

根据世界银行的定义，对某一商品的名义保护率（Nominal Rate of Protection，NRP）是指由于实行保护而引起的国内市场价格超过国际市场价格的部分占国际市场价格的百分比。用公式表示为：

$$名义保护率 = \frac{进口货物国内市价 - 自国外进口价}{自国外进口价} \times 100\%$$

$$名义保护率 = \frac{进口货物国内市场价格 - 国际市场价格}{国际市场价格} \times 100\%$$

与关税水平衡量一国关税保护程度不同，名义保护率衡量的是一国对某一类商品的保护程度。由于在理论上国内外差价与国外价格之比等于关税税率，因而在不考虑汇率的情况下，名义保护率在数值上和关税税率相同。名义保护率的计算一般是把国内外价格都折成本国货币价格进行比较，因此受外汇兑换率的影响较大。

5.3.2 有效保护率

有效保护率（Effective Rate of Protection，ERP）又称实际保护率，是指各种保护措施对某类产品在生产过程中的净增值所产生的影响。具体地说，就是由于整个关税制度而引起的国内增值的提高部分与自由贸易条件下增值部分相比的百分比。因此，有效保护率被定义为：征收关税所引起国内加工增加值同国外加工增加值的差额占国外加工增加值的百分比。用公式表示为：

$$有效保护率 = \frac{国内加工增值 - 国外加工增值}{国外加工增值} \times 100\%$$

或

$$ERP = \frac{V' - V}{V} \times 100\%$$

上式中，ERP 为有效保护率，V' 为保护贸易条件下被保护产品生产过程的增值，V 为自由贸易条件下该生产过程的增值。

因此，有效保护主要是关税制度对加工工业的保护。有效保护率计算的是某项加工工业中受全部关税制度影响而产生的增值比。

有效保护率也可用下列公式计算：

$$ERP = \frac{t - a_i t_i}{1 - a_i}$$

式中，t 为进口最终产品的名义关税率；a_i 为进口投入系数，即在不征收关税时进口投入物的成本在最终产品价格中所占的比重；t_i 为进口投入物的名义关税率。

名义保护与有效保护的区别在于：名义保护只考虑关税对某种成品的国内市场价格的影响；有效保护则着眼于生产过程的增值，考察了整个关税制度对被保护商品在生产过程中的增加值所产生的影响，它不但注意了关税对产成品的价格影响，也注意了投入品（原材料或中间产品）由于征收关税而增加的价格。有效保护理论认为，对生产被保护产品所消耗的投入品课征关税，会提高产出品的成本，减少产出品生产过程的增值，从而降低对产出品的保护。因此，一个与进口商品相竞争的行业中的企业，不仅要受到对进口商品征收关税的影响，而且要受到对所使用的原材料和中间产品征税的影响。

例如，在自由贸易条件下，1 千克棉纱的到岸价格折成人民币为 20 元，其投入原棉的价格为 15 元，占其成品（棉纱）价格的 75%，余下的 5 元是国外加工增值额，即 $V = 5$ 元。

如果我国进口原棉在国内加工棉纱，原料投入系数同样是 75% 时，依据对原棉和棉纱征收关税而引起的有效保护率如下所述。

（1）设对棉纱进口征税 10%，原棉进口免税，则国内棉纱市价应为 $20 \times 110\% = 22$ 元。其中原棉费用仍为 15 元，则国内加工增值额为 $V' = 22$ 元 $- 15$ 元 $= 7$ 元。按上式计算，棉纱的有效保护率为：

$$ERP = \frac{V' - V}{V} \times 100\% = \frac{7 \text{元} - 5 \text{元}}{5 \text{元}} \times 100\% = \frac{2}{5} \times 100\% = 40\%$$

即当最终产品的名义税率大于原材料的名义税率时，最终产品的有效保护率大于对其征收的名义税率。

（2）对棉纱进口征税 10%，其原料原棉进口也征税 10%，那么国内棉纱市价仍为 22 元，而其原料成本因原棉征税 10% 而增加为 16.5 元，国内加工增值 $V' = 22$ 元 $- 16.5$ 元 $= 5.5$ 元，则其有效保护率为：

$$ERP = \frac{V' - V}{V} \times 100\% = \frac{5.5 \text{元} - 5 \text{元}}{5 \text{元}} \times 100\% = \frac{0.5}{5} \times 100\% = 10\%$$

即当最终产品与原材料的名义税率相同时，最终产品的有效保护率等于对其征收的名义税率。

（3）对棉纱进口征收 8% 的关税，而对原棉进口征税 10%，则 $V' = 20$ 元 $\times 108\% - 15$ 元 $\times 110\% = 5.1$ 元，有效保护率为：

$$ERP = \frac{V' - V}{V} \times 100\% = \frac{5.1 \text{元} - 5 \text{元}}{5 \text{元}} \times 100\% = \frac{0.1}{5} \times 100\% = 2\%$$

若对棉纱免税，而对原棉进口征税 10%，则 $V' = 20$ 元 $- 15$ 元 $\times 110\% = 3.5$，有效保护率为：

$$ERP = \frac{V' - V}{V} \times 100\% = \frac{3.5 \text{元} - 5 \text{元}}{5 \text{元}} \times 100\% = -30\%$$

即当最终产品的名义税率小于原材料的名义税率时，最终产品的有效保护率小于对其征收的名义税率，甚至会出现负保护。负保护的意义是指由于关税制度的作用，对原料征收的名义税率过高，使原料价格上涨的幅度超过最终产品征税后附加价值增加的部分，从而使国内加工增值低于国外加工增值。这意味着生产者虽然创造了价值，但由于不加区别地对进口成品和原材料征收关税，使这种价值减低，生产者无利可图，而鼓励了成品的进口。

5.3.3 关税结构

关税结构又称为关税税率结构，是指一国关税税则中各类商品关税税率之间高低的相互关系。世界各国因其国内经济和进出口商品的差异，关税结构也各不相同。但一般都表现为：资本品税率较低，消费品税率较高；生活必需品税率较低，奢侈品税率较高；本国不能生产的商品税率较低，本国能够生产的税率较高。其中一个突出的特征是关税税率随产品加工程度的逐渐深化而不断提高。制成品的关税税率高于中间产品的关税税率，中间产品的关税税率高于初级产品的关税税率。这种关税结构现象称为关税升级或阶梯式关税结构（Escalating Tariff Structure）。

用有效保护理论可以很好地解释关税结构中的关税升级现象。有效保护理论说明，原料和中间产品的进口税率与其制成品的进口税率相比越低，对有关的加工制造业最终产品的有效保护率则越高。关税升级，使得一国可对制成品征收比其所用的中间投入品更高的关税，这样对该制成品的关税有效保护率将大于该国税则中所列该制成品的名义保护率。以发达国家为例，在20世纪60年代，发达国家平均名义保护税率在第一加工阶段为4.5%，在第二加工阶段为7.9%，在第三加工阶段为16.2%，在第四加工阶段为22.2%，而有效保护税率分别为4.6%、22.2%、28.7%、38.4%。由此可见，尽管发达国家的平均关税水平较低，但是，由于关税呈升级现象，关税的有效保护程度一般都大于名义保护程度，且对制成品的实际保护最强。在关税减让谈判中，发达国家对发展中国家初级产品提供的优惠远远大于对制成品提供的优惠，缘由即出于此。

因此，考察一国对某商品的保护程度，不仅要考察该商品的关税税率，还要考察对其各种投入品的关税税率，即要考察整个关税结构。了解这一点，对于一国制定进口税率或进行关税谈判都有重要意义。

经济学家比拉·巴拉萨（Bela Balassa）将一些发达国家的名义关税率和有效关税率作了一个比较，其结果是，美国的有效关税率比名义关税率高72%，英国高81%，日本高84%，过去的欧洲经济共同体（现在的欧盟）高54%。在1980年至1987年，关税与贸易总协定的全体成员国的原材料减税64%，美国降低77%，制成品全体减税34%，美国降低29%。可见，一些发达国家，原材料进口关税下降幅度比一般国家大，而制成品的进口关税的下降幅度又比一般国家小。这就形成制成品的进口关税和原材料进口关税的差距，两者的差距愈大，有效保护率愈高。从5.3.2节中所述的例子中可以看出两者的关系。对于进口电视机的原材料不征税，其有效保护率为80%，对进口的原材料征税，其有效保护率为50%。在发达国家形成了一种关税升级制度，即对于最终制成品所征收的关税高于中间产品所征收的关税，而对于中间产品所征收的关税又高于原材料所征收的关税。经济学家称此现象为关税升级效应，也就是随着加工程度的深入，税率不断提高。例如，1980年至1987年，发达国家对于原材料征收的平均关税税率为0.3%，半成品的平均税率为4%，最终产品平均的税率为6.5%。

发达国家的这种关税升级制度，对于制成品的进口设置了较高的关税，从而使得有效关税率比名义关税率高得多。这种升级制的目的在于"鼓励"发展中国家出口初级产品，并限制它们的制成品的进口。然而，发展中国家期望发展本国的制造业，并出口更多的制成品。发达国家的关税升级制对于发展中国家出口制成品极为不利，因此发展中国家曾多次强烈地要求发达国家改变这种关税升级制度。表5-1中，可以看出发达国家对于未加工、粗加工和精加工的产品的进口关税名义税率和有效税率的不同。

表5-1 皮革及其制品关税升级税率

产品	加拿大	欧盟	日本	美国
皮革原料	0.0	0.0	0.0	0.0
皮革	6.6	3.7	7.0	3.1
皮革制品	12.6	4.3	9.4	9.0

资料来源：Suranovis S M. International Trade Theory & Policy Analysis. 2003, 130

5.3.4 最优关税率

从以上分析中我们得知，对贸易小国，任何关税都会带来社会福利的纯损失，而对于大国来说，关税有可能带来收益。那么，对大国而言，是否关税越高收益越大呢？答案是：不一定。高关税固然使进口商品的单位税收额增加，但也造成进口数量的减少，总的关税收入不一定增加。如果关税过高，进口量下降严重，关税收入有可能下降。另外，如果进口缩减得厉害，造成国内价格大幅上升，消费下降，消费者所受的损失也会增加。因此，只有在适当的税率下，进口国才有可能使净收益达到最大。这个能使本国的经济收益达到最大的适当税率，我们称之为"最优关税率"。最优关税率的选择原则是：税率上的任何微小变动所引起的额外损失不能超过与此带来的额外收益，在最优点上两者正好相等。其公式为：

$$T = \frac{1}{E_x}$$

式中 T 是最优关税率，E_x 是进口商品的供给价格弹性。

由于小国在国际市场上面临的供给曲线是完全弹性的（$E_x = \infty$），因此对于小国来说，最优税率是零，即没有关税。大国面临的供给曲线是有弹性但不是无限的，T 就会大于零。外国的出口供给曲线越没有弹性，关税率就越可以提高，最优关税率的确定完全取决于外国出口供给的价格弹性。根据供给价格弹性制定的关税率使进口国的经济利益达到最大，低于这一税率，进口国失去了一部分可以获得的利益，高于这一税率，损失开始增加。

值得指出的是，这一最优税率只是对本国利益而言，对于整个世界来说，任何关税都会带来效率的损失。最优税率给进口国带来的收益，实际上只是出口国损失的一部分。另外，这一最优关税率的设计是以出口国不报复为假设前提的，如果出口国也采取同样方法进行报复，那么通过关税所得利益就会在出口中失去，甚至有得不偿失的可能。

本 章 小 结

1. 关税可以按照不同的标准分类并有不同的征收方法。征收关税的直接结果是导致产品的国内价格上升，生产增加，进口减少，消费减少。

2. 小国征收关税会增加进口品的国内产量，减少出口品的生产和进口品的消费，减少贸易量，降低社会福利。

3. 大国征收关税会增加进口品的国内产量，减少出口品的生产，进口品的相对价格下降，贸易条件改善，社会福利水平可能降低，也可能提高。

4. 关税对国内市场的保护取决于实际保护率而不是名义保护率，其差异在于是否对中间产品征收关税。发达国家的关税升级制度，对于制成品的进口设置了较高的关税，从而使得有效关税率比名义关税率高得多。

5. 由于大国征收关税有可能提高本国的社会福利水平，因此理论上存在能使大国的经济收益达到最大的最优关税率。

关键术语

关税	Customs Duties
关境	Customs Territory
进口税	Import Duty
最惠国待遇	Most-Favoured-Nation Treatment，MFNT
出口税	Export Duty
过境税	Transit Duty
进口附加税	Import Surtax
反倾销税	Anti-dumping Duty
价格承诺	Price Undertaking
反补贴税	Counter Veiling Duty
紧急关税	Emergency Tariff
惩罚关税	Penalty Tariff
差价税	Variable Levy
滑动关税	Sliding Duty
门槛价格	Threshold Price
目标价格	Target Price
特惠税	Preferential Duty

普遍优惠制	Generalized System of Preferences，GSP
例外条款	Escape Clause
毕业条款	Graduation Clause
原产地标准	Origin Criteria
从量税	Specific Duty
从价税	Ad Valorem Duty
复合税	Compound Duty
选择税	Alternative Duty
关税水平	Tariff Level
名义保护率	Nominal Rate of Protection，NRP
有效保护率	Effective Rate of Protection，ERP
关税升级	Escalating Tariff Structure
最优关税率	The Optimum Tariff Rate

思 考 题

1. 什么是从价税？什么是从量税？它们各有什么优缺点？

2. 什么是普惠制？何谓毕业条款？

3. 名义保护与有效保护的差异在哪里？怎样计算有效保护率？

4. 关税对进口大国和小国的经济影响有何不同？

5. 假定进口价值80美元的羊毛用于国内制衣，再假定成衣的自由贸易价格为100美元，每件成衣征收10%的名义进口税。

（1）计算每件成衣的有效保护关税率。

（2）如果对进口羊毛征收5%的名义关税，成衣新的有效保护关税率是多少？

第 **6** 章

国际贸易政策措施(Ⅱ)——非关税壁垒

知 识 要 点

☑ 了解非关税壁垒的特点及主要形式。

☑ 理解配额的不同类型及其福利效应。

☑ 理解补贴与反补贴、倾销与反倾销的含义及福利效应。

技 能 要 点

☑ 能够识别并分析国际贸易实践中的各种非关税壁垒。

☑ 能够利用局部均衡分析补贴与反补贴、反倾销的福利效应。

非关税壁垒（Non-tariff Barriers，NTBs）是指除关税以外的一切限制进口的措施，它和关税壁垒一起充当政府干预贸易的政策工具。

非关税壁垒早在资本主义发展初期就已出现，但普遍建立起来却是在 20 世纪 30 年代。由于世界性经济危机的爆发，各资本主义国家为了缓和国内市场的矛盾，对进口的限制变本加厉，一方面高筑关税壁垒，另一方面采用各种非关税壁垒措施阻止他国商品进口。第二次世界大战后，特别是 60 年代后期以来，在世界贸易组织的前身——关贸总协定的努力下，关税总体水平得到大幅度下降，因而关税作为政府干预贸易的政策工具的作用已越来越弱。于是发达国家为了转嫁经济危机，实现超额垄断利润，转而主要采用非关税壁垒措施来限制进口。到 70 年代中期，非关税壁垒已经成为贸易保护的主要手段，形成了新贸易保护主义。

6.1 非关税壁垒的特点

非关税壁垒虽然与关税壁垒一样可以限制外国商品进口，却有其自身显著的特点。

1. 灵活性

一般来说，各国关税税率的制定必须通过立法程序，并要求具有一定的连续性，所以调整或更改税率的随意性有限。同时，关税税率的调整直接受到世界贸易组织的约束（非成员国也会受到最惠国待遇条款约束），各国海关不能随意提高关税税率以应付紧急限制进口的需要，因此关税壁垒的灵活性很弱。而制定和实施非关税壁垒措施通常采用行政手段，制定、改变或调整都来得迅速、简单，伸缩性大，在限制进口方面表现出更大的灵活性和时效性，同时也能根据实际情况，变换限制进口措施，达到限制进口的目的。

2. 有效性

关税壁垒的实施旨在通过征收高额关税提高进口商品的成本，它对商品进口的限制是相对的。当面对国际贸易中越来越普遍出现的商品倾销和出口补贴等鼓励出口措施，关税就会显得作用乏力。同时，外国商品凭借生产成本的降低（如节省原材料、提高生产效率、甚至降低利润率等），也能冲破高关税的障碍而进入对方国家。而有些非关税壁垒对进口的限制是绝对的，比如用进口配额等预先规定进口的数量和金额，超过限额就禁止进口。这种方法在限制进口方面更直接、更严厉，因而也更有效。

3. 隐蔽性

要通过关税壁垒限制进口，唯一途径就是提高关税税率，而关税税率必须在《海关税则》中公布，毫无隐蔽性可言。非关税壁垒则完全不同，其措施往往不公开，或者规定极为烦琐复杂的标准和手续，使出口商难以对付和适应。它既能以正常的海关检验要求的名义出现，也可借用进口国的有关行政规定和法令条例，使之巧妙地隐藏在具体执行过程中而无需做公开的规定。

4. 歧视性

因为一国只有一部关税税则，因而关税壁垒像堤坝一样同等程度地限制了所有国家的进出口。而非关税壁垒可以针对某个国家或某种商品相应制定，因而更具歧视性。比如，1989年欧共体宣布禁止进口含有荷尔蒙的牛肉这一做法，就是针对美国做出的，美国为此采取了相应的报复措施。又比如，英国生产的糖果在法国市场上曾经长期有很好的销路，后来法国在食品卫生法中规定禁止进口含有红霉素的糖果，而英国糖果正是普遍使用红霉素染色的，这样一来，英国糖果大大失去了其在法国的市场。

非关税壁垒种类繁多，表6-1为联合国贸易与发展会议对非关税壁垒的分类。

表 6 - 1 联合国贸易与发展会议对非关税壁垒的分类

I. 为保护国内生产不受外国竞争而采取的商业性措施		II. 除商业性政策以外的用于限制进口和鼓励出口的措施		III. 为促进国内替代工业的发展而实行的限制进口措施
A 组	B 组	A 组	B 组	
（1）进口配额	（8）最低限价和差价税	（15）运输工具的限制	（17）包装和标签的规定	（22）政府专营某些商品
（2）许可证	（9）反倾销税和反补贴税	（16）对于进口商品所占国内市场份额的限制	（18）安全、健康和技术标准	（23）政府实行结构性或地区性差别待遇政策
（3）"自动"出口限制	（10）进口押金制		（19）海关检查制度	（24）通过国际收支限制进口
（4）禁止出口和进口	（11）对与进口商品相同的国内工业生产实行优惠		（20）海关估价	
（5）国营贸易	（12）对与进口商品相同的国内工业实行直接或间接补贴		（21）独特的海关商品分类	
（6）政府采购	（13）歧视性的国内运费			
（7）国内混合规定	（14）财政部门对于进口商品在信贷方面的限制			

资料来源：陈宪. 国际贸易理论与实务. 北京：高等教育出版社，2000：187

6.2 常见的非关税壁垒

6.2.1 进口许可证制

进口许可证制（Import License System）是指一国政府规定某些商品的进口必须申领许可证，否则一律不准进口的制度。它实际上是进口国管理其进口贸易和控制进口的一种重要措施。

进口许可证按照其与进口配额的关系，可分为以下两种。

（1）有定额的进口许可证。即进口国预先规定有关商品的进口配额，然后在配额的限度内根据进口商的申请对每笔进口货物发给一定数量或金额的进口许可证，配额用完即停止发放。可见，这是一种将进口配额与进口许可证相结合的管理进口的方法，通过进口许可证分配进口配额。若为自动出口限制，则由出口国颁发出口许可证来实施。例如，德国对纺织品的进口便是通过有定额的许可证进行管理的。德国有关当局每年分三期公布配额数量，然后据此配额数量发放许可证，直到进口配额用完为止。

（2）无定额的进口许可证。这种许可证不与进口配额相结合，即预先不公布进口配额，只是在个别考虑的基础上颁发有关商品的进口许可证。由于这种许可证的发放权完全由进口国主管部门掌握，没有公开的标准，因此更具有隐蔽性，给正常的国际贸易带来困难。

进口许可证按照进口商品的许可程度又可以分为以下两种。

（1）公开一般许可证（Open General License，OGL），又称公开进口许可证、一般许可证或自动进口许可证。它对进口国别或地区没有限制，凡列明属于公开一般许可证的商品，进口商只要填写公开一般许可证后，即可获准进口。因此，这一类商品实际上是可"自由进口"的商品。填写许可证的目的不在于限制商品进口，而在于管理进口，比如海关凭许可证可直接对商品进行分类统计。

（2）特种商品进口许可证（Specific License，SL），又称非自动进口许可证。对于特种许可证下的商品，如烟、酒、军火、麻醉品或某些禁止进口的商品，进口商必须向政府有关当局提出申请，经政府有关当局逐笔审查批准后方能进口。特种进口许可证往往都指定商品的进口国别或地区。

进口许可证的使用已经成为各国管理进口贸易的一种重要手段。它便于进口国政府直接控制进口，或者方便地实行贸易歧视，因而在国际贸易中越来越被广泛地用作非关税壁垒措施。有的国家为了进一步阻碍商品进口，故意制定烦琐复杂的申领程序和手续，使得进口许可证制度成为一种拖延或限制进口的措施。

鉴于国际贸易中许可证尚有存在的理由，比如进行某种商品的统计，或在进口配额制下分配或控制某种商品的进口总量，或确定商品的原产地，或区别对待进口商品等，完全取消进口许可证是不现实的。但为了防止进口许可证被滥用而妨碍国际贸易的正常发展，关贸总协定从"肯尼迪回合"开始对这一问题进行多边谈判，并在"东京回合"达成了《进口许可证手续协议》。在此基础上，"乌拉圭回合"又提出了一项新的《进口许可证手续协议（草案）》，规定签字国必须承担简化许可证程序的义务，确保进口许可证本身不会构成对进口的限制，并保证进口许可证的实施具有透明性、公正性和平等性。

我国在建国初期，为了迅速稳定进出口贸易的秩序，从1951年起，对进口商品实行了全面的进口许可证管理。1956年以后，实行国营外贸公司专营对外贸易业务，进口许可证实际上已不起作用，故于1959年取消。1979年改革开放后，我国外经贸体制发生了巨大变化，越来越多的公司、企业拥有了自营出口权。为了便于进口管理，我国于1980年10月起重新恢复进口许可证制。1992 年，我国实行进口许可证管理的商品有 53 类、743 个税号，进口许可证发证商品占国家进口总额的 38.33%。

我国的进口许可证制度与关贸总协定《进口许可证手续协议》基本一致，但仍有些差距，例如没有关于特种许可证的规定，没有明确进口配额及其许可证分配问题，同时管理机构过多，透明度差，申领许可证的程序和手续比较复杂等。这些问题也是复关及加入世界贸易组织谈判中遇到的市场准入障碍之一。为此，我国制定了在短时期内取消进口许可证的时间表，并已取消了部分商品的进口许可证。1998 年，我国实行进口许可证管理的商品只有 35 种、376 个税号，进口许可证发证商品占国家进口总额的比重仅为 7.83%。

6.2.2 "自动" 出口配额制

"自动" 出口配额（Voluntary Export Quotas），又称 "自动" 出口限制（Voluntary Export Restrains），是指出口国家或地区在进口国的要求和压力下，"自动" 规定某一时期内（一般为 3～5 年）某些商品对该国的出口限额，在该限额内自行控制出口，超过限额即禁止出口。

"自动" 出口配额制和进口配额制虽然从实质上来说都是通过数量限制来限制进口，但仍有许多不同之处。这表现在以下几个方面。第一，从配额的控制方面看，进口配额制由进口国直接控制进口配额来限制商品的进口，而 "自动" 出口配额制则由出口国直接控制配额，限制一些商品对指定进口国家的出口，因此是一种由出口国家实施的为保护进口国生产者而设计的贸易政策措施。第二，从配额表现形式看，"自动" 出口配额制表面上好像是出口国自愿采取措施控制出口，而实际上是在进口国的强大压力下才采取的措施，并非出于出口国的自愿。进口国往往以某些商品的大量进口威胁到其国内某些工业，即所谓的 "市场混乱"（market disruption）为借口，要求出口国实行 "有秩序增长"（orderly growth），"自动" 限制出口数量，否则将采取报复性贸易措施。第三，从配额的影响范围看，进口配额制通常应用于一国大多数供给者，而 "自动" 配额制仅应用于几个甚至一个特定的出口者，具有明显的选择性。那些未包括在 "自动" 配额制协定中的出口者，可以向该国继续增加出口。第四，从配额适用时限看，进口配额制适用时限相对较短，往往为 1 年，而 "自动" 出口配额制较长，往往为 3～5 年。

"自动" 出口配额制主要有以下两种形式。

（1）非协定的 "自动" 出口配额。它是指出口国政府并未受到国际协定的约束，自动单方面规定对有关国家的出口限额，出口商必须向政府主管部门申请配额，在领取出口授权书或出口许可证后才能出口。也有的是出口厂商在政府的督导下，"自动" 控制出口。比如，1975 年，在日本政府的行政指导下，日本 6 家大的钢铁企业将 1976 年对西欧的钢材出口量 "自动" 限制在 120 万吨以内，1977 年又限制在 122 万吨。

（2）协定的 "自动" 出口配额。它是指进出口双方通过谈判签订 "自限协定"（Self-restriction Agreement）或 "有秩序销售协定"（Orderly Marketing Agreement），规定一定时期内某些商品的出口配额。出口国据此配额发放出口许可证或实行出口配额签证制（Export

Visa），自动限制商品出口，进口国则根据海关统计进行监督检查。"自动"出口配额大多属于这一种。比如，1957 年，美国的纺织业因日本纺织品输入激增而受到损害，要求日本限制其对美国出口，否则即实行更为严厉的进口限制。在强大的压力下，日本和美国签订了一个为期 5 年的"自动限制协定"，"自动"地把对美国的棉纺织品出口限制在 2.55 亿平方码之内，从而由美国在总协定之外开创了第一个对纺织品出口进行限制的先例。

20 世纪 70 年代以来，随着新保护主义的兴起，用自动出口限制进行保护的趋势日益加强，并表现出以下特点。一是受其影响的贸易覆盖率呈增长趋势。70 年代初期，自动出口限制协定还不是很多，到 1980 年，其数量增加到 80 个，如果把《多种纤维协定》下实施的自愿出口限制包括进去，到目前为止总数已达 200 多个。同时，其贸易覆盖率在 80 年代初期为 5%～7%，到 1986 年，实施中的自动出口限制协议所影响的贸易额约为世界贸易额的 8%～10%。二是受自动出口限制影响的国家更多地为发展中国家，并有增长的势头。1987 年，在实施中的 99 个自愿出口限制协定中，影响到发展中国家出口的有 50 个。从自动出口限制的需求看，欧共体是最主要的策源地，占 55 个，其次为美国，占 32 个。三是受自动出口限制影响的产品开始从农业、纺织品与服装等传统领域转移至钢铁、汽车及高新技术行业。比如欧共体不仅对来自日本的钢铁、汽车采用"自动"出口限制，还对来自日本一半以上的高新技术电子产品实行"自动"出口限制。

"自动"出口限制之所以成为较流行的贸易保护措施，究其原因，与关贸总协定的有关条款和运行机制有直接关系。首先，由于关贸总协定缔约方的多边谈判已大大降低了关税，而传统的非关税壁垒措施（如进出口数量限制、海关估价制度、进出口许可证制度等）也在多边谈判的基础上达成协议，它们的使用必然受到国际社会的监督。因此，要更有力地限制进口，必须转而寻求其他措施。其次，"自动"出口限制协议一般由两国政府部门采取不公开或半公开的方式私下达成，透明度很低。由于这种出口限制是"自愿"的，其法律地位不明确，处在不合法与合法之间的模糊区域，是"灰色区域措施"。第三，由于国际贸易中不断出现反补贴、反倾销指控，作为出口国，采用"自动"出口限制措施来解决争端比其他方法在经济上来得有利，且能不伤和气，可以继续发展与进口国的经贸关系。从进口国的角度看，选择"自动"出口限制比提高关税或规定配额能更好地避开关贸总协定的规则，依自己的意愿针对某个国家采取限制措施，而不涉及出口同类产品的其他国家，不必担心受到这些国家的报复而使本国的出口遭受损害。正因为如此，"自动"出口限制作为灰色区域措施的一种主要形式而迅速蔓延。

6.2.3 外汇管制

外汇管制（Foreign Exchange Control）也称外汇管理，是指一国政府通过法令对国际结算和外汇买卖加以限制，以平衡国际收支和维持本国货币汇价的一种制度。负责外汇管理的机构一般都是政府授权的中央银行（如英国的英格兰银行），但也有些国家另设机构，如法国设立外汇管理局担负此任。一般说来，实行外汇管制的国家大都规定出口商需将其出口所得外汇收入按官方汇率（Official Exchange Rate）结售给外汇管理机构，而进口商也必须向外汇管理机构申请进口用汇。此外，外汇在该国禁止自由买卖，本国货币的携出和入境也受到严格的限制。这样，政府就可以通过确定官方汇率、集中外汇收入、控制外汇支出、实行外汇分配等办法来控制进口商品的数量、品种和国别。例如，日本在分配外汇时趋向于鼓励进口高精尖产品和发明技术，而不是鼓励进口消费品。

外汇管理和对外贸易密切相关，因为出口必然要收汇，进口必然要付汇。因此，如果对外汇有目的地进行干预，就可直接或间接地影响进出口。外汇管制的方式有以下 4 种。

（1）数量性外汇管制，即国家外汇管理机构对外汇买卖的数量直接进行限制和分配。一些国家实行数量性外汇管制时，往往规定进口商必须获得进口许可证后，方可得到所需的外汇。

（2）成本性外汇管制，即国家外汇管理机构对外汇买卖实行复汇率制（System of Multiple Exchange Rates），利用外汇买卖成本的差异来间接影响不同商品的进出口，达到限制或鼓励某些商品进出口的目的。所谓复汇率，也称多重汇率，是指一国货币对外汇率有两个或两个以上，分别适用于不同的进出口商品。其作用是，根据出口商品在国际市场上的竞争力，为不同商品规定不同的汇率以加强出口；根据保护本国市场的需要为进口商品规定不同的汇率以限制进口等。

（3）混合性外汇管制，即同时采用数量性和成本性外汇管制，对外汇实行更为严格的控制，以影响商品进出口。

（4）利润汇出限制，即国家对外国公司在本国经营获得的利润汇出加以管制。例如，德国对美国石油公司在德国赚钱后汇给其母公司的利润按累进税制征税，高达 60%。又比如有的国家通过拖延批准利润汇出时间表来限制利润汇出。

一国外汇管制的松紧主要取决于该国的经济、贸易、金融及国际收支状况。一般情况是，工业发达国家外汇管制较松，发展中国家的外汇管制则松紧不一，从紧者居多。近几年，国际金融形势动荡不安，如墨西哥金融危机，美元对日元、德国马克等货币的汇率下跌、亚洲金融危机等，都对各国经济产生了或重或轻的影响，外汇管制遂呈加强之势。

关贸总协定也涉及外汇管制问题。它规定，一国实施外汇管制应遵循适度、透明和公正的原则。缔约国实行外汇管制，不得通过控制外汇使用来限制商品的进口数量、种类和国别，从而妨碍自由贸易。另外，各缔约国应加强同国际货币基金组织合作，协调处理有关国际收支、货币储备及外汇安排等问题。

我国是发展中国家，长期以来对外汇实行较为严格的集中管理、统一经营的方针。但是，随着改革开放的不断深入，我国的外汇管制逐渐朝宽松的方向前进，从外汇统收统支制到外汇留成制，再到银行结汇售汇制，并实现了人民币在经常项目下的可自由兑换，为人民币的完全可自由兑换打下了基础。同时，在汇率方面，实行汇率并轨，建立了以市场为基础的、单一的、有管理的浮动汇率制，并成立了全国统一的外汇市场。这些改革使我国外汇管理体制逐步向国际惯例靠拢。但也要看到，我国外汇管理仍然统得过多，政策法规的统一性和透明性仍不够高。根据关贸总协定及现在的世界贸易组织关于外汇管理要适度、透明和公正的原则，仍然有许多工作要做。

6.2.4　进口押金制

进口押金（Advanced Deposit）制又称进口存款制或进口担保金制，是指进口商在进口商品前，必须预先按进口金额的一定比率和规定的时间在指定的银行无息存储一笔现金的制度。这种制度无疑加重了进口商的资金负担，起到了限制进口的作用。它同外汇管制操作所遵循的理论如出一辙，即设法控制或减少进口者手中的可用外汇，以此来达到限制进口的目的。例如，意大利政府从 1974 年 5 月到 1975 年 3 月曾对 400 多种进口商品实行进口押金制度。它规定，这些商品进口时，进口商都必须预先向中央银行交纳相当于货值一半的现款作为押金，无息冻结半年。据估计，这项措施相当于征收 5% 以上的进口附加税。又比如巴西政府规定，进口商必须预先交纳与合同金额相等的为期 360 天的存款才能进口。

进口押金制对进口的限制有很大的局限性。如果进口商以押款收据做担保，在货币市场上获得优惠利率贷款，或者国外出口商为了保证销路而愿意为进口商分担押金金额时，这种制度对进口的限制作用就微乎其微了。

6.2.5　最低限价制和禁止进口

最低限价（Minimum Price）制是指一国政府规定某种进口商品的最低价格，凡进口商品的价格低于这个标准，就加征进口附加税或禁止进口。例如，1985 年智利对绸坯布进口规定了每千克 52 美元的最低限价，低于这个限价，将征收进口附加税。这样，一国便可有效地抵制低价商品进口或以此削弱进口商品的竞争力，保护本国市场。

美国为抵制欧洲、日本等国的低价钢材和钢制品的进口，在 1977 年制定实施了启动价格制（Trigger Price Mechanism，TPM）。其实这也是一种最低限价制。它规定了进口到美国的所有钢材及部分钢制品的最低限价，即启动价格。当商品进口价低于启动价格时必须加以调整，否则就要接受调查，并有可能被征收反倾销税。以后，欧共体步美国后尘，也对钢材及钢制品实行启动价格制。

欧共体为保护其农产品而制定的"闸门价"（Sluice Gate Price）是又一种形式的最低限价。它规定了外国农产品进入欧共体的最低限价，即闸门价。如果外国产品的进口价低于闸门价，就要征收附加税，使之不低于闸门价，然后在此基础上再征收调节税。我国农产品对欧出口就深受闸门价的影响。以冻猪肉为例，去骨分割冻猪肉是我国一项传统出口产品，在欧洲国家十分畅销。1983 年欧共体规定了其闸门价为每吨 1800 美元，调节税为每吨 780 美元，而当时欧共体内的销售价只有 2500 美元。由于进口成本远超出市场价格水平，中国冻猪肉于 1983 年全部退出欧共体市场。仅"闸门价"这一项农产品贸易壁垒措施，就使我国冻猪肉出口每年损失 6000 万美元。又比如，正当我国冻鸡肉对欧出口数量稳步上升时，欧共体于 1991 年 4 月大幅度提高冻鸡肉的闸门价、附加税和调节税，从而导致鸡肉的进口成本从原来每吨 1337 美元上升到 1826 美元。这样，我国冻鸡肉对欧出口业务被迫中断，造成每年数百万美元的出口损失。

禁止进口（Prohibitive Import）是进口限制的极端措施。当一国政府认为一般的限制已不足以解救国内市场受冲击的困境时，便直接颁布法令，公开禁止某些商品进口。仍以欧共体为例。1975 年 3 月，欧共体决定自 1975 年 3 月 15 日起，禁止 3 千克以上的牛肉罐头及牛肉下水罐头从欧共体以外的市场进口。

一般而言，在正常的经贸活动中，禁止进口的极端措施不宜贸然采用，因为这极可能引发对方国家的相应报复，从而酿成愈演愈烈的贸易战，这对双方的贸易发展都无好处。至于一个国家也可能因政治原因而实施贸易禁运，这即使在冷战后的今天也屡见不鲜，则又当别论。

6.2.6 国内税

国内税（Internal Taxes）是指一国政府对本国境内生产、销售、使用或消费的商品所征收的各种捐税，如周转税、零售税、消费税、销售税、营业税，等等。任何国家对进口商品不仅要征收关税，还要征收各种国内税。

在征收国内税时，对国内外产品实行不同的征税方法和税率，以增加进口商品的纳税负担，削弱其与国内产品竞争的能力，从而达到限制进口的目的。办法之一是对国内产品和进口产品征收差距很大的消费税。例如，美国、日本和瑞士对进口酒精饮料的消费税都大于本国制品。

国内税的制定和执行完全属于一国政府，有时甚至是地方政府的权限，通常不受贸易条约与协定的约束，因此，把国内税用作贸易限制的壁垒，会比关税更灵活和更隐蔽。

6.2.7 进出口的国家垄断

进出口的国家垄断（State Monopoly）也称国营贸易（State Trade），是指对外贸易中，某些商品的进出口由国家直接经营，或者把这些商品的经营权给予某些垄断组织。经营这些受国家专控或垄断的商品的企业称为国营贸易企业（State Trading Enterprises）。国营贸易企业一般为政府所有，但也有政府委托私人企业代办。

各国国家垄断的进出口商品主要有四大类。第一类是烟酒。由于可以从烟酒进出口垄断中取得巨大的财政收入，各国一般都实行烟酒专卖。第二类是农产品。对农产品实行垄断经营往往是一国农业政策的一部分，这在欧美国家最为突出。如美国农产品信贷公司是世界上最大的农产品贸易垄断企业，对美国农产品国内市场价格能保持较高水平起了重要作用：当农产品价格低于支持价格时，该公司就按支持价格大量收购农产品，以维持价格水平，然后以低价向国外市场大量倾销，或者"援助"缺粮国家。第三类是武器。它关系到国家安全与世界和平，自然要受到国家专控。第四类是石油。它是一的经济命脉，因此，不仅出口国家，而且主要的石油进口国都设立国营石油公司，对石油贸易进行垄断经营。

关于国营贸易企业，关贸总协定第 17 条中规定，它们在购买和销售时，应只以商业上的考虑（包括价格、质量、货源、推销及其他购销条件）为根据，并按商业惯例对其他缔约国提供参与购买或销售的适当竞争机会，不得实行歧视政策。该条款旨在防止国营贸易企业利用其特殊的法律地位，妨碍自由贸易政策的实施。

6.2.8　歧视性的政府采购政策

歧视性的政府采购政策（Discriminatory Government Procurement Policy）是指国家通过法令和政策明文规定政府机构在采购商品时必须优先购买本国货。有的国家虽未明文规定，但优先采购本国产品已成惯例。这种政策实际上是歧视外国产品，起到了限制进口的作用。

美国从1933年开始实行并于1954年和1962年两次修改的《购买美国货物法案》是最为典型的政府采购政策。该法案规定，凡是美国联邦政府采购的货物，都应该是美国制造的，或是用美国原料制造的。凡商品的成分有50%以上是国外生产的就称外国货。以后又对其做了修改，规定只有在美国自己生产数量不够或国内价格过高，或不买外国货有损美国利益的情况下，才可以购买外国货。显然，这是一种歧视外国产品的贸易保护主义措施。该法案直到关贸总协定的"东京回合"，美国签订了政府采购协议后才废除。英国、日本等国家也有类似的制度。

6.2.9　海关程序

海关程序（Customs Procedures）是指进口货物通过海关的程序，一般包括申报、征税、查验及放行四个环节。

海关程序本来是正常的进口货物通关程序，但通过滥用通关程序却可以起到歧视和限制进口的作用，从而成为一种有效的、隐蔽的非关税壁垒措施，这可以体现在以下几个方面。

（1）海关对申报表格和单证做出严格要求，比如要求进口商出示商业发票、原产地证书、货运提单、保险单、进出口许可证、托运人报关清单等，缺少任何一种单证，或者任何一种单证不规范，都会使进口货物不能顺利通关。更有甚者，有些国家故意在表格、单证上做文章，比如法国强行规定所提交的单据必须是法文，有意给进口商制造麻烦，以此限制进口。

（2）通过商品归类提高税率，即海关武断地把进口商品归在税率高的税则项下，以增加进口商品关税负担，从而限制进口。例如，美国海关在对日本产卡车的驾驶室和底盘进行分类时，把它从"部件"类归到"装配车辆"类，其进口税率就相应地从4%提高到25%。又如，美国对一般的打字机进口不征关税，但将它归类为玩具打字机，则要开征35%的进口关税。不过，大多数国家采用的《布鲁塞尔税则目录》比较完善，一般产品该在哪个税则下都比较清楚，因此利用产品分类来限制进口的作用毕竟有限。

（3）通过海关估价制度限制进口。海关估价制度（Customs Valuation System）原本是海关为了征收关税而确定进口商品价格的制度，但在实践中它经常被用作一种限制进口的非关税壁垒措施。进口商品的价格可以有许多种确定办法，如：成交价，即货物出售给进口国后经调整的实付或应付价格；外国价，即进口商品在其出口国国内销售时的批发价；估算价，即由成本加利润推算出的价格；等等。不同计价方法得出的进口商品价格高低不同，有的还相距甚远。海关可以采用高估的方法进行估价，然后用征从价税的办法征收关税。这样一来，就可提高进口商品的应税税额，增加其关税负担，达到限制进口的目的。在各国专断的海关估价制度中，以"美国售价制"最为典型。

美国售价制（American Selling Price System）是指美国对与其本国商品竞争激烈的进口商品（如煤焦油产品、胶底鞋类、蛤肉罐头、毛手套等）按美国售价（即美国产品在国内自由上市时的批发价格）征收关税，使进口税率大幅度提高。由于受到其他国家的强烈反对，美国不得已在 1981 年废止了这种估价制度。

为了消除各国海关估价制度的巨大差异，并减少其作为非关税壁垒措施的消极作用，关贸总协定于"东京回合"达成了《海关估价协议》，形成了一套统一的海关估价制度。它规定，海关估价的基础应为进口商品或相同商品的实际价格，而不得以本国产品价格或以武断、虚构的价格作为计征关税的依据。协议还明确规定了六种应按顺序实施的估价方法，并对不得采用的估价做了限制。该协议的目的是要制定一个公正、统一和中性的海关估价制度，使之不能成为国际贸易发展的障碍。

我国的海关估价制度可以说相当完善，与《海关估价协议》基本一致，只是在执行过程中有偏差。不同口岸在估价标准上采取灵活的态度，以致同一产品从不同口岸进口时，需交纳的关税相距甚远。比如汽车、空调从南方口岸进口就比从北方口岸进口来得便宜。这一点应引起注意。

（4）从进口商品查验上限制进口。海关查验货物主要有两个目的：一是看单据是否相符，即报关单是否与合同批文、进口许可证、发票、装箱单等单证相符；二是看单货是否相符，即报关所报内容是否与实际进口货物相符。为了限制进口，查验的过程可以变得十分复杂。一些进口国家甚至改变进口关道，即让进口商品在海关人员少、仓库狭小、商品检验能力差的海关进口，拖长商品过关时间。例如，1982 年 10 月，为了限制日本等主要出口国向法国出口录像机，法国政府规定所有录像机进口必须到普瓦蒂埃海关接收检查，同时还规定了特别繁杂的海关手续，对所有伴随文件都要彻底检查，每个包装箱都要打开，认真校对录像机序号，查看使用说明书是否为法文，检查是否所报为原产地生产，等等。普瓦蒂埃是一个距法国北部港口几百英里的内地小镇，海关人员很少，仓库狭小，难以对付大量堆积如山的待进口的录像机。原先一卡车录像机一个上午就可以检查完，而在普瓦蒂埃却要花 2～3 个月，结果严重地限制了录像机进入法国市场。进口量从原来的每月 6.4 万多台下降至每月不足 1 万台。也有的海关，对有淡旺季的进口商品进行旷日持久的检查，故意拖延其销售季节，从而限制了进口。

6.2.10 技术性贸易壁垒

技术性贸易壁垒（Technical Barriers to Trade）是指一国以维护生产、消费安全及人民健康为理由，制定一些苛刻繁杂的规定，使外国商品难以适应，从而起到限制外国商品进口的作用。

（1）技术标准（Technical Standard）主要适用于工业制成品。发达国家普遍规定了严格、繁杂的技术标准，不符合标准的商品不得进口。例如，原联邦德国禁止在国内使用车门从前往后开的汽车，而这恰好是意大利菲亚特500型汽车的式样；法国严禁含有红霉素的糖果进口，从而把英国糖果拒之门外；美国则对进口的儿童玩具规定了严格的安全标准；等等。

（2）卫生检疫标准（Health and Sanitary Regulation）主要适用于农副产品及其制品。各国在卫生检疫方面的规定越来越严，要求卫生检疫的商品也越来越多。如美国规定其他国家或地区输往美国的食品、饮料、药品及化妆品必须符合美国《联邦食品、药品及化妆品法》（The Federal Food，Drug and Cosmetic Act）的规定。其条文还规定，进口货物通过海关时均须经食品药物管理署（Food and Drug Administration，FDA）检验，如发现与规定不符，海关将予以扣留，有权进行销毁，或按规定日期装运再出口。

（3）商品包装和标签的规定。商品包装和标签的规定（Packing and Labeling Regulation）适用范围很广。许多国家对在本国市场销售的商品订立了种种包装和标签的条例，这些规定内容繁杂、手续麻烦，出口商为了符合这些规定，不得不按规定重新包装和改换标签，费时费工，增加商品的成本，削弱了商品的竞争力。以法国为例，法国1975年12月31日宣布，所有标签、说明书、广告传单、使用手册、保修单和其他产品的情报资料都要强制性地使用法语或经批准的法语替代词。

6.2.11 绿色贸易壁垒

生产过程中的排放物及废旧物品的处理造成的污染在各国经济的增长的同时，给生态平衡、人类生存环境造成的破坏日益严重。空气污染、水污染、衣食住行用品中的各种污染严重威胁着人们的健康。在这种情况下，人们的思维方式，价值观念及消费心理、消费行为都发生了重大变化。"绿色消费"成为一种新的理念。各国也相继制定一系列规则和标准，保护消费者的利益和人类生态环境，从而形成绿色壁垒。

绿色贸易壁垒是一些国家利用人们的环保意识和绿色消费观念来限制某些产品的进口，从而达到保护本国工业和市场的目的的贸易保护主义措施。随着世界市场中的竞争日益激烈，以绿色贸易壁垒限制或禁止进口变得日益频繁。

绿色贸易壁垒主要形式有：一是进口国以保护环境为理由，对某项产品的进口，除了征收一般进口税外，另外加征税款；二是进口国以保护环境为理由，限制或禁止某项产品进口；三是进口国以保护环境为理由，要求另一国家实行前者的国内加工和生产方法，否则采取贸易限制措施。例如，欧盟限制使用残酷手段诱捕野兽的国家的毛皮的进口。

6.3 进口配额

6.3.1 进口配额的定义及分类

进口配额（Import Quotas）又称进口限额，是一国政府对一定时期内（通常为 1 年）进口的某些商品的数量或金额加以直接限制。在规定的期限内，配额以内的货物可以进口，超过配额不准进口，或者征收较高关税后才能进口。因此，进口配额制是限制进口数量的重要手段之一。

进口配额制主要有绝对配额和关税配额两种形式。

1. 绝对配额

绝对配额（Absolute Quotas）指在一定时期内对某些商品的进口数量或金额规定一个最高限额，达到这个限额后，便不准进口。绝对配额按照其实施方式的不同，又有全球配额、国别配额和进口商配额 3 种形式。

（1）全球配额（ Global Quotas；Unallocated Quotas），即对某种商品的进口规定一个总的限额，对来自任何国家或地区的商品一律适用。主管当局通常按进口商的申请先后或过去某一时期内的进口实际额发放配额，直至总配额发完为止，超过总配额就不准进口。例如，加拿大规定，从 1981 年 12 月 1 日起，对除皮鞋以外的各种鞋类实行为期 3 年的全球配额。第一年的配额为 3560 万双，以后每年进口量递增 3%。加拿大外贸主管当局根据有关进口商 1980 年 4 月 1 日至 1981 年 3 月 31 日期间所进口的实际数量来分配额度，但对进口国家或地区不加限制。由于全球配额不限定进口国别或地区，因而进口商取得配额后可从任何国家或地区进口。这样，邻近国家或地区因地理位置接近、交通便捷、到货迅速，处于有利地位。这种情况使进口国家在限额的分配和利用上难以贯彻国别政策，因而不少国家转而采用国别配额。

（2）国别配额（Country Quotas），即政府不仅规定了一定时期内的进口总配额，而且将总配额在各出口国家和地区之间进行分配。因此，按国别配额进口时，进口商必须提供进口商品的原产地证明书。与全球配额不同的是，实行国别配额可以很方便地贯彻国别政策，具有很强的选择性和歧视性。进口国往往根据其与有关国家或地区的政治经济关系分别给予不同的额度。

一般来说，按照配额的分配由单边决定还是多边协商，国别配额可以进一步分为自主配额和协议配额。

自主配额（Autonomous Quotas）又称单边配额（Unilateral Quotas），是由进口国自主地、单方面地强制规定在一定时期内从某个国家或地区进口某种商品的配额，而不需征求输出国家的同意。自主配额的确定一般参照某国过去一定时期内的出口实绩，按一定比例确定新的进口数量或金额。例如，美国就是采用自主配额来决定每年的纺织品配额。此外，据统计，

1991 年欧共体各国对华单边限额达 130 多种，给我国的出口造成了严重的干扰和阻碍。

自主配额由进口国家自行制定，往往带有不公正性和歧视性。由于分配额度差异，易引起某些出口国家或地区的不满或报复，因而更多的国家趋于采用协议配额，以缓和进出口国之间的矛盾。

协议配额（Agreement Quotas）又称双边配额（Bilateral Quotas），是由进口和出口两国政府或民间团体之间通过协议来确定配额。协议配额如果是通过双方政府协议达成，一般需将配额在进口商或出口商中进行分配；如果是双边的民间团体达成的，应事先获得政府许可，方可执行。由于协议配额是双方协商决定的，因而较易执行。目前，双边配额的运用十分广泛。以欧共体的纺织服装业为例，为了保护其日益失去竞争力的纺织服装业，欧共体对80% 以上的进口贸易实行双边配额管理。我国纺织品和服装受双边协议限制的对欧出口额约占到我国对欧出口总额的 1/4。

（3）进口商配额（Importer Quotas）是对某些商品进口实行的配额。进口国为了加强垄断资本在对外贸易中的垄断地位和进一步控制某些商品的进口，将某些商品的进口配额在少数进口厂商之间进行分配。比如日本食用肉的进口配额就是在 29 家大商社之间分配的。

2. 关税配额

关税配额（Tariff Quotas），即对商品进口的绝对数额不加限制，而对在一定时期内，在规定配额以内的进口商品给予低税、减税或免税待遇，对超过配额的进口商品则征收较高的关税，或征收附加税甚至罚款。

按征收关税的优惠性质，关税配额可分为优惠性关税配额和非优惠性关税配额。

优惠性关税配额是对关税配额内进口的商品给予较大幅度的关税减让，甚至免税，超过配额的进口商品即征收原来的最惠国税率。欧共体在普惠制实施中所采取的关税配额就属此类。

非优惠性关税配额是对关税配额内进口的商品征收原来正常的进口税，一般按最惠国税率征收，对超过关税配额的部分征收较高的进口附加税或罚款。例如，1974 年 12 月，澳大利亚曾规定对除男衬衫、睡衣以外的各种服装，凡是超过配额的部分加征 175% 的进口附加税。如此高额的进口附加税，实际上起到禁止超过配额的商品进口的作用。

关税配额与绝对配额的不同之处在于，绝对配额规定一个最高进口额度，超过就不准进口，而关税配额在商品进口超过规定的最高额度后，仍允许进口，只是超过部分被课以较高的关税。可见，关税配额是一种将征收关税同进口配额结合在一起的限制进口的措施。两者的共同点是都以配额的形式出现，可以通过提供、扩大或缩小配额向贸易对方施加压力，使之成为贸易歧视的一种手段。比如，从 1994 年 7 月到 1995 年 5 月这段时间里，美国政府在未提供充分证据和未经充分磋商的情况下，先后两次扣减我国总量达 252 万打的纺织品配额，严重损害了我国的利益。第二次世界大战后，许多发展中国家也实行了进口配额制，其目的主要是限制非必需品及与本国产品相竞争的工业品输入，节约外汇开支，发展民族经济。

6.3.2 进口配额发放的方式

发放配额的方式有三种。第一种是拍卖具有配额的进口许可证（Competitive Auction of Import Quota Licenses）。政府公开地或者私下拍卖具有配额的进口许可证。如果是公开拍卖，政府定期公布拍卖进口许可证的时间和地点。通过拍卖进口许可证，使得配额会产生一个价格。其价格等于该产品的国内价格与世界价格之间的差额。私下拍卖则是政府官员们中饱私囊的一种贪污腐败行为。第二种是固定受惠分配（Fixed Favoritism），政府根据实施配额以前各厂商在进口总额中所占的份额进行分配。例如，从 1954 年开始直到 1973 年，美国对于进口石油实行进口配额的限制。其配额的分配办法是，根据 1953 年各石油进口公司在石油进口中所占份额进行分配。这种方法是为了弥补这些进口公司由于减少石油进口数量而受到的损失。第三种是资源使用申请程序分配（Resource-using Application Procedures），根据企业有多少生产能力需要进口产品作为投入进行分配。首先由企业提出申请，企业要说明申请的理由，然后由政府根据申请进行分配。这样，企业需要尽力疏通政府官员，而政府也需要更多的人员处理这些申请。

6.3.3 进口配额的主要实施情况

第二次世界大战以后，实施进口配额最为突出的实例表现在国际纺织品贸易中。根据《关税与贸易总协定》第 11 条款规定，一般禁止使用进口数量限制，然而，20 世纪 60 年代初，美国和其他发达国家认为，纺织品贸易发展迅速，应该使其有秩序进行，避免对进口国市场造成混乱，因此要求对于纺织品贸易实行数量限制。1960 年 7 月，关贸总协定主持召开了世界纺织品进出口国会议，会议达成国际棉纺织品短期协定。该协定从 1961 年 10 月开始到 1962 年 10 月，对纺织品出口国实行数量限制，即实行进口配额。到 1962 年又签订了一个从 1962 年到 1973 年的长期棉纺织品协定。在 70 年代，由于未受国际棉纺织品贸易协议限制的化纤纺织品的贸易有了大幅度的增长，同时，虽然日本的纺织品的出口在长期棉纺织品协议的配额下有所限制，但是发展得较快的东亚一些较小的国家和地区不断地扩大市场份额，因此在美国的要求下，又签订了从 1974 年至 1977 年的第一个《多种纤维协定》。从 1973 年至 1977 年，法国和英国的纺织品进口增长了 21%。在这期间，欧共体纺织业就业下降 16%。在欧共体强烈的贸易保护主义情绪的压力下，又签订了从 1978 年至 1981 年的第二个《多种纤维协定》，它对配额的规定比第一个《多种纤维协定》更加严格。紧接着又签订了从 1982 年至 1986 年的第三个《多种纤维协定》。

目前，如何使用配额是影响我国商品出口的一个大问题。一方面我国政府或民间团体要尽量争取更多的配额，并加强配额的管理和分配；另一方面也要用好用足这些配额。所谓用足配额，有几个方面需要考虑。首先，在规定的期限内把受限制的商品的配额用足。如果进口配额制中规定了留用额（上一年未用完留下的额度）、预用额（借用下一年度的额度）和挪用额（别国转让给我国的额度），我们也应加以充分利用，使配额的利用率达到最高水平。再者，也要做好商品的分类工作。由于有的国家对某些商品的分类并非十分明确严格，既可归入有配额限制或配额较少的类别，也可归入无配额限制或配额较宽裕的类别，我们应争取后一种结果，获得更多的配额，以扩大出口。所谓用好配额，是指合理地使用配额，尽量使配额带来最大利益。比如，面对有金额限制的配额就要在金额范围内争取增加出口数量，而面对有数量限制的配额，则要在数量范围内尽量多出口档次高、附加值高的产品，实现利润最大化。

最后，应该看到，进口配额制作为数量限制的一种运用形式，受到了自关贸总协定到世界贸易组织旗帜鲜明的反对。总协定曾规定禁止数量限制条款，几乎把它放到与关税减让同等重要的地位，因而不少国家转而采取"灰色区域措施"，如自动出口配额制等。

6.3.4　进口配额的经济效应

非关税壁垒与关税壁垒的作用是一致的，都会提高进口商品的成本，削弱其竞争力，从而达到限制进口的目的。因此，非关税壁垒虽然种类繁多，其最终效果都是减少进口量。现以进口配额为例，分析非关税壁垒对经济的影响。在分析中，假定进口国是贸易小国。

1. 完全竞争条件下的进口配额

如图 6-1 所示，D 为美国国内自行车需求曲线，S 为美国国内自行车供给曲线。假设美国自行车进口量不足以影响国际市场价格，则在自由贸易条件下，美国国内自行车价格应与世界价格一致，等于 200 美元。

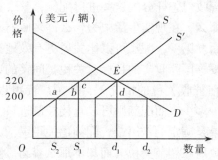

图 6-1　完全竞争条件下进口配额的影响

若美国对自行车实行进口配额（为简化起见，假设为绝对配额），每年只允许进口数量为 S_1d_1 的自行车，这样国内的供给在世界价格以上（200 美元），将增加 S_1d_1 的进口自行车，相当于供给曲线向右平移 S_1d_1 的水平距离。新的供给曲线 S'（国内生产加上配额）与国内需求曲线相交于新的均衡点 E 上，使自行车国内价格由 200 美元上升至 220 美元。这表示，在完全竞争条件下，由于进口配额的限制，使自行车的供给量减少。只要进口配额小于按 200 美元计算的进口需求，进口自行车价格就会上涨，直至进口需求刚好等于配额为止。假设国内自行车与进口自行车在质量上全无差别，自行车的国内价格也会随之上涨到 220 美元。

从图 6 – 1 中的变化可知，给定 S_1d_1 的进口配额，实际相当于对自行车征收 10% 的进口税。前者通过减少进口供给来提高国内价格，后者通过增加进口成本来提高国内价格。价格上涨的消费效应和保护效应是一样的，即两者都使本国消费者损失了 $a + b + c + d$ 区域的经济利益，国内厂商却增加 a 区域的收益。所不同的是，关税给政府带来区域 c 的收益，而配额中这部分利益的归属则取决于政府怎样分配这些进口配额，一般国际通行以下几种方法。

（1）政府公开拍卖配额。在完全竞争市场上，通过公开拍卖配额，政府会获得每辆自行车配额 20 美元的收入，相当于征收 10% 的进口关税，即区域 c 的收益全部归政府所有。对进口国来说，这种公平、公开的拍卖方法，最合理，也最有效率，故经济学家一般都主张这种方法。

（2）配额无偿颁发给进口商。一些国家根据进口商的既往表现或申请理由，无偿颁发进口配额。这样，区域 c 的收益将为获得配额的进口国瓜分。颁发许可证由政府有关部门的官员执行，颁发的标准可因人、因地而异，势必引起进口商的明争暗斗，甚至贿赂政府官员，这不仅造成人力和物力的浪费，而且形成了贪污腐败的温床。

（3）配额由出口国掌握。在实行国别配额时，进口国会将配额分配给世界各出口国，由它们按配额控制出口量，这种情况相当于将进口许可证免费交给了外国的出口商。这样，获得配额的出口商可按进口国的国内市场的高价出售自行车，从而获得本来属于进口国政府或进口商的区域 c 的利益。但对进口国则是一种额外损失，整个社会的净损失变成 $b + d + c$，大于征收关税的净损失。

从以上几种情况看，不管政府怎样分配这些进口配额，整个社会的利益变动至多也与征收关税时相似，不会更好。那么，在现实生活中为什么许多政府对一些商品不用关税却用配额呢？其主要原因有四个方面。第一，配额可以比关税更有效地控制进口，实现其保护国内产业或控制进口外汇支出和改善国际收支的目标。关税是间接的，而配额是直接的。如果本国的进口需求是有弹性的，在征收关税的情况下，外国厂商可以通过降低价格来保持竞争力，本国进口也许并不能减少多少。而配额则可以直接控制进口量，在控制外汇支出或保证本国企业市场份额方面的结果是确定的。第二，配额比关税灵活，政府可以通过发放进口许可证随时调节进口数量，而政府在调节关税方面却不那么容易。除非某种例外条款允许，政府是不能随意提高关税的。第三，实行配额给政府更多的权力。这种权力不仅表现在对贸易的控制上，也体现在对企业的控制上。在进口配额制度下，政府官员通常对谁能得到进口许可证拥有权力，并能利用这种权力控制企业得到好处。对于利益集团来说，它们也看到在配额制度下可以通过游说或其他活动来谋取许可证特权的机会。第四，国际贸易自由化的压力。关税是最古老的贸易保护的武器之一，而且是明显的保护，在国际贸易谈判中也是最令人注目的。在关贸总协定成立后最初十几年的贸易谈判中，主要的议题是降低关税税率。从1947 年到 1994 年结束的乌拉圭回合，发达国家的平均关税大约从 40% 降到了 3% 左右，发展中国家的关税也大幅下降，乌拉圭回合后平均水平降至 10% 左右。而且关贸总协定的原则之一是关税只能降不能升，从而使得关税保护在现实中使用也越来越困难。国际上对于非关税壁垒的限制开始得比较晚一些，只在1973年到1979年的"东京回合"上才就取消非关税壁垒达成一些协议。配额虽然被认为应该取消，但由于它更加隐蔽，实施中仍有许多灵活方式，因此仍不失为一种方便有效的保护手段。当然，随着世贸组织中多边谈判的进展，配额也正作为陈旧的保护手段而逐渐被淘汰。

2. 垄断条件下的进口配额

若一国某种商品市场处于垄断状态，对该种商品实行进口配额，会使垄断加强，造成比征收关税更大的损失。

图6-2显示，进口国某商品市场由独家企业经营，即垄断市场。这时，市场供给曲线（S）就是垄断企业的边际成本曲线（MC）。

若政府征收关税，国内价格就会在国际价格（P_0）的基础上，增加一个关税额度（t）而变为P_1。由于进口商品可按P_1的价格无限量地进入，国内独家企业不能拥有垄断地位，只能以新的国内价格（P_1）与国外厂商竞争。在利润最大化的原则下，生产S_1，以P_1的价格出售，整个社会的损失与以前分析关税时一样，等于（$b+d$）。

若政府使用配额，即将进口数量限制为AB，则当国内价格在国际价格（P_0）之上时，国内就有AB数量的需求由进口满足。也就是说，国内垄断企业面临的是一个缩小了AB需求数量的市场，即相当于需求曲线向左平行移动AB的水平距离，相应的边际收益曲线也向左移动。这样，垄断企业又可以通过减少产量（S_1S_2）将价格提高到P_2，从而享受垄断利益，使国民经济的净损失比关税的（$b+d$）增加了阴影部分的面积。可见，配额有保护垄断的作用，造成比关税更大的经济损失。

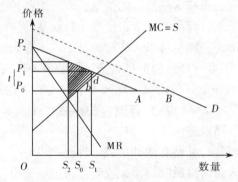

图6-2　垄断条件下配额与关税的比较

6.4　补贴与反补贴

6.4.1　补贴的概念及分类

补贴是政府对于本国生产或出口的产品进行财政补贴，以影响市场价格和比较优势，限制外国产品的进口，鼓励本国产品的出口。

按照补贴的形式，补贴可分为直接补贴和间接补贴。直接补贴（Direct Subsidy）包括价格补贴和收入补贴。价格补贴指政府按照商品出口的数量或价值给予补贴，或者政府设立保证价格，保证支付出口产品国际市场和国内市场的差价。收入补贴指对出口企业的亏损进行补偿等。这种现金补贴还可能来自一国的同业公会。为了鼓励和支持同行业的部分厂商向外拓展市场和大量出口，从而既发展壮大本行业的生产规模，又避免彼此间在国内市场的过度竞争，这种企业主组织有时愿意拿出一定的金额进行出口补贴。这种状况在市场经济较发达的国家可以见到。直接补贴方式以欧盟对农产品的出口补贴最为典型。欧盟国家的农产品由于生产成本较高，其国内价格一般高于国际市场价格。若按国际市场价格出口过剩的农产品，就会出现亏损。因此，政府对这种亏损或国内市场与国际市场的差价进行补贴。据统计，1994 年，欧盟对农民的补贴总计达 800 亿美元，严重扭曲了国际市场农产品的价格。

间接补贴（Indirect Subsidy），即政府对某些商品的出口给予财政上的优惠，如退还或减免出口商品所缴纳的销售税、消费税、增值税、所得税等国内税，对进口原料或半制成品加工再出口给予暂时免税或退还已缴纳的进口税，免征出口税，对出口商品实行延期付税、减低运费、提供低息贷款，以及对企业开拓出口市场提供补贴等。政府通过银行系统给予用于出口商品生产和销售的贷款以优惠利率。例如，20 世纪 30 年代创办的美国进出口银行只向美国出口商和其外国买主提供条件优惠的贷款，而不是向美国进口商及其外国供应商提供。在外汇管制的国家里，则允许出口企业保留一定比例的外汇以做鼓励，或通过使用不同的汇率降低用外币衡量的出口商品的成本。一些政府还承担为出口企业推销商品的直接开支，包括免费或低费提供有关出口市场前景的信息，或组织各种推销商品的博览会等。这些政策措施的共同结果是降低出口商品的成本，提高出口商品的实际收益。

按照关贸总协定的标准，补贴也可以分成可诉补贴（Actionable Subsidy）和不可诉补贴（Non-actionable Subsidy）。不可诉补贴包括具有全局影响的补贴（如教育、基础设施、基本的研究与开发）和非经济的补贴（包括解决地区不平衡或城乡收入差异等）。这些补贴是被允许的，被称为"绿箱子"（Green Box）范围内的补贴。对于不在"绿箱子"内的补贴就是可诉补贴，可以采取反补贴措施。

按照补贴的具体对象而言，补贴有四种形式，即生产补贴、出口补贴和出口信贷补贴，还有一种特殊的形式，称之为边境税收调整，或者称为边境退税，或者称为出口退税。

第一种形式：生产补贴（Subsidies to Production），即政府为了促进某一产业的发展，对该产业的生产给予津贴。有的经济学家认为，如果选择使用补贴来促进某一产业的发展，或者是选择使用关税和非关税的手段阻挠进口，以保护该产业的发展，两者相比较而言，前者比后者更可取一点。首先，政府采用补贴的方式促进某一产业的发展，其损失比使用关税要少一点。对图 6-3 的（a）图和（b）图进行比较，可以表明进行生产补贴比征收关税的损失要小一点。（a）图为征收关税下的损失。假定进口电视机，每台 8000 元，每年国内的需求量为 90 万台，国内生产供应 20 万台，进口 70 万台。政府对于进口电视机征收 25% 的从价税，每一台电视机收税 2000 元，国内的需求量下降至 70 万台，生产量增加至 40 万台，每年的进口量减少至 30 万台。生产者剩余增加 6 亿元，消费者损失为 16 亿元，政府获得关税收入 6 亿元，净损失 4 亿元。图 6-3 的（b）图为政府给予生产电视机的行业津贴，促使国内每年生产的电视机由 20 万台增加至 40 万台。在生产补贴的情况下，市场价格不变，每台仍为 8000 元，消费者没有损失。政府每年给予的补贴为 8 亿元，这是由纳税人支付的，生产者剩余为 6 亿元，净损失为 2 亿元。可见，生产补贴比征收关税少损失 2 亿元。两者都能解决相同的就业量。如果政策的首要目标是创造就业机会和解决失业，那么需要依靠的是膨胀性的宏观经济政策，也不使用关税等限制进口的措施（见图 6-3）。

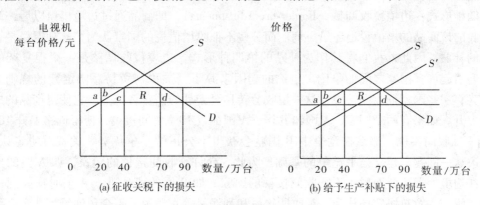

图 6-3　生产补贴的经济效应

其次，生产性的补贴被纳入政府的财政预算支出之中，政府的财政预算支出要受到立法机构的监督和检查，因此它是透明的，是看得见的。而关税、配额和自愿出口限制可以逃避立法机构的检查和监督。

然而，一些国家的政治家们在征收关税和实施生产补贴两者的选择中，比较偏向于征收关税，或者实施配额。这是因为实施生产补贴会增加政府的财政支出，或者加大财政赤字，或者需要增加新的税收，这些都不会受到选民的欢迎。然而，征收关税或者实施配额都能增加财政收入。

第二种形式：出口补贴（Subsidies on Exports/Export Subsidy）又称出口津贴，是一国政府为了降低出口商品的价格，增强其在国外市场的竞争力，在出口某商品时给予出口商的现金补贴或财政上的优惠待遇。贸易保护主义政策的一个重要方面是鼓励出口。为了使本国某些产品能成功地进入国际市场，或者更加有效地扩大在国外的市场，许多国家的政府对于出口行业进行补贴，使本国的产品在国际市场的竞争中处于有利地位。例如，日本的汽车和电子产品进入欧洲和北美市场，欧共体的农产品大量地进入世界市场，美国为了维持其农产品在世界市场上的份额，韩国的钢铁、汽车和其他产品进入国际市场等都得到了政府的补贴。出口补贴会给出口国带来净损失。

第三种形式：出口信贷补贴（Subsidies on Export Credit），即政府对于本国的出口厂商提供优惠的低利息贷款以促进出口，称之为卖方信贷；政府对进口本国商品的外国企业提供低利息优惠信贷，以鼓励购买本国商品，称之为买方信贷。各国成立了专门从事这项业务的机构，美国称为美国进出口银行（Export-Import Bank of the United States），日本称之为日本进出口银行（Export-Import Bank of Japan），加拿大称之为加拿大出口发展公司（Canada Export Development Corporation），等等。美国进出口银行的大部分贷款是向美国7大公司的买主提供的，特别是对美国波音公司的买主提供低利息贷款，以帮助该公司获得更多的外国的额外的飞机订单。1977年至1981年，美国的出口信贷扩大6倍，但由于80年代初利息率的大幅度上升，美国出口信贷中补贴的因素从占14%上升至28%。

第四种形式：边境税收调整（Border-tax Adjustments），即商品通过边境出口以后，政府将所征收的该商品的增值税退还给厂商。而一些不征收增值税的国家认为，这种退税是一种不公平的补贴。因此，我们将其作为补贴的第四种形式。边境税收调整是一个很复杂的问题，曾经引起许多国家之间的争论。争论的起因来源于《关税与贸易总协定》的规则。该协定认为，一些国家征收间接税，这种税收会转移至产品的消费者身上，它使得产品的成本和价格上升。如果有两个国家，A国和B国，A国征收10%的间接税，使得价格上升10%，而B国不征收间接税，那么在竞争中B国就会获得不公正的竞争优势。关贸总协定认为，需要解决这一问题，建立公平竞争的基础。为此，允许征收间接税的国家，如A国的出口商品，在边境上退税，而对于不征收间接税的国家，如B国的商品进入A国时征收同样数量的间接税。关贸总协定还认为，征收所得税和利润税等直接税，不会传递给消费者，而由生产者或者供应厂商所吸收。于是关贸总协定的规则规定，这类直接税不允许在边境上进行调整。

20世纪60年代以来，世界上有64个国家征收间接税，称之为增值税，大部分是欧洲国家，还有日本和加拿大等国家，它们称之为商品税和服务税。这一类税收的税率，日本为3%（1997年已经改为6%），瑞典为25%。增值税在这些国家的财政收入中占12%至30%。有的国家如美国、澳大利亚、瑞士等国不征收这类的税收。

没有征收增值税的国家的政府和私人企业反对关贸总协定的这一决定。它们认为，这种边境退税是一种不公平的补贴，对它们的出口商品征收增值税是一种不公平的税收。有的经济学家认为，如果关贸总协定是正确的，即增值税传递到消费者身上，由于在价格中加上了这一税收，而所得税和利润税由生产者承担，那么边境退税是合法的，也是公平的。但是，如果增值税没有全部传递到消费者身上，部分被制造商所吸收，那么征收增值税，并实施边境退税的国家的企业无形中便获得优惠。另一方面，如果征收所得税和利润税的国家的企业将部分税收传递给消费者，生产厂商没有全部吸收这些直接税，那么增值税在边境退税，而它们的商品进入征收间接税的国家再征收这种增值税，它们就受到了不公正的待遇。有的经济学家强调，不管是间接税还是直接税，都是一样大量传递到消费者身上。如果情况是如此，关贸总协定的规定就是不公正的。征收间接税的国家从这一规定中获得优惠，而那些征收直接税的国家从这一规定中受到伤害。这一问题一直未得到解决。

6.4.2 出口补贴的经济效应分析

出口补贴对生产、消费、价格和贸易量的影响也因其在国际市场上的份额大小而不同。出口量不大且在国际市场影响甚微的小国，只是价格的接受者，出口补贴不会影响国际市场价格。图6-4说明的是小国的情况。

在没有补贴时，生产为 S_1，国内需求量是 D_1，出口 X_1。现在假设政府对每单位商品的出口补贴100元，商品出口的实际所得变成 $P_w + 100$ 元。在这一价格下，生产者愿意扩大生产增加出口，新的生产量为 S_2，国内的需求量则因为国内市场价格的上升而下降至 D_2，供给在满足了国内需求之后的剩余即为出口，用 X_2 表示。

出口补贴的结果是：国内价格上涨，出口工业生产增加，国内消费减少，出口量增加。出口补贴为什么会引起国内市场价格上涨和消费下降呢？这是因为出口补贴使得出口比在国内销售更加有利可图，而且政府没有限制出口数量。在这种情况下，企业当然要尽量出口，除非在国内市场销售也能获得同样的收入。由于补贴只是给出口的商品，要想在国内市场获得同样的收入，除了提价别无他法。在涨价之后，消费自然减少。从另一个角度说，国内消费者也必须付出与生产者出口所能得到的一样的价格，才能确保一部分商品留在国内市场而不是全部出口。

国内价格上涨自然使消费者受损失，损失量为 $a+b$。消费者的损失变成了生产者剩余，生产者还从政府补贴中得到一部分，总收益增加了 $a+b+c$。除去消费者损失，还有净收益 c。但政府的出口补贴总量为 $b+c+d$（100元×新的出口量），减去生产者所得，仍有净损失 $b+d$。

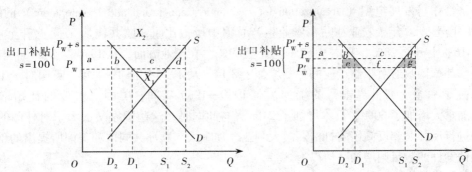

图6-4 贸易"小国"的出口补贴　　　图6-5 贸易"大国"的出口补贴

如果出口国是大国，出口补贴对其国内价格、生产、消费及社会利益的影响是同质的，但程度不同。如图6-5所示，大国通过补贴增加出口的结果会造成国际市场上的供给大大增加，价格下降（假定从 P_w 跌到 P_w'）。生产者虽然可以从政府处得到每单位100元出口补贴，但每单位出口销售所得要低于补贴前，即单位商品出口的实际收入增加不到100元，比小国生产者出口补贴时的所得要少。因此，在同样的100元的政府补贴下，生产和出口的增长也会小于小国的情况。国内价格等于新的出口产品国际价格加上 100 元 ($P'_W + 100$)，其涨幅会低于小国的 ($P_W + 100$)，从而使得国内商品消费量的下降幅度也小于小国。举例来说，假设补贴前的国际价格是 1000 元，政府出口补贴为 100 元。在小国，国际价格不变，国内市场价格就变成 1100 元，涨幅为 10%。若是大国，国际价格会下跌（假设跌到 950元），这时的国内价格为 950 加 100 元，等于 1050 元，涨幅只有 5%。国内生产和消费的变动也较小国要小。

但是，在大国搞出口补贴对本国经济利益造成的损失会大于小国。除了补贴造成的生产扭曲和消费扭曲外，大国的出口补贴还会造成出口产品的国际市场价格下降，贸易条件恶化。整个社会的净损失比小国进行出口补贴时要大。

在图 6 - 5 中，大国的净损失为 $b' + d' + e + f + g$。其中 b' 是消费价格扭曲减少国内消费造成的净损失，d' 是生产价格扭曲而过多生产造成的净损失，$e + f + g$ 是出口产品国际价格下跌造成的贸易条件恶化损失。由于 $b' + e$ 相当于小国出口补贴时的 b，$d' + g$ 相当于小国中的 d，大国的实际净损失比图 6 - 4 中的小国情形中的净损失 $b + d$ 多了一块 f，而大国的出口增长量却小于小国。因此，在出口已占世界市场很大份额时再使用补贴来刺激出口在经济上未必是明智有效的政策。

6.4.3 反补贴及其经济效应分析

一般认为，政府实施补贴是不公平的竞争，导致一些本国没有比较优势的产业所生产的产品大量出口，伤害着一些国家具有优势的同类产业。在当前世界上不只是发展中国家对于本国的生产和出口进行着补贴，而且发达国家对于农产品和工业产品也实行着大量的补贴。根据经济合作与发展组织（Organization for Economic Cooperation and Development）的统计，从 1981 年至 1986 年，农业补贴在农业生产总值中所占比重，欧共体从 37% 上升至 40%，美国从 16% 上升至 28%，日本从 57% 上升至 69%。在工业方面，从 1974 年到 1984 年的 10年中，联邦德国政府对于制造业的补贴增加了 8 倍。从 1976 年至 1981 年，英国对于工业的补贴也翻了一番。据世界银行的统计，在 1980—1985 年间，美国对农业的补贴增加了80%，加拿大增加了 60%，日本增加了 21%。与此同时，这些国家又加大了对外国的补贴和倾销进行反补贴和反倾销的打击。澳大利亚、加拿大、欧洲共同体和美国所提出的反补贴和反倾销案件的数目则增加一倍以上。

在具体操作中，反补贴政策也是不可以随便使用的。在向进口商品征收反补贴税前，政府必须提供足够的证据来证明：（1）补贴确定存在；（2）同类或相同产品的国内产业已受到实质损害；（3）补贴与损害之间存在着因果关系。只有满足了这三个条件，进口国政府才可以对出口补贴采取反补贴措施，即向受到补贴的进口产品征收反补贴税。这种反补贴税的总额不超过进口产品在原产地直接或间接得到的补贴。

我们用下面的例子来分析反补贴税的影响。

征收反补贴税，其结果是出口国政府将会将一笔补贴资金白白地奉送给进口国政府。图

6-6表明，某国出口钢铁，世界市场上每一吨钢铁为 400 美元，其出口量为 50 万吨。政府为了增加本国的钢铁出口，给予出口每一吨钢铁 100 美元的补贴，其出口钢铁每一吨的价格下降至 300 美元。从而钢铁的出口量上升至 70 万吨。进口国政府对于该出口国的钢铁征收 100% 的反补贴税，迫使该国将钢铁的出口价格回升至每一吨为 400 美元，其出口量又回到 50 万吨，就在这一补贴和反补贴的过程中，出口国政府就将 5000 万美元奉送给进口国政府（见图 6-6）。

对于进口国来说，面对通过补贴而进入本国市场的进口品，究竟是尽量放宽并享有这种进口的廉价商品，还是按照关贸总协定所允许的方式征收保护国内工业的"反补贴税"呢？这个决定部分地着眼于政治经济学：受到威胁的国内行业会努力游说，向政府施加压力，要求征收报复性的进口税；而消费者的利益又促使他们反对征收这种关税。一般来说，发达国家是世界上运用反补贴机制最积极的，从 1985 年到 1992 年的 8 年里，美国发起过 106 次反补贴调查，占这一期间反补贴调查总数的 57%。

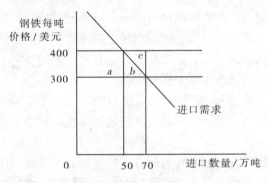

图6-6　反补贴的经济效应

6.5　倾销与反倾销

倾销是一种国际市场上的价格歧视行为，是不完全竞争企业追求利润最大化的理性选择，也是当代国际行业内贸易形成的原因之一。从对整体利益的影响来看，倾销并没有给进口国带来净损失。但是，毫无疑问，任何进口的增加都会给国内进口竞争企业带来压力和损失。为了保护国内企业，进口国政府往往采取一些反倾销措施。另一方面，倾销也经常被企业用来作为争夺国外市场的手段之一。为了占领外国市场，企业不惜降低价格甚至低于成本向外国出口。在这种情况下，倾销就变成一种不公平、不正常竞争而必须加以制止。为此，关贸总协定在努力降低各国关税壁垒的同时，却允许各国对倾销征收关税，即反倾销税。但是，为了防止各国政府滥用反倾销措施，关贸总协定及后来的世贸组织都对倾销和反倾销措施做出了明确的规定。

6.5.1 倾销的定义

根据《关税和贸易总协定 1994》第 6 条和《WTO 反倾销协议》规定，确定某一进口产品是否存在倾销，主要看这一产品是否以低于它的正常价值在国外市场销售。具体来说，是看这一产品的价格是否符合以下任何一个条件：

（1）低于相同产品在出口国正常情况下用于国内消费时的可比价格；

（2）如果没有这种国内价格，则低于：

① 相同产品在正常贸易情况下向第三国出口的最高可比价格；

② 产品在原产国的生产成本加上合理的管理费、销售费等费用和利润。

如果符合其中任何一个条件，则倾销存在，否则不构成倾销。因此，我们可以从价格和成本两个角度来定义倾销。

1. 倾销的价格定义

倾销的价格定义是，同一商品在不同的市场上，以不同的价格销售，实行价格歧视。也可以说是，在出口市场上的销售价格低于国内市场上的销售价格。当然，实行价格歧视是有条件的，必须是使两个市场隔离开来，否则购买者会在价格低的市场上，即海外市场上购买商品，到价格高的市场上，即国内市场上销售商品。

经济学家雅各布·维纳尔（Jocob Viner）从价格的定义上将倾销分成三类：一是偶然性的倾销，二是短期或者间歇性的倾销，三是长期或者连续性的倾销。当今经济学家根据维纳尔的划分又将倾销分成以下 3 类。

第一种是偶然性的倾销（Sporadic Dumping），即偶然的或是临时性的倾销，不是以夺取海外市场为目的的倾销。这种倾销是不规则地发生的，或是间隔地发生的。其原因是由于临时性的存货过多，或者是为了打开新的市场，亏本出售商品的战略。这种情况在各国的国内经常发生，例如，一些百货公司为了清除存货，进行清仓大甩卖。这一类的倾销持续的时间不长，它很少受到反倾销的指控。

第二种是掠夺性的倾销（Predatory Dumping），在维纳尔的划分中，称之为短期或者间歇性的倾销（Short-run or Intermittent Dumping）。这种形式的倾销是，在一定的时期里，倾销是稳定地和系统地或间歇地连续进行。厂商根据一个既定的目标采取行动，它具有掠夺海外市场的意图。这种掠夺性的倾销，类似于国内的价格战，也就是在市场上将商品的销售价格降低到边际成本以下，将竞争对手驱逐出市场，然后提高价格，获取垄断利润。这种形式的倾销对于进口国的产业有损害，应该进行惩罚，征收反倾销税。在历史上，这种类型的倾销确实出现过。但是在当今的国际贸易中，它出现的可能性越来越少。这是因为，第二次世界大战以后，世界经济发展不平衡，使得一些发达国家的经济实力日趋均衡化，许多国家的大型跨国公司势均力敌，而且进行着跨行业的经营。此外，一些新兴的工业化国家或地区的经济迅速发展，它们的一些大型的跨国企业也有了相当强的国际竞争实力。通常情况下，如果一家企业在出口市场企图利用降低价格将竞争对手驱逐出市场，建立起垄断地位，然后就可以提高价格，获取垄断利润。但是，一旦其提高价格，会有许多跨国企业作为新的竞争者，以高效率大规模生产的产品进入市场，参与竞争。因此，这一家具有掠夺意图的厂商，必须在把老的竞争者赶出市场以后，新的竞争者进入市场以前，提高价格，将降价销售的损失收回来，并且又能获取垄断利润。但是这种情况似乎已经消失。据反倾销专家卜戴维·帕尔米特尔（N. David Palmeter）的统计，从1980年到1986年，澳大利亚、加拿大、欧共体和美国所发起的反倾销诉讼案件一共767起，其中没有一起是掠夺性的倾销。在1986年，美国高级法院审理日本电气公司（Matsushita Electric）违反反托拉斯法的案件中，在法律上拒绝接受掠夺性价格这一概念。他们认为，在当今国际极为激烈的市场竞争中，实施掠夺性战略是极其不可能的。此外还指出，掠夺性的倾销是罕见的。在美国的法律中，如果私人起诉、指控掠夺性的行为，必须提供受到三倍损失的证明，但是事实上没有人能够提供这种证据。

第三种是持续性的倾销（Persistent Dumping）。这在维纳尔的划分中称之为长期的或连续性倾销（Long-run or Continuous Dumping），即在一个相当长的时期里，持久地、连续地以低于国内市场上的价格在出口市场上销售商品。据国际经济学家彼得·林德特（Peter H. Lindert）的分析，虽然掠夺性的倾销似乎已经消失，然而，自20世纪70年代初以来，持续性的倾销似乎日益增多。那么，现在的主要问题就是如何对待持续性的倾销了，对待持续性的倾销应不应该进行反倾销？因为，从以上的分析看来，偶然的倾销没有掠夺海外市场的动机，不构成对其进行报复和惩罚。对于掠夺性的倾销，应该进行惩罚，进行反倾销，但是在当今的国际贸易中，这种倾销很难成立。主张自由贸易的国际经济学家认为，只应该对于掠夺性的倾销，而不应该对于持续性的倾销进行惩罚和报复。其原因概括起来有以下几个方面。

其一，所谓倾销是在国外的市场上商品的销售价格低于国内的销售价格，这是不合法的。但是在国外市场上商品的销售价格高于国内的销售价格，为什么又是合法的呢？例如，德国的奔驰汽车，曾经在美国市场上以高于其国内价格的40%销售。从逻辑上，很难解释在出口市场上以高于国内的价格销售商品是合法的，而以低于国内市场上的价格销售商品是不合法的。

其二，如果一些外国企业愿意年复一年地在出口市场上以较低的价格出售商品，对于进口国并不是一件坏事情。这些企业之所以能够实行价格歧视，是因为这两个市场是分离的，尤其是因为这家企业在国内市场上有一定的垄断权力，而在出口市场上却是一个竞争者。如果在两个市场上其生产成本相同，自然要在出口市场上以低于国内价格销售商品。这种价格歧视受到伤害的不是进口国的消费者，而是出口国本国的消费者。作为进口国消费者，从这些低价销售的商品中获得的利益大大超过进口国与进口相竞争的生产者所受到的损失。

其三，有的企业能够长期持续地以低于国内市场的价格出售商品，是因为出口市场的扩大能够扩大生产规模，降低成本，增加利润。

其四，厂商在出口市场上以低于国内市场上的价格销售商品有利于打破进口国已经形成的垄断，促进企业之间的竞争，使得价格持平。例如，美国通用汽车公司、福特汽车公司和克莱斯勒汽车公司长期垄断美国的汽车市场。日本的丰田、日产等汽车公司的汽车，以较低的价格和较高的产品质量进入美国市场，在美国销售汽车，这对于打破三大汽车公司的垄断，促进美国汽车业的竞争，提高产品质量和降低成本起了积极作用，特别是对于美国的消费者是极其有利的。

其五，国内厂商在经营中以较低的价格销售商品，是经常出现的，也是合法的。例如，企业为了开拓市场，用降低价格或者各种优惠的办法促销；杂志的新订户可以获得减价优惠；一般商品的价格比同类的名牌商品的价格低。又如，在国内不同的地区，由于需求的不同，可以采取不同的价格。比如在美国，同样的商品在纽约的价格和在伊利诺州的价格不同；在日本，同样的商品在东京的价格和山口县的价格不同。

综上所述，一些厂商在出口市场上的要价低于国内市场上的要价，从生产者的观点来看是违背公平竞争的。但是，究其原因来看，这些厂商在国内有一定的垄断权力，可以以较高的价格销售商品。然而，在出口市场上，这些厂商又是竞争者，以竞争价格销售商品。如果如此，那么进口国进行反倾销只能说明是保护本国没有竞争力的产业，或是本国垄断性的企业。在这一问题上，我们可以听听几位经济学家的意见。彼得·林德特在《国际经济学》一书中说，如果外国企业愿意年复一年地按较低的价格不断向我们出售商品，为什么我们不宽容待之而安享其利呢？我们的消费者所获得的利益不是超过我们与进口相竞争的生产者所受到的损失吗？征收反倾销税可能减少世界福利。在米尔蒂德斯·钱乔里德斯所著的《国际经济学》一书中，他认为，在反倾销的实践中，很难将三种不同的倾销区分开来。其结果是经济政策对准了所有的倾销。至少，从短期来看，除了掠夺性的倾销以外，其他类型的倾销会给进口国的消费者带来福利。进口国对于倾销进行报复，征收反倾销税，主要的理由是进口国的国内的生产者给予政府施加了巨大的压力，并寻求保护，对付外国的不公平竞争。布朗和霍根多伦在他们合著的《国际经济学》一书中说：倾销这个词是令人厌恶的，但是，出口厂商以较低的价格销售商品，给进口国的消费者带来利益。作为经济学家来说，如果外国的厂商在出口市场上的要价比其在国内的要价低，应该欢迎，它给消费者所带来的利益超过生产者的损失，可以将一部分利益补贴生产者的损失，使整个社会获利。在当前的条件下，放纵反倾销的案件发展，而不是欢迎出口商以比其在国内低的价格销售商品。它所表现的更多的是贸易保护主义情绪。

2. 倾销的成本定义

即在出口市场以低于成本的价格销售商品。在何时使用该定义呢？一是一种商品在国内市场上的销售价低于在出口国市场上的销售价。在这种情况下无法以倾销的价格定义进行起诉。二是有些商品在国内市场上很少或者没有销售，只是在出口市场上销售。这种情况似乎无法起诉。因此，美国等一些国家提出了成本的定义。1974 年美国贸易法规定，在没有国内价格可以作为比较的条件下，"公平"的国内价格依据成本的数据构成，如果出口者以低于商品的成本销售商品，也要对这种商品征收反倾销税。美国商务部反倾销规则规定成本的构成，即在被调查的商品出口之前的一段时期里，该商品或者类似的商品生产中使用的原料成本、装配或者加工成本，加上以通常批发数量销售而产生的一般费用和利润，一般费用的数量不应少于本条款第 3 款（a）中规定的成本的 10%，利润的数量不应少于成本的 8%，此外，还包括被调查商品的运输到美国的费用、所有容器和包装费用及其他费用。

这种成本的构成的不合理在于它将成本定得较高，因此进口商品的销售价很容易低于其构成的成本而遭到反倾销的惩罚。首先，近几十年来，美国的平均利润只有5%～6%。1989年，美国15家最大企业中的13家的利润都没有达到8%，国内也没有法律规定要求企业的利润必须达到8%，而一般的行政费用必须达到10%。其次，在一些国家经济衰退时期，这种成本的定义在阻止进口方面起着重要作用。经济衰退期间，依据将亏损降低到最小化的原则，企业还必须维持生产，除非商品的价格降低到平均可变成本以下，否则企业没有理由停工。在这种情况下，出口企业的利润还必须达到8%，一般行政费用还必须维持在10%，但这是不可能的。因此，在这种时期，反倾销成为保护国内市场的有效手段。

6.5.2　反倾销及其经济效应分析

倾销成立是进口国政府实行反倾销的必要条件，但不充分，因为作为价格歧视的倾销对进口国来说并非一定是坏事。关贸总协定和世贸组织成员国真正要谴责和反对的是"对进口国境内已建立的某项产业造成重大损害或产生重大威胁，或者对某一国内工业的新建产生严重阻碍"的倾销。

因此，进口国是否应对倾销采取反击措施还要看倾销是否真正伤害了本国产业。根据WTO规定，实施反倾销措施必须满足3个条件：（1）倾销成立；（2）国内产业受到损害；（3）倾销与损害有因果关系。

当进口国认为外国企业有倾销行为时可以发起调查。反倾销调查可以由受倾销影响的国内企业申请，也可以由政府有关部门直接进行。但不管用什么方式开始，政府都必须有足够的证据，包括倾销的证据、损害的证据和倾销与伤害因果关系的证据。而一旦证据确凿，进口国政府就可以实施反倾销措施。

反倾销政策的主要做法是课征"反倾销税"，是一种不超过倾销差价的特别进口税。这种反倾销税对进口国的影响是什么呢？谁从反倾销税中得到利益或受到损失呢？我们利用图6－7对"反倾销税"的效益做一分析。

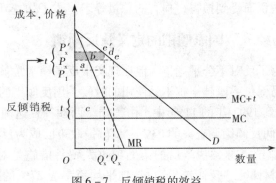

图6－7　反倾销税的效益

图 6-7 是日本钢铁企业在美国的市场。在反倾销税前,日本公司向美国出口 Q_x 吨钢铁,售价为 P_x。由于这一售价低于该公司在其本国市场的价格,美国政府指控其倾销并课征每吨 t 元的"反倾销税"。对日本公司来说,每吨多付出 t 元的税即相对于每吨边际成本增加 t 元,边际成本曲线向上平行移动。在新的边际成本等于边际收益的条件下,日本公司削减出口至 Q_x' 吨。由于供应减少,日本公司的钢材价格上涨到每吨 P_x' 元,市场均衡点从 e 移到了 e'。进口国的政府显然得到了利益,获得了 $t \times Q_x'$ 的税收(c),但消费者则净损失了一部分"消费者盈余"($b+d$)。事实上,由于课征"反倾销税",不仅进口钢材价格提高,美国国产钢材价格也相应上涨,因此钢材消费者的总损失会大于 $b+d$,不过消费者因国内价格上涨所受的损失是国内生产者的收益,从整个进口国来说,不算损失,只是利益的重新分配。政府的收益与消费者的损失究竟哪部分大?为了便于比较,我们将政府收入的部分平行地移到 P_x' 的位置,由于 P_x' 与 P_1 之差等于每吨的倾销税 t 元,面积 $a+b$ 正好等于政府税收部分。我们将 c 变成 $a+b$ 以后,与消费者损失 $b+d$ 的比较就容易了。除了公共区域 b,进口国究竟获利还是受损只需比较 a 与 d 就行了。如果 $a<d$,进口国有净损失,反之,则有净收益。

从以上的分析可以看出,美国有可能通过"反倾销税"而增加经济利益。而且,通过课征"反倾销税"来提高收益比课征一般进口关税更有优越性。在征收一般关税的情况下,进口国必须是大国,才有可能增加收益。而用反倾销税,不一定非大国才行,小国也有可能获益。而且,使用反倾销税还不一定会面对保护主义的指责,课征国甚至可以以一种受害者的姿态出现而受到同情。既然有这么多好处,难怪不少国家纷纷采用这一政策。

不过,从整个世界范围来说,"反倾销税"像所有其他的贸易保护手段一样,会减少社会福利。对于这一点,我们只要把日本钢铁公司的损失包括进来就不难看到。对于日本钢铁公司来说,虽然由于价格提高得到了额外收入,但支付的"反倾销税"是一个损失,正好等于 c。从前面分析中我们知道 $c=b+a$,所以在与 b 抵消之外,日本公司仍然损失 a。另外,由于价格上升销售量下降,日本公司还损失了 $P_x \times (Q_x-Q_x')$,其总损失大大超过了进口国可能的净收益。如果我们把日本和美国的所有利益变动都综合起来的话,整个世界利益会由于美国的反倾销税而受到损害,损害的总量等于 $e'eQ_xQ_x'$ 的梯形面积。

6.5.3 对"非市场经济"国家倾销的定义及反倾销

反倾销的初衷是为了反对不公平竞争,但在现实中反倾销常常被作为一种保护主义的工具,尤其在传统的贸易保护手段越来越不易使用的时候,用反倾销的名义实行保护的做法越来越普遍。从 1987 年到 1997 年的 11 年中,由美国、西欧等发达国家指控别国倾销的案例就有 1376 起,占此期间反倾销调查案的 63%。反倾销政策已成为反对外国竞争者的主要武器。1993 年初,美国总统克林顿执政后的第一项重大贸易措施是对从日本、韩国、德国、英国等 19 国进口的钢材课征"反倾销税"。这项平均税率为 27% 的反倾销政策足以使许多外国钢材从美国市场上消失。过去日本、韩国等一直是被指控为倾销的主要国家,现在日本也开始指控别国向他们倾销。中国改革开放以来被指控"倾销"的第一个案例是 1979 年 8 月欧共体对中国糖精钠征收反倾销税。随着中国日益融入国际市场，针对中国产品发起的反倾销案也越来越多。到 2000 年底，中国已经遭到了近 400 起反倾销调查。

美国和欧共体国家早期的贸易法没有明确什么是"国家控制经济"（State Controlled Economy）或者"非市场经济"（Non-market Economy），也没有列出哪些国家是非市场经济的国家。然而，美国 1988 年的综合贸易法中明确"国家控制经济"的国家是不按成本原则或不按市场价格体制经营的国家，其商品的国内销售价格不反映商品的公平价值。欧共体也通过法律将一些国家指定为"非市场经济"国家。中国也被认定为非市场经济的国家。欧共体和美国认为非市场经济国家的价格不合理，因此不存在把出口国市场价格和进口国市场价格进行比较的前提，因此需要予以特殊规定。

对于所谓非市场经济国家倾销的价格定义是，选择一个类似的市场经济国家的同类产品在该市场上或者在其他国家市场上的销售价格作为公平价值。倾销的成本定义是，选择一个市场经济的国家作为替代国，并以替代国同种产品投入和生产条件的定价标准来决定成本。在选择替代国时，要考虑到其与非市场经济国家具有经济可比性。美国还规定，如找不到一个经济可比的市场经济国家，或无法得到或无法核实必要的资料，则以美国生产或销售价格或构成成本作为公平价值。

上述两种方法都表现出美国和欧共体国家对于所谓非市场经济国家的反倾销具有相当大程度的随意性和不确定性。首先，美国和欧共体都把中国列入"国家控制经济"或"非市场经济"。它们的反倾销机构在许多反倾销案例中认为，中国的产品价格是由政府指定的，与传统的市场经济的价值观念不同，因此其价格不反映公平价值。正因如此，中国的产品才在美国和欧共体市场受到不公平的反倾销的诉讼。事实上，从 1979 年以来，中国进行着经济体制改革，改革的重要内容之一就是价格体制改革。18 年来的改革，使得中国的价格体制发生了根本性的变化。已经由计划定价转变为市场定价。中国许多在美国被指控为倾销的产品，如猪鬃、蜡烛、油漆刷等，大都是乡镇企业生产的，这些产品的价格是由企业以产品的成本作为基础，并考虑市场的供求关系所决定的。第二，在替代国的选择上，具有相当大的随意性和不确定性。例如，欧共体对中国出口的草酸、重烧镁、轻烧镁、自行车链等是以西班牙为替代国，而氯化钡、氢氧化钾、高锰酸钾等产品的替代国是美国。美国对中国反倾销案件中，所选择的替代国，钢铁丝钉是韩国，搪瓷炊具的替代国是日本、加拿大、瑞士、德国、荷兰和法国，蜡烛的替代国是马来西亚，猪鬃的替代国是斯里兰卡。美国对中国的 14 起反倾销案件中，选择了 8 个替代国，欧共体对中国的 16 起反倾销案件中也选择了 8 个替代国。这种替代国的选择，一是与中国的生产水平差别相当地大，有的国家的成本大大地高于中国，仅仅劳动工资成本就是中国的几倍，具有明显的不可比性；二是这么多的替代国，可以任意选择，使得中国的出口企业在定价时，无所适从。特别是欧共体和美国在选择哪一个国家作为替代国，直到案件开始审理前，中国的有关企业是不知道的。这样的反倾销不是贸易保护主义，又能做出其他什么解释呢？

自 1978 年改革开放以来，中国对外贸易迅速发展。1978 年，中国出口总额为 167.6 亿美元。到 2001 年底，中国出口总额已达 2661.6 亿美元，增长了将近 15 倍。但伴随着高速增长的出口，中国企业面对的外国反倾销也日益严重。

外国对中国出口产品的反倾销始于 1979 年 8 月，当时的欧共体（欧盟前身）对从中国进口的糖精钠和机械闹钟提出了反倾销起诉。当年针对中国的反倾销案只有两起，而 2001 年的前 9 个月就有 12 个国家提出 36 起针对中国产品的反倾销案。根据世贸组织和中国国家经贸委产业损害调查局公布的资料，截至 2001 年 9 月底，共有 29 个国家和地区对中国提出 473 项反倾销诉讼。在世贸组织的统计中，自 1995 年世贸组织成立到 2001 年 6 月 30 日，全世界共有 1640 起反倾销案。其中针对中国的最多，共 229 起，占 14%。

对中国提出反倾销诉讼的主要是发达国家，其中欧盟最多，共 92 起，其次为美国，共 87 起。澳大利亚和加拿大也不少，分别以 35 起和 29 起排在第 5 和第 6 位。不少中等收入国家和发展中国家也对中国进行反倾销，其中印度（44 起）、阿根廷（41 起）、墨西哥（29 起）和南非（26 起）尤为突出。中国出口产品遭反倾销的多达数百上千种，大到自行车、彩电、摩托车、钢铁、水泥，小到铅笔、曲别针、蜡烛、尿布垫、大蒜。这些反倾销诉讼案多数会以征收反倾销税结案。美国对中国的反倾销税最高征到过 365%（1994 年的大蒜案），欧盟征到过 83.2%（1994 年的硫酸盐案）。最厉害的是墨西哥，1993 年墨西哥对中国十大类 4 000 多种商品征收反倾销税，最高额为 1105%。此外，在一些反倾销案中征收的是从量税，如在 1997 年的金属镁一案中，反倾销税是每吨 2662 欧洲货币单位（ECU）。当然，也有许多反倾销诉讼案是以撤诉、中止调查、无税或无损害结案的。

本 章 小 结

1. 非关税壁垒在限制外国商品进口时具有灵活性、有效性、隐蔽性、歧视性等显著的特点，常见非关税壁垒包括进口许可证制、"自动"出口配额或"自动"出口限制、外汇管制、进口押金制、最低限价制、启动价格制、国内税、国营贸易、歧视性政府采购政策、海关程序、技术性贸易壁垒等。

2. 进口配额制是限制进口数量的重要手段之一，主要有绝对配额和关税配额两种形式。进口配额导致价格上涨的消费效应和保护效应与关税是一样的，两者都使本国消费者损失经济利益，国内厂商却增加收益。配额中这部分利益的归属取决于政府怎样分配这些进口配额。若一国某种商品市场处于垄断状态，对该种商品实行进口配额，会使垄断加强，造成比征收关税更大的福利损失。

3. 补贴可分为生产补贴、出口补贴、出口信贷补贴、边境退税（或者称为出口退税）。出口补贴对生产、消费、价格和贸易量的影响因在国际市场上的份额大小而不同。出口量不大的小国，出口补贴不会影响国际市场价格。出口补贴的结果是：国内价格上涨，出口工业生产增加，国内消费减少，出口量增加。若是大国，除了造成生产扭曲和消费扭曲外，国际价格会下跌，贸易条件恶化，国内生产和消费的变动也较小国要小。在大国搞出口补贴对本国经济利益造成的损失会大于小国。整个社会的净损失比小国进行出口补贴时要大。征收反补贴税，其结果是出口国政府将会将一笔补贴资金白白地奉送给进口国政府。

4. 倾销是一种国际市场上的价格歧视行为，是不完全竞争企业追求利润最大化的理性选择，也是当代国际行业内贸易形成的原因之一。从对整体利益的影响来看，倾销并没有给进口国带来净损失。但是，为了保护国内企业，进口国政府往往采取一些反倾销措施。另一方面，倾销也经常被企业用来作为争夺国外市场的手段之一。为此，关贸总协定允许各国对倾销征收关税。一国有可能通过"反倾销税"而增加经济利益。而且，通过课征"反倾销税"来提高收益比课征一般进口关税更有优越性。用反倾销税，小国也有可能获益。

5. 美国和欧共体国家对于所谓非市场经济国家的反倾销具有相当大程度的随意性和不确定性。中国受害匪浅。

关键术语

非关税壁垒	Non-tariff Barriers，NTBs
进口许可证制	Import License System
"自动"出口配额	Voluntary Export Quotas
"自动"出口限制	Voluntary Export Restrains
外汇管制	Foreign Exchange Control
进口押金	Advanced Deposit
最低限价	Minimum Price
启动价格制	Trigger Price Mechanism，TPM
国内税	Internal Taxes
国营贸易	State Trade
歧视性政府采购政策	Discriminatory Government Procurement Policy
海关程序	Customs Procedures
海关估价制度	Customs Valuation System
技术性贸易壁垒	Technical Barriers to Trade
进口配额	Import Quotas
全球配额	Global Quotas
国别配额	Country Quotas
单边配额	Unilateral Quotas
双边配额	Bilateral Quotas
关税配额	Tariff Quotas

生产补贴	Subsidies to Production
出口补贴	Subsidies on Exports/Export Subsidy
可诉补贴	Actionable Subsidy
不可诉补贴	Non-actionable Subsidy
出口信贷补贴	Subsidies on Export Credit
偶然性的倾销	Sporadic Dumping
掠夺性的倾销	Predatory Dumping
持续性的倾销	Persistent Dumping

思 考 题

1. 什么是进口配额？其效应与关税效应相比有何异同？

2. 为什么有的国家要补贴出口？大国和小国补贴出口的经济效应有何不同？

3. 既然出口补贴有利于进口国的福利，为什么进口国政府要征收反补贴税？

4. 什么是倾销？倾销成立的条件是什么？为什么倾销常常导致贸易限制？

5. 中国在面对外国的反倾销指控时处于哪些不利地位？

第7章

贸易推动

知 识 要 点

- ☑ 正确认识进口替代和出口导向政策的主要主张及其优缺点。
- ☑ 理解主要的出口支持措施的基本做法。
- ☑ 了解对外贸易乘数理论的基本思想。

技 能 要 点

- ☑ 能够利用所学知识分析主要发展中国家的贸易政策。
- ☑ 能够结合中国实际分析主要出口支持措施的得失。

7.1　贸易推动政策的选择

　　第二次世界大战以前，亚非拉大多数国家是帝国主义的殖民地、半殖民地或附属国。由于长期受到帝国主义的奴役、剥削和掠夺，它们的经济结构单一、畸形，经济发展水平十分落后，人民生活极为贫困。战后，这些国家在政治上纷纷获得独立，开始致力于工业化和民族经济的发展。面对初级产品出口战略给发展中国家造成的种种后果，一些发展中国家试图摆脱传统的"贸易－发展"模式，与此同时，一些经济学家也开始探讨新的外贸发展战略。发展中国家的经济发展问题也成了西方经济学，尤其是它的新分支——发展经济学研究的重大课题。发展经济学家认为，发展中国家政治经济条件千差万别，没有一条共同的发展道路，但对外贸易采取何种战略对经济发展影响极大。因此，他们对发展中国家对外贸易发展战略问题进行了研究和探讨，提出了不同的对外贸易战略模式。

7.1.1 进口替代

所谓进口替代（Import Substitution）战略，就是通过建立和发展本国的工业，替代制成品进口，以带动经济增长，实现工业化，减少贸易逆差，改善国际收支状况。

进口替代型贸易战略的较为科学的定义为：进口替代型贸易战略即以国内生产和保护排斥进口、以内销代替出口的贸易战略。

通过发展本国工业产品生产，以取代进口产品的外贸战略，从第一次世界大战开始，已作为一种自发的历史经济现象出现在少数几个殖民地、附属国。20 世纪 50 年代，许多发展中国家已开始自觉地把进口替代作为促进经济发展的一种贸易战略来执行。

1. 进口替代战略的理论依据

发展经济学家基于对发展中国家实施进口替代战略的直接观察，从理论上论证了进口替代的依据。

依据之一：进口替代是发展中国家摆脱发达国家剥削和控制，避免贸易条件恶化和国际不平等交换的重要途径。普雷维什（R. Prebisch）持这种观点。普雷维什是著名的发展经济学家，他把世界经济体系中的国家分成体系中心的工业发达国家和作为体系外围的不发达国家。普雷维什认为，19 世纪遗留下来的国际分工的格局是不合理的，这种格局加剧了中心与外围国家之间发展的不平衡，导致了中心国家经济上升和扩展，外围国家经济的下降和倒退。因此，发展中国家应该集中更多的资源发展其现代工业，减少初级产品的生产和出口。具体的措施是，一方面实行进口替代政策限制工业品的进口，设法在本国建厂制造，来替代进口的产品；另一方面是面向出口。

他从初级产品贸易条件恶化的观点出发，认为发展中国家应自己生产制成品，这样既可避免受"中心"国家的剥削，又可以建立起国内独立的工业体制。一些激进派学者比普雷维什走得更远，认为发展中国家应通过进口替代战略的实施，不断减少从"中心"国家的进口，以至最后与资本主义世界经济体系"脱钩"，彻底摆脱"外围"国家的依附地位。

依据之二：进口替代是工业化的主要推动力。一些发展经济学家对发达国家的经济发展历史的研究结果显示，基于进口替代的工业增长占工业总增长的很大比重，因而认为国内生产对进口的替代是工业化的强大推动力，发展中国家也不例外。世界银行高级经济顾问钱纳里曾指出，在很多情况下，进口替代带来的工业增长因素占工业化的 50%。另一位发展经济学家赫希哲指出，经济发展就是从最后的生产阶段不断向前进行进口替代的过程，即从最终产品到中间产品再到基础工业原材料的进口替代的工业化过程。

依据之三：进口替代是发展中国家平衡国际收支的重要手段。一些发展经济学家认为，制成品较高的需求收入弹性和初级产品较低的需求收入弹性使发展中国家的进口需求一般比出口需求增长更快，因此发展中国家必须一方面抑制进口需求的增长，另一方面通过建立国内生产，实行进口替代，以解决进口需求与出口需求的不一致，平衡国际收支。

依据之四：进口替代是发展中国家扩大就业的有效途径。一些发展经济学家认为，通过限制进口实施的进口替代战略，因使国内需求改由国内供给来满足而刺激了国内投资的增加、原有产业和企业规模的扩大，以及新产业、新企业的建立，相应地增加了许多就业机会，因而能够吸收大量剩余劳动力，扩大就业。

以上关于进口替代的种种理论依据在很大程度上是与保护贸易理论联系在一起的。可以说进口替代战略与保护贸易存在着必然的联系，民族工业只有在保护政策的扶植下，才能逐步地发展起来。

2. 进口替代型贸易战略的主要政策

在执行进口替代型贸易战略时，一般坚持这样几个具体做法：一是首先发展工业过程比较简单的日用工业品，然后发展重化工业；二是压缩政府的不必要开支，增加生产性投资在国民收入中所占的比重；三是对建立替代工业所必需的机器设备、中间产品或原料的进口采取关税减免和政府补贴的优惠政策；四是通过关税、配额及高估本国币值的办法，限制进口一般工业品，保证机器设备以较低的价格进口。从发展中国家的实践来看，进口替代型贸易战略至少应包括以下 4 点内容。

（1）实行工业化、避免国际剥削是进口替代型贸易战略的根本出发点。

二战以后，随着大批发展中国家的相继独立，谋求经济发展便成为这些国家的首要目标。发展中国家的经济发展是在众多发达国家存在的环境下进行的，如何处理同发达国家的国际经济关系成为发展中国家经济发展中的一个基本问题。发展中国家在独立前一般是单一的初级产品生产国和发达国家工业品的进口国。

发展中国家出口初级产品、发达国家出口工业品构成当时的国际贸易格局。普雷维什、辛格（H. Singer）、谬尔达尔（G. Myrdal）等学者认为，传统的自由贸易理论不适用于当代发展中国家，发展中国家出口初级产品、发达国家出口工业品所构成的国际贸易格局使发展中国家深受剥削，是发展中国家经济发展的最根本的障碍。

1950 年，普雷维什和辛格相继撰文，提出著名的"发展中国家贸易条件恶化论"。他们指出，在发达国家出口工业品、发展中国家出口初级产品的旧的贸易格局下，发展中国家的贸易条件恶化是一种历史趋势，而且这一趋势还将继续下去。普雷维什还通过其著名的"中心-外围论"，阐明了当时的国际贸易格局只对发达国家有利而对发展中国家不利的观点。普雷维什指出，当今世界分为两大体系，即由发达国家组成的中心体系和发展中国家组成的外围体系。中心国家是技术创新者、工业制成品生产者和经济利益获得者，而外围国家则是技术模仿者和原材料提供者，是中心的附庸。两者的贸易关系是，中心向外围出口工业制成品，外围向中心出口初级产品。由于制造业的技术水平和生产率高，制造业产品的价格高、需求收入弹性大；而初级产品的技术水平和生产率低，其产品的价格低、需求收入弹性小，双方贸易的结果是经济剩余流向中心国家，外围国家处于受剥削的附庸地位，难以实现真正的经济发展。

普雷维什等人认为，发展中国家要摆脱国际剥削，实现真正的经济发展，就必须摒弃传统的自由贸易理论，打破旧的国际分工和贸易格局，实行进口替代的贸易战略，以关税保护等手段排斥来自发达国家的竞争，促进本国工业化的实现。这样，实行工业化、避免国际剥削是进口替代型贸易战略的根本出发点。

（2）排斥进口是进口替代型贸易战略的基本政策。

进口替代型贸易战略的首要政策是排斥进口，竭力以国内生产来取代进口。凡是国内能够生产的产品，自然严禁进口；即使国内不能生产的产品，其进口也受到严格控制。进口替代型贸易战略之所以排斥进口，主要是基于以下两点考虑。一是贸易战略目标的需要。进口替代型贸易战略的根本目标是实现工业化和避免来自发达国家的国际剥削，而进口（这里不考虑发展中国家内部的贸易）则必然带来发达国家的剥削，尤为严重的是带来发达国家占有绝对优势的竞争，这种竞争对于发展中国家幼稚的工业来说，被视为毁灭性的打击力量。另外一点考虑是节省外汇的需要。严重外汇短缺是奉行进口替代型贸易战略的发展中国家的常态。其根本的原因在于出口状况的长期恶化。第一，为避免初级产品贸易条件恶化所带来的国际剥削，发展中国家尽量减少初级产品的出口，使其外汇收入的传统渠道严重阻塞；第二，进口替代战略下的资源配置是扭曲的，其制造业产品既不具有国际比较优势，更不具有国际竞争优势，难以成为发展中国家外汇收入的新途径；第三，进口替代型贸易战略严重鼓励内销而歧视出口，更为发展中国家的出口设置了障碍。以上三个主要原因造成了发展中国家出口状况的长期恶化。从长期来看，一国的进口是出口的函数，出口的长期不振必然导致外汇短缺和对进口的严重制约。

（3）鼓励内销是进口替代型贸易战略的另一基本政策。

进口替代型贸易战略的激励机制明显地排斥出口，鼓励内销。其原因至少有三点。第一，在当时，发展中国家的出口部门一般是初级产品，排斥这些产品的出口而鼓励内销，一方面可以避免因贸易条件的恶化而受到的国际剥削，另一方面可以为进口替代部门的发展提供尽可能多的资源。第二，发展中国家由于其进口替代部门不具有竞争力而难以出口，加之避免国际剥削的考虑，对开拓国际市场持消极态度，而把占领本国的市场作为优先目标。第三，进口替代型贸易战略自身的需要。进口替代型贸易战略尽管排斥进口，但也不得不进口一些本国工业化所需的技术设备等必需品，为了使短缺的外汇能购买尽可能多的必需品，缓解必需品进口所带来的压力，发展中国家普遍采取了汇率高估的办法。汇率高估，一方面使以外汇计算的本国商品的价格提高而降低竞争力，另一方面使出口创汇所获得的以本国货币计算的收入减少而挫伤出口部门的积极性。

（4）进口替代型贸易战略是保护性的。

进口替代型贸易战略在很大程度上还是依据传统的"幼稚产业保护论"和"国内市场扭曲论"。主张进口替代型贸易战略的学者认为，发展中国家市场发育程度低，存在诸多缺陷，私人企业力量弱小，单靠市场和私人的力量难以抵御来自发达国家的冲击，难以支撑工业化的启动和发展，需要有政府的干预和保护。尤其重要的是，进口替代型贸易战略的核心是排斥进口，保护进口替代产业，所采用的保护措施主要是一种政府行为，一般只有政府才能胜任。

在进口替代型贸易战略中，政府的保护措施主要有以下几个方面：一是对外国工业制成品尤其是消费品的进口实行保护性关税和包括进口配额在内的非关税壁垒；二是实行汇率高估，以减轻进口替代所需产品进口造成的外汇压力，降低这些部门的进口成本；三是在资本、劳动力、技术、税收等方面提供特殊优惠，以保护进口替代部门免受外国同行和本国其他行业的冲击；四是建立众多的国有企业，垄断和控制大多数进口替代部门。其中，前两项是外部干预和保护手段，后两项是内部干预和保护措施。

3. 进口替代战略存在的主要弊病

　　从20世纪50年代起，许多发展中国家相继实施了进口替代战略。这一贸易战略对于一些发展中国家的进口替代工业部门的发展起一定的作用。第一，国内市场已经存在，因而风险较小；第二，可以减少进口，节省外汇，改善国际收支；第三，可以实现最终产品不同程度的自给，摆脱对外国商品进口的依赖；第四，发展中国家通过贸易保护来发展本国生产，比要求发达国家减少关税以吸收更多的发展中国家出口要更主动和更有保证性；第五，可以促使发达国家由对发展中国家出口转向投资，若发展中国家与外资合营，则可以引进外国的资本和技术，增加就业，培养技术和管理人才，为以后的资金积累和工业发展打下基础。

　　但是，随着进口替代工业化的发展，进口替代面临着一系列严重的问题，因此越来越多的发展经济学家和国际经济学家对"进口替代"战略持否定态度，认为进口替代战略实施的结果，并未达到预期目标，甚至偏离了预定目标。

　　（1）改善国际收支状况的目的未能达到。老的国际收支危机未能解决，又产生新的问题。进口替代虽然在制成品方面节省了外汇，但建立进口替代工业必须进口大批的机器设备，有的还要进口中间产品和原料，这需要大量的外汇，所以在实践上，进口的减少只是进口商品结构的改变。随着进口替代工业的发展，形成了以生产设备和原材料、中间产品进口代替消费品进口。结果不仅不能减少外汇支出、平衡国际收支，反而导致了国际收支的恶化。另一方面在出口收入并无多大增长时，节省外汇的实效就不如初衷。而当外汇收支进一步出现危机时，又会产生新的社会问题，这就是当政府采取收缩进口许可证的发放来对付国际收支危机时，这种临时紧缩政策往往对国内经济和本国的对外经济带来有害的影响，而且还会助长发放进口许可证部门的行贿和黑市交易等腐败现象。

　　（2）经济效率低下，带动国民经济发展的宗旨难以实现。进口替代战略所造成的经济效率低下主要表现在这样几个方面：一是由于对进口替代工业实行保护政策，加之企业技术落后，因而造成产品成本高；二是躲在关税保护墙后的进口替代工业，由于在国内市场上无竞争对手，因此满足于既得利益而不思在竞争力方面进取，由此使得关税保护更加不能撤销，对国民经济现代化反而成为累赘；三是进口替代工业的产品连锁效应弱，很难对其他产业起带动作用。因为这种产品若用作其他部门的投入，会因价格高而降低这些部门的经济效益。如果实行进口替代战略的国家高估币值，那么进口原料和半成品会变得相对便宜，企业因而会从国外进口，从而减少对国内原料的需求，对相关产业的发展不利。

　　（3）进口替代工业的进一步发展难以维持。进口替代工业主要面向国内市场，其发展难免遇到国内市场相对狭小的限制，而不能进行大规模生产以获取规模经济利益，加上一些工业部门的生产率低，生产成本高，缺乏国际竞争力，难以发展出口，因而阻碍了进口替代工业的进一步发展。

（4）非进口替代工业部门和农业部门得不到正常发展。进口替代产业在政府保护下畸形发展，造成资源配置不合理，使非进口替代工业部门和农业部门处于发展缓慢，甚至停滞的困境，结果影响了整个国民经济的发展和工业化进程。

（5）收入不均现象加剧，消费者的利益受到很大的损失。由于币值高估伴随着进口替代的实行，发展中国家出口的初级产品竞争力因价格提高而削弱，因而打击了初级产品部门，减少了低收入阶层的收入，从而扩大了资本所有者与低收入阶层的收入差距。消费者的利益损失表现在：第一，为了使国内替代产业得以发展，就需要以高关税阻止外国同类产品的进入，这样，随着进口替代范围的扩大，关税保护的范围相应扩大，国内消费者长期付出了高昂的代价；第二，许多发展中国家的国内市场狭小，建立起来的进口替代工业受国内容量的限制，不能进行大批量生产而取得规模经济利益，成本高而价格贵，影响消费者的利益。

4. 进口替代型贸易战略的实质

从进口替代型贸易战略的基本内容可以清楚地看出，从根本上讲，进口替代型贸易战略是拒绝贸易利益的，甚至可以说是追求无贸易的贸易战略。

首先，割断国际经济联系、避免国际剥削是进口替代型贸易战略的根本出发点之一。上文已经谈及，在进口替代型贸易战略的倡导者看来，国际贸易对于发展中国家来说几乎是有百害而无一利的，国际贸易总是意味着剥削和压榨。以这样的观点为指导，进口替代型贸易战略自然要忽视国际贸易的种种静态利益和动态利益。

其次，既排斥进口又歧视出口是进口替代型贸易战略的两大基本政策，而国际贸易除了进口和出口就"一无所有"了。这样，国际贸易的静态利益和动态利益自然就无从谈起。排斥了进口，互通有无、优劣互补的静态利益自不待言，国际贸易在产业演进、技术进步、制度创新等方面的动态作用更难以发挥。同时，对出口的歧视，自然首先也妨碍自身优势的发挥，尤其严重的是它促使本国企业在国内市场这个"安乐窝"里与同样"幼稚"的本国其他企业进行低水平的竞争，从而长期（一般来说是永远的）无法具备同外国企业分庭抗礼的竞争力。

一些学者以进口替代战略并不一味地排斥进口尤其是国外中间产品和资本货物的进口为由，认为进口替代战略并不拒绝贸易所带来的好处。这一观点是缺乏充分而有说服力的证据的。暂不论进口替代战略是否排斥贸易所带来的其他方面的利益，单就国外中间产品和资本品的进口而言，进口替代战略也是严格限制的。从实践来看，进口替代国家对中间产品和资本品的保护程度是很高的，尽管低于对消费品的保护程度，但一般都与对所有制成品的平均保护程度不相上下，有的甚至还高于后者。退一步讲，即使进口替代战略主观上不排斥中间产品和资本品的进口，但由于外汇严重短缺的制约，也不得不把这些产品的进口控制在最低限度，因为在存在消费品进口的情况下，通过减少消费品的进口就可以缓解外汇短缺状况。而在进口替代战略中消费品的进口基本上是禁止的，这时要减少进口，就不得不减少中间产品和资本品的进口。

最后，进口替代型贸易战略中政府的保护对于贸易作用的抑制更是不争的事实。在政府的保护伞下，企业对国际贸易所带来的各种激励机制不可能也没有必要理会。

进口替代型贸易战略的实行并没有促进发展中国家工业化的真正实现和经济的持续发展，反而成为经济发展的障碍，拉大了同发达国家的差距。

7.1.2 出口导向战略

进口替代战略的弊病促使人们又开始寻找更有效的外贸战略。这一战略就是出口导向战略。出口导向战略是以非传统的出口，如加工的初级产品、半制成品和制成品，代替传统的初级产品出口。

1. 出口导向战略的含义

出口导向（Export Orientation）战略就是将经济发展重点放在出口贸易上，通过出口的增长推动整个国民经济的增长。出口导向战略又分初级品出口战略和出口替代战略。

初级品出口战略即出口食物和农矿原料，进口发达国家的工业制成品。初级品出口战略是初级外向战略。提出这种战略的经济学家认为，发展中国家应从政治独立后人口大多数仍在农村和农矿产品生产在国民经济中仍占举足轻重地位的实际出发，通过发展初级产品出口来积累工业化资金，同时在此基础上发展农矿产品出口加工工业，促进国民经济的发展。

出口替代（Export Substitution）战略是指通过扩大制成品的出口来带动工业化和整个经济的发展的贸易战略。其主要内容是为了克服进口替代战略的种种弊端和弥补初级品出口对发展中国家经济发展的作用的有限性，发展经济学家于20世纪60年代中期提出了出口替代战略，即发展面向出口工业，以工业制成品和半制成品的出口代替传统的初级品出口，以增加外汇收入，带动工业体系的建立和国民经济的持续增长。出口替代战略是次级外向战略。

出口替代战略包括初级品加工、劳动密集型装配和出口加工、以进口替代为基础的制成品出口三种模式。初级品加工模式是通过对初级产品进行一定程度加工和提高原有初级产品的加工程度以替代初级品出口。马来西亚、泰国、象牙海岸等国均走过这一条路；劳动密集型装配和出口加工模式是通过建立出口加工、装配工业，对进口的半成品或零部件进行加工或装配后再行出口。韩国、新加坡等国曾按这一模式发展对外贸易；以进口替代为基础的制成品出口模式是在进口替代基础上发展制成品出口，以推动经济发展。韩国、新加坡、中国台湾、巴西、墨西哥等国家或地区从20世纪60年代中期起都先后按这一模式从进口替代转向出口导向的对外贸易发展战略。

出口替代战略的实质是追求贸易利益，尤其是贸易所带来的动态利益。首先，出口替代战略主张积极参与国际分工和国际交换，充分发挥比较优势，因而在主观上就树立了追求贸易利益的指导思想。其次，出口替代战略实行自由性的贸易体制，在一般不排斥进口的基础上，大力发展出口，为充分享有贸易所带来的各种好处创造了条件。再次，与初级产品出口型贸易战略不同，出口替代战略并不仅仅局限于追求贸易的静态利益，而是以动态比较优势为基础，力求通过贸易来实现工业化和现代化。对出口鼓励政策所带来的出口扩张，为国内企业的技术进步和制度创新提供了信息交流的渠道和足够的竞争刺激，也为享有进口贸易的好处创造了条件。同时，进口自由化既为本国引进了现代技术和制度，又带来了迫使本国企业采用现代技术和制度的竞争压力，从供给和需求两个方面导致了本国现代经济结构的建立，充分享有了贸易所带来的动态利益。

2. 实施出口导向战略的条件

实施出口导向战略要具备以下一些条件：第一，前期的进口替代战略为本国奠定了一定的工业基础；第二，国内有一定数量和质量的生产要素，包括管理人员、技术人员和熟练工人；第三，国内实施鼓励出口的政策和措施，国际上具有贸易自由化的大环境；第四，同世界市场有密切而稳固的贸易与金融联系，筹措资金容易。

3. 出口替代型贸易战略的主要政策

按照公认的观点，韩国、新加坡、中国的台湾和香港这四个国家或地区是长期实行出口替代型贸易战略的典型。从这些国家或地区的实践来看，出口替代型贸易战略的主要政策包括三个方面：奖励出口政策、遵循比较优势的产业政策和自由性的贸易体制。

1）奖励出口政策

国内市场狭小是发展中国家经济发展初期的一个基本特征，发展中小国或地区尤其如此。为了较快速度、较大规模地实现由产品向货币的转换，最大限度地满足现代经济发展对资本的需求，这些国家和地区就不得不积极地利用国际市场，即重视出口的作用。同时，作为现代技术和制度的外围国家或地区，同一般发展中国家一样，发展中小国或地区也必须大量进口现代技术和制度。为了支撑进口对外汇的需求，出口也显得十分重要。但是，进入世界市场并非易事，要克服诸如成本、质量、制度等许许多多的障碍，尤其是"打入出口市场与躲在保护壁垒后面为国内市场生产相比，要承担更大的风险。成本竞争更为激烈，质量标准更高，也更需要市场。"为了克服过去进口替代战略给出口带来的障碍及其造成的国内企业的惰性，帮助国内企业顺利地进入世界市场，并使其得到比内销更大的甜头，实行出口导向战略的国家便采取了许多鼓励出口的政策。

出口替代战略中鼓励出口的政策工具主要包括五种。第一，有利于出口的汇率。为使国内生产者获得有利的出口价格条件，实行出口替代战略的国家不断实行货币贬值。最初的直接目的是为了矫正过去汇率高估所带来的扭曲，以后是为了维持与国内通货膨胀相适应的汇率。第二，为出口提供补贴和优惠贷款。第三，税收倾斜，包括税收减免、关税返还等。第四，控制工资和物价，避免出口品成本的过快上涨。第五，行政上的优惠，包括简化出口手续、为出口提供原料和设备的专项规定、定期召开出口工作促进会等。

2）遵循比较优势的产业政策

与进口替代战略不同，出口替代战略遵循国际比较优势，希望通过积极参与国际分工和国际交换来实现工业化和产业升级。也就是说，上文谈到的政府对以出口为核心的国内产业的支持并不是针对所有产业的，而基本上只是适用于在特定时期内本国具有比较优势的产业。在20世纪60年代，韩国、中国台湾等奉行出口替代战略的国家和地区的国际比较优势是丰富而廉价的劳动力。于是，这些国家和地区便全力发展劳动密集型产业。在这一时期，政府采取各种措施鼓励劳动密集型产品的生产和出口。到70年代中期以后，随着国内劳动力的利用已比较充分，劳动力成本迅速上升，劳动力的低成本优势开始减弱；同时随着经济的发展，国内资本这一生产要素变得相对丰富，并初步拥有了比较优势。在比较优势正在发生变动的背景下，韩国等国或地区便开始重点发展资本密集型产业。例如，1973年，韩国制定了《国民投资基金法》，以加大对重化工业的投资。1974年，台湾也明确提出了"工业升级"的口号，积极进行旨在发展重化工业的"十大建设"。

3）自由性的贸易体制

出口替代战略客观上要求实行自由性的贸易体制。首先，出口替代战略的基本目标在于通过本国有竞争力的产品占领国际市场。如果实行像进口替代战略那样严格的贸易保护，必然使国内产品的竞争力因企业安于落后而得不到提高。其次，出口替代战略需要"大进大出"，即一国要大量出口本国具有比较优势的产品，就必须大量进口本国不具有比较优势的产品，以充分享有国际贸易的好处。否则，如果通过贸易壁垒来限制本国不具有比较优势的产品尤其是出口产品生产所需的投入品的进口，必然导致本国的资源无法实现最佳配置，并严重妨碍出口产业的发展。再次，在出口替代战略中，政府要使生产者转向世界市场，就必须相对地多给一点为世界市场而生产的甜头。这就意味着要降低对某些有利的工业实行的高度保护性关税，并避免对进口商品的数量限制。因为这个战略若要成功，就需要国内的公司能按世界标准有效地生产。

当然，在奉行出口替代型贸易战略的国家和地区中，中国香港和新加坡的贸易体制几乎是完全自由的，而韩国、中国台湾，尤其是韩国所实行的自由贸易体制则是相对意义上的。在后者实行出口替代战略的过程中，也存在一定的贸易保护政策。这些政策有些是合理的（如适度保护幼稚产业、保障国际收支平衡所需的政策），有些则是不合理和有害的。但无论如何，与奉行进口替代战略的国家相比，实行出口替代战略的国家和地区的贸易体制是属于自由性的。这是出口替代战略的客观要求。在奉行进口替代型贸易战略的国家和地区中，韩国贸易体制的保护性较强，但与其他奉行进口替代型贸易战略的国家相比，其保护性仍然是比较弱的。例如20世纪70年代末期，印度、巴基斯坦、孟加拉国的未加权平均关税都在70%以上，而韩国仅为24.9%。

4. 出口导向战略的作用

从实践上看，出口导向战略确实对发展中国家的经济发展产生了重要的作用：一是对外贸易增长较快，出口商品中制成品所占比重迅速上升；二是经济发展速度加快，人均国民生产总值迅速增长，1965年至1979年间，巴西、新加坡、韩国及中国香港和台湾地区的经济增长迅速，国民生产总值年均增长达8.6%以上；三是制造业在国内生产总值中所占比重显著上升，一些国家已接近发达国家的水平，在工业内部，轻重工业的比重进一步调整，重工业比重开始上升；四是外资比重下降，外汇储备增多，外债偿还能力相对提高；五是大多数新兴工业化国家和地区与其他发展中国家相比，农业生产发展比较平稳，速度也较快。

出口导向战略之所以发挥这样的作用，在于这种战略有许多优势；出口导向战略是一种外向型的发展战略，它以国际市场为目标，发展本国有比较优势的产品，因此采取出口导向战略符合比较优势原理，它促进了资源的优化分配；出口导向战略在外汇收支上着眼于"开源"，而进口替代战略着眼于"节流"，因此在获得同样单位的外汇时，出口导向战略所需国内经济付出的代价要少得多；此外，制造业在国民经济中的横向联系和纵向联系广泛，不仅可带动相关产业的发展，而且可以增加就业，及时把国际市场最新信息传导到国内，从而使国民经济走上高速增长的道路。

1）初级产品出口战略的成功

初级产品出口战略在历史上确有成功的先例。19世纪美国、加拿大、澳大利亚等国的经济发展时期就是实行这种贸易模式。战后直到60年代以前，发展中国家也都是这种贸易格局。但是，由于发展中国家的初级产品贸易条件恶化，开发资金缺乏，以及初级品在发展中国家国内连锁效应不能很好发挥等多方面原因，初级品出口战略对发展中国家经济发展的作用越来越有限。尽管如此，初级品出口战略目前对很多发展中国家仍有实践意义。其一，以初级产品出口为主的国家，初级品出口仍是进口国民经济必需物品的主要外汇来源；其二，发展中国家由于对粮食、肉类、水果、蔬菜及咖啡、可可、香蕉等热带产品需求的收入弹性和价格弹性均较高，因此对这些产品的吸收能力较强，加强"南南合作"使发展中国家的经济发展有着广阔的前景；其三，初级品行业是劳动密集型行业，扩大出口有利于劳动就业。

2）出口替代型贸易战略的成功

在大多数发展中国家实行进口替代型贸易战略失败的同时，亚洲"四小龙"所实行的出口替代型贸易战略则取得了成功。其主要标志有以下几个方面。第一，实现了经济的高速增长和生产率的持续提高。实行出口替代型贸易战略的国家或地区1975—1989年国内生产总值年均增长8.05%，全要素生产率年均增长3.2%，大大高于实行进口替代型贸易战略的国家。第二，人均收入水平迅速提高。1960年，中国香港、新加坡、中国台湾和韩国的人均国内生产总值分别为310、428、80和159美元，1994年则分别提高到21 650、22 500、11 597和8260美元。第三，实现了产业结构的高级化。在不到30年的时间里，这些国家和地区已经实现了由劳动密集型产业到资本密集型产业再到技术密集型产业的转换，几乎每10年一个台阶。如今，这些国家在电子、通信、核能设备等高技术产业已经具备了同一般发达国家相抗衡的能力。

出口替代型贸易战略之所以能取得成功，其根本原因也在于它追求而不是排斥贸易利益，尤其是贸易在促进技术进步、产业演进和制度创新等经济发展中的动态利益。出口替代与进口替代相比，具有许多优势。其一，出口替代有利于较为合理地配置资源。在实施出口替代战略时，因推行一定程度的贸易自由化，使本国生产要素能够较为迅速地转移到经济效率较高的产业，从而使出口的产品较为客观地体现本国的比较优势。同时，市场的相对开放鼓励了竞争，从而进一步激发了企业内部的技术创新，技术水平和管理水平会迅速提高，资源配置更趋合理。其二，出口替代有利于提高产品的国际竞争力。实施出口替代战略，企业和产业面向国际市场，其规模不再受到国内市场相对狭小的限制，因而能够按照生产的技术性质达到经济效益最高的最佳规模，有利于提高产品在国际市场上的竞争能力。其三，出口替代有利于改善国际收支状况。出口替代推动的出口增长，尤其是具有较高需求弹性的制成品出口增长可大大增加外汇收入，有效改善本国的国际收支状况，成为经济发展的资金源泉，促进本国经济的发展。其四，出口替代更有利于提高就业水平。由于出口替代产业往往是劳动密集型产业，并面向广阔的国际市场，因此出口替代产业比进口替代产业能够吸收更多的劳动力。而且，由于面对国际市场竞争，不仅就业规模扩大，就业结构亦趋于合理，劳动力素质也会不断提高。

5. 出口导向战略存在的主要弊病

出口导向战略在实践中也暴露出一些弊病：一是出口导向战略意味着"贸易立国"，在20世纪80年代以来世界经济结构调整背景下，国际贸易摩擦逐渐增多，因此以贸易带动本国经济发展碰到的困难越来越大。二是出口导向战略主要面向世界市场，这加深了这些经济部门对国外市场和外资的依赖性，容易受到世界市场波动的冲击，西方国家的经济萧条会立即传递到这些国家。三是容易造成经济发展的不平衡，即出口生产部门发展较快，而一些面向国内市场的中小型工业和农业部门却发展缓慢，处于落后的状态。四是由于实行外资进出自由化政策，其结果是一方面为这些国家带来资金和技术，但也使一些重要工业部门程度不同地为外商控制，使大量资金外流，外债急剧增长。五是收入不均，两极分化。新兴工业化国家和地区的出口替代工业化只给少数的资产阶级带来利益，广大劳动者仍然很贫困，阶级矛盾尖锐，蕴藏着深刻的社会危机。

7.2 贸易推动措施

贸易推动措施主要体现为鼓励出口的措施，即出口国政府通过经济、行政和组织等方面的措施，促进本国商品的出口，开拓和扩大国外市场。

7.2.1 出口信贷

出口信贷（Export Credit）是一个国家的银行为了鼓励商品出口，加强商品的竞争能力，对本国出口厂商或外国进口厂商提供的贷款。这是一国的出口厂商利用本国银行的贷款扩大商品出口，特别是金额较大、期限较长，如成套设备、船舶等出口的一种重要手段。出口信贷利率一般低于相同条件资金贷放的市场利率，利差由国家补贴，并与国家信贷担保相结合。

出口信贷按借贷关系可以分为卖方信贷和买方信贷两种。

1. 卖方信贷

所谓卖方信贷（Supplier's Credit），是指出口方银行向出口商（即卖方）提供的贷款。其贷款合同由出口商与银行签订。卖方信贷通常用于那些金额大、期限长的项目。因为这类商品的购进需用很多资金，进口商一般要求延期付款，而出口商为了加速资金周转，往往需要取得银行的贷款。卖方信贷正是银行直接资助出口商向外国进口商提供延期付款，以促进商品出口的一种方式。

2. 买方信贷

所谓买方信贷（Buyer's Credit），是指出口方银行直接向进口商（即买方）或进口方银行提供的贷款，其附加条件就是贷款必须用于购买债权国的商品，这就是所谓约束性贷款（Tied Loan）。买方信贷由于具有约束性而能起到扩大出口的目的。

在出口信贷中，利用买方信贷较卖方信贷为多。从卖方信贷产生的历史看，出口商首先以赊销或延期付款方式出售设备，由于资金周转不灵，才由本国银行给予资金支持，即交易的开端首先由商业信用开始，最后由银行信贷加以补充与支持。最近20年来，国际上金额大、期限长的大型项目及成套设备交易增加，而商业信贷本身存在的局限使出口商筹措周转资金困难。因此，由银行直接贷款给进口商或进口方银行的买方信贷迅速发展起来。买方信贷属银行信贷，由于银行资金雄厚，提供信贷能力强，高于一般厂商，故国际间利用买方信贷大大超过卖方信贷。买方信贷还令出口商可以较早地得到货款和减少风险，进口厂商对货价以外的费用也比较清楚，便于其与出口厂商进行讨价还价。此外，对于出口方银行来说，贷款给国外的买方银行，要比贷款给国内企业风险更小，因银行的资信一般高于企业。另外，银行提供买方信贷，既能帮助出口厂商推销产品，加强银行对该企业的控制，又能为银行资金在国外的运用开拓出路。

由于出口信贷能有力地扩大和促进出口，因此西方国家一般都设立专门银行来办理此项业务，如美国进出口银行、日本输出入银行、法国对外贸易银行、加拿大出口开发公司等。这些专门银行除对成套设备、大型交通工具的出口提供出口信贷外，还向本国私人商业银行提供低利率贷款或给予贷款补贴，以资助这些商业银行的出口信贷业务。

我国也于1994年7月1日正式成立了中国进出口银行。这是一家政策性银行，其资金来源除国家财政拨付外，主要是中国银行的再贷款、境内发行的金融债券和境外发行的有价证券，以及向外国金融机构筹措的资金等。其任务主要是对国内机电产品及成套设备等资本品货物的进出口给予必要的政策性金融支持，从根本上改善我国出口商品结构（目前主要是资源产品和轻纺产品），以促进出口商品结构的升级换代。

7.2.2 出口信贷国家担保制

出口信贷国家担保制（Export Credit Guarantee System）就是国家为了扩大出口，对于本国出口商或商业银行向国外进口商或银行提供的信贷，由国家设立的专门机构出面担保。当外国债务人由于政治原因（如进口国发生政变、革命、暴乱、战争及政府实行禁运、冻结资金或限制对外支付等），或由于经济原因（如进口商或借款银行因破产倒闭无力偿付、货币贬值、通货膨胀等）拒绝付款时，这个国家机构即按照承保的数额给予补偿。这项措施是国家替代出口商承担风险，是扩大出口和争夺国外市场的一个重要手段。以英国出口信贷担保署（The Export Credit Guarantee Department）为例，该署对商业银行向出口商提供的某些信贷提供担保，一旦出现贷款过期未能清偿付款时，该署可给予商业银行100%的偿付，而不问清付的原因，但保留对出口商要求偿付的追索权。如果出口商不付款的原因超过其所承保风险之外，该署可要求出口商偿还。可见，出口信贷国家担保制能使银行减少或避免贷款不能收回而蒙受的损失，有利于银行扩大出口信贷业务，促进商品输出。这是一种提高商品非价格竞争力的重要手段。

出口信贷国家担保制的担保对象主要有两种。① 对出口厂商的担保。出口厂商输出商品时所需的短期或中长期信贷均可向国家担保机构申请担保。有些国家的担保机构本身不向出口厂商提供出口信贷，但可为出口厂商取得出口信贷提供有利条件。例如，有的国家采用保险金额的抵押方式，允许出口厂商所获得的承保权利，以"授权书"方式转移给供款银行而取得出口信贷，这种方式使银行提供的贷款得到安全保障，一旦债务人不能按期还本付息，银行可直接从担保机构得到补偿。② 对银行的直接担保。通常银行所提供的出口信贷均可申请担保。这种担保是担保机构直接对供款银行承担的一种责任。有些国家为了鼓励出口信贷业务的开展和提供贷款安全保障，往往给银行更为优厚的待遇。

对出口信贷进行担保往往要承担很大的风险。由于该措施旨在为扩大出口提供服务，收费并不高，以减轻出口商和银行的负担，因此往往会因保险费收入总额不抵偿付总额而发生亏损。例如，1986年，英国出口信贷担保署亏损11.99亿美元，美国进出口银行亏损3.33亿美元，日本通产省出口担保课亏损8.1亿美元。严重的亏损情况使得私人保险公司不愿也无力经营，所以对出口信贷进行担保只能由政府来经营和承担经济责任。目前，世界上有的发达国家和许多发展中国家都设立了国家担保机构，专门办理出口信贷保险业务。我国的中国进出口银行除了办理出口信贷业务外，也办理出口信用保险和信贷担保业务。

7.2.3　补贴商品倾销

商品倾销由于实行低价策略，必然会导致出口商利润减少甚至亏损。这一损失一般可通过以下途径得到补偿。① 采用关税壁垒和非关税壁垒措施控制外国商品进口，防止对外倾销商品倒流，以维持国内市场上的垄断高价。② 出口国政府对倾销商品的出口商给予出口补贴，以补偿其在对外倾销商品中的经济损失，保证外汇收入。③ 出口国政府设立专门机构，对内高价收购，对外低价倾销，由政府负担亏损。如美国政府设立的农产品信贷公司，在国内高价收购农产品，而按低于国内价格一半的价格长期向国外倾销。由此引起的农产品信贷公司的亏损则由政府财政给予差额补贴。④ 出口商在以倾销手段挤垮竞争对手，垄断国外市场后,再抬高价格,以获得的垄断利润来弥补以前商品倾销的损失。实际上,采取上述措施,往往不仅能够弥补损失,而且还会带来较高利润。

7.2.4 外汇倾销

外汇倾销(Exchange Dumping)是指一国降低本国货币对外国货币的汇价,使本国货币对外贬值,从而达到提高出口商品价格竞争力和扩大出口的目的。外汇倾销是向外倾销商品和争夺国外市场的一种特殊手段。以美元对日元的汇率变化为例,从 1985 年 2 月 26 日至 1995 年 10 月 10 日,美元与日元的比价从原来的 1 美元合 264 日元,跌至 100.43 日元,1995 年 4—5 月间还跌破 80 日元,美元贬值 62%。这意味着,一件 100 美元的美国商品 1985 年在日本的售价为 26 400 日元,而 1995 年仅为 10 043 日元,而一件 26 400 日元的日本商品 1985 年在美国的售价为 100 美元,1995 年则为 263 美元。由此可见,一国的货币(如美元)贬值即汇率下跌后,出口商品用外国货币(如日元)表示的价格降低,这就提高了该国(如美国)商品的价格竞争能力,从而有利于扩大出口。而同时,进入该国的外国商品(如日本货)以该国货币(如美元)表示的商品价格就会上涨,削弱了该外国商品的价格竞争力,从而又会限制进口。因此,实行外汇倾销会同时起到扩大出口和限制进口的双重作用。

中国在 1994 年汇率并轨以前就对外贸企业实行不同汇率。国家的官方汇率是 1 美元 = 5.7 元人民币,而在外汇调剂市场上的汇率则是 1 美元 = 8.7 元人民币。从 1985 年 1 月起,中国政府为促进出口,允许出口企业保留出口外汇收入的 50% 以自主使用。企业在按规定上交外汇后可将留成部分通过外汇调剂市场换成人民币。由于外汇调剂市场上的美元汇率高于官方汇率,企业的出口能力和积极性大大增加。一方面,企业可以将留成的外汇在外汇调剂市场上换得更多的人民币(增加收入);另一方面,企业也可适当降价以增加出口,因为这相当于有 50% 的汇率实行了贬值。

然而,外汇倾销不能无限制和无条件地进行,必须具备一定的条件才能起到扩大出口和限制进口的作用。(1)出口商品具有较大的价格弹性,即由于贬值引起的出口销售量增加幅度会大于本国货币的贬值幅度。(2)本国货币对外贬值的幅度大于国内物价上涨的程度。本国货币对外贬值必然引起进口原料和进口商品的价格上涨,由此带动国内物价普遍上涨,使出口商品的国内生产价格上涨。当出口商品价格上涨幅度与货币对外贬值幅度相抵时,因货币贬值而降低的出口商品外汇标价会被因生产成本增加引起的该商品的国内价格上涨所抵消。由于货币对外贬值可以使出口商品的外汇标价马上降低,而国内物价上涨却有一个时滞,因此外汇倾销必须在国内价格尚未上涨或上涨幅度小于货币贬值幅度的前提下进行。由此可见,外汇倾销所起作用的时间是有限制的,或者说外汇倾销的作用是暂时的。(3)其他国家不同时实行同等程度的货币贬值和采取其他报复性措施。换言之,外汇倾销措施必须在国际社会认可或不反对的情况下方能奏效。(4)不宜在国内通货膨胀严重的背景下贸然采用。一国货币的对内价值与对外价值是互为联系、彼此影响的。一国货币汇价下跌(即对外价值下跌）迟早会推动其对内价值的下降，从而给已经严重的通货膨胀局面火上加油。

最后，必须注意的是，实行外汇倾销的代价十分昂贵。由于外汇倾销的实质是降低出口商品的外汇标价以换取出口数量的增加，从而达到增加外汇收入的目的。因此，外汇倾销实际上使同量出口商品所能换回的进口商品数量减少，贸易条件趋于恶化。也就是说，外汇倾销可以推动商品出口大量增加，但外汇收入不能与出口量同比率增长。另外，它有时甚至会引起国内经济的混乱，出现得不偿失的结果。

7.2.5 经济特区

经济特区（Special Economic Zone）是指一个国家或地区在其管辖的地域内划出一定非关境的地理范围，实行特殊的经济政策，以吸引外商从事贸易和出口加工等业务活动。在这个区域内，政府通过降低地价、减免关税、放宽海关管制和外汇管制，提供各种服务等优惠方法，吸引外国商人发展转口贸易，或鼓励和吸引外资，引进先进技术，发展加工制造业，以达到开拓出口货物、增加外汇收入、促进本国或本地区经济发展的目的。

经济特区的发展已有很长的历史，它与对外贸易的发展有着密切的联系。早在 1228 年，法国南部马赛港就已在港区内开辟自由贸易区，以便让外国货物在不征收任何捐税的情况下进入港口的特定区域，然后再向外输出。15 世纪末，德意志北部的几个自由市联合起来，建立自由贸易联盟，史称"汉萨同盟"。为促进同盟内部的通商贸易，选定汉堡和不来梅两地作为自由贸易区。可见，自由港与自由贸易区的雏形早在封建社会的后期便已出现。随着资本主义的不断发展，自由港与自由贸易区不断涌现。从 17—19 世纪，在国际贸易中占有优势地位的国家，如荷兰、英国等，为了扩大对外贸易，增加外汇盈利，相继把地中海沿岸的某些港口（如直布罗陀）及中东、东南亚和加勒比海一带的某些港口辟为自由港，其中包括亚丁、吉布提、滨城、新加坡及中国的香港、澳门等地区。进入 20 世纪 40 年代，自由港或自由贸易区在国际贸易中担当起越来越重要的角色。第二次世界大战以后，在世界重要航线上，建立了一批新的自由港或自由贸易区，南美最大的自由贸易区——巴拿马科隆自由贸易区即是一例。20 世纪 50 年代末 60 年代初，一批新型的经济特区——出口加工区开始出现。爱尔兰于 1959 年在香农国际机场兴建的经济特区是世界上第一个出口加工区。1965 年世界上第一个以出口加工区命名的经济特区在我国台湾地区的高雄兴建起来。自此以后，出口加工区这类新型的经济特区便在发展中国家和地区迅速涌现。这主要是由于发展中国家在 60 年代前后纷纷转向"出口导向"的工业化发展战略，以及国际分工向纵深发展，发达国家的许多劳动密集型工业逐步向发展中国家和地区转移，国际资本向发展中国家和地区投资设厂。

目前，世界各国设置的经济特区主要分为以下几种。

1. 自由贸易区

自由贸易区（Free Trade Zone）是划在关境①以外的一个区域，对进出口商品全部或大部分免征关税，并且准许在港内或区内进行商品的自由储存、展览、加工和制造等业务活动，以促进地区经济及本国对外贸易的发展。外国商品除了进港口时免缴关税外，一般还可在港区内进行改装、加工、挑选、分类、长期储存或销售。外国商品只是在进入所在国海关管辖区时才纳税。

自由贸易区的最早形式是自由港（Free Port），又称自由口岸，是指全部或绝大多数外国商品可以豁免关税自由进出口的港口，同时享有贸易自由、金融自由、投资自由、运输自由。自由港一般具有优越的地理位置和港口条件，其开发目标和营运功能与港口本身的集散作用密切结合，以吸引外国商品和扩大转口。目前，如德国的汉堡和不莱梅、丹麦的哥本哈根、意大利的热那亚和里雅斯特、法国的敦刻尔克、葡萄牙的波尔，以及新加坡和我国的香港特区，都是世界著名的自由港。

自由贸易区一般分两种：一种是包括了港口及其所在的城市，例如中国香港。另一种是仅包括港口或其所在城市的一部分，即"自由港区"，如德国汉堡自由贸易区是汉堡市的一部分，占地仅 5.6 平方英里。

设立自由港和自由贸易区的主要目的是为了方便转口和对进口货物进行简单加工，主要面向商业，并以转口邻近国家和地区为主要对象。国际上通行的自由贸易区内基本没有关税或其他贸易限制，实施贸易与投资自由化的政策与法规，贸易区内人、财、物及信息的流动都比较自由，办事程序简便、透明，政府部门办事效率高，通关速度快且资金融通便利。自由贸易区通常还有完善的海、陆、空交通基础设施，有发达的国际化的多式联运体系和物流体系，有满足现代大型集装箱船舶需要的深水港及其港务体系，有通向世界各地的航线及发达的内支线。

尽管自由贸易区本身是对进出口的双向鼓励，但多数国家在本国境内开设自由贸易区的目的是为了促进出口。

2. 出口加工区

出口加工区（Export Processing Zone）是指一个国家或地区在其港口、机场附近交通便利的地方划出一定区域范围，新建和扩建码头、车站、道路、仓库和厂房等基础设施，并提供减免关税和国内税等优惠待遇，鼓励外商在区内投资设厂，生产以出口为主的制成品。出口加工区是一国专门为生产出口产品而开辟的加工制造区域，在此区域内，一些以出口为导向的经济活动受到一系列政策工具的刺激和鼓励，而这些政策工具通常不适用于其他经济活动和其他经济区域。加工区生产的产品全部出口或大部分供出口。

---

① 关境，是一个国家执行统一海关法律的境域。一般情况下，关境等于国境，但也有不同的情况，在欧盟实行的是统一关税政策，关境就大于国境。由于中国的台湾、香港和澳门都实行独立的关税政策，中国的关境实际上小于国境。设置经济特区时，一国的关境也会小于国境。

出口加工区是 20 世纪 60—70 年代在一些发展中国家和地区建立和发展起来的，其分布以非洲和亚洲为最多。出口加工区与自由贸易区相比，其主要特点是面向工业，以发展出口加工工业为主，而不是面向商业。出口加工区既提供了自由贸易区的某些优惠待遇，又提供了发展工业生产所必需的基础设施，是自由贸易区与工业区的一种结合体，即兼有工业生产与出口贸易两种功能的工业－贸易型经济特区。东道国设置出口加工区的主要目的是吸引外国投资，引进先进技术和设备，扩大出口加工工业和加工品的出口，增加外汇收入，促进本地区外向型经济的发展。加工区内的大部分公司是跨国公司的子公司，而这些公司生产的产品均销往国外。

出口加工区有综合型和专业型两种。前者在区内可经营多种出口加工工业，如菲律宾的巴丹出口加工区即属此类；后者在区内只准经营某种特定的出口加工产品，如印度孟买的圣克鲁斯电子工业出口加工区，专业发展电子产品的生产和出口。目前世界各地的出口加工区大部分是综合型出口加工区。

东道国提供各种鼓励措施以吸引外国公司进入出口加工区，这些措施包括免税、提供廉价的劳力和土地租金、放宽管制、限制工会活动，等等。对跨国公司来说，所有这些特权（优惠政策）均可通过出口加工区转化成比向其他地方投资来得高的盈利潜力。东道国除了要提供优惠待遇以吸引外国厂商投资设厂外，还应加强对外国投资者的引导和管理，如对外国投资者进行资格审核，限制投资项目，对产品的销售市场进行规定等。这样可以从客观上保证外商投资项目的技术先进性和适用性，或保证该项目能大批吸纳劳动力，解决部分就业问题，或者能大量采用区外原料，从而带动本地区的经济发展。此外，加强投资管理还可以避免区内工厂利用其优惠待遇与区外工厂争夺市场等事件的发生。

中国从 2000 年开始批准 15 个出口加工区试点，它们位于大连、天津、北京大竺、烟台、威海、江苏昆山、苏州工业园、上海松江、杭州、厦门杏林、深圳、广州、武汉、成都、吉林辉春。这些加工区的功能比较单一，仅限于产品外销的加工贸易，区内设置出口加工企业及相关仓储、运输企业。加工区对出口产品免征增值税和消费税，有力地促进了产品的出口。区内实行封闭式的区域管理模式，海关在实行 24 小时监管的同时，提供更快捷的通关便利，实现出口加工货物在主管海关"一次申报、一次审单、一次查验"的通关要求。

3. 保税区

保税区（Bonded Area）也称保税仓库区（Bonded Warehouse），是由海关设置的或经海关批准设置的特定地区和仓库。外国商品可以免税进出保税区，在保税区内还可对商品进行储存、改装、分类、混合、展览、加工和制造等。但是，商品若从保税区内进入本国市场，则必须办理报关手续，交纳进口税。设置保税区主要是为了发展转口贸易，增加各种费用收入，并给予贸易商经营上的便利。

保税区制度是一些国家（如日本、荷兰）在没有设立自由港或自由贸易区的情况下设立的，它实际上起到了类似自由港和自由贸易区的作用，只是其地理范围一般相对较小。中国自 1990 年 5 月以来已建成了上海外高桥、天津港、大连、青岛黄岛、张家港、宁波、厦门象屿、福州、海口、汕头、珠海、广州、深圳福田、沙头角和盐田港 15 个保税区，规划开发面积累计 42.39 平方公里。

4. 自由边境区

自由边境区（Free Perimeter）也称自由贸易区域（Free Trade Area），是指设在本国省市地区的某一地段，按照自由贸易区或出口加工区的优惠措施，对区内使用的机器、设备、原料和消费品实行减税或免税，以吸引国内外厂商投资。若从区内转运到本国其他地区出售，则须照章纳税。外国货物可在区内进行储存、展览、混合、包装、加工和制造等业务活动。与出口加工区不同，外国商品在自由边境区内加工制造后主要用于区内使用，只有少数用于出口。因此，设立自由边境区的目的是吸引投资开发边境地区的经济。有些国家因而对优惠待遇规定了期限，或在边境地区生产能力发展后，就逐渐取消某些优惠待遇，甚至废除自由边境区。自由边境区现不常用，仅见于拉丁美洲少数国家。中国在中俄边境、中越边境也有少量的自由边境区。

过境区（Transit Zone）又称中转贸易区，是指某些沿海国家为方便内陆邻国的进出口货运，根据双边协定，开辟某些海港、河港或边境城市作为过境货物的自由中转区，对过境货物简化海关手续，免征关税或只征收小额的过境费。过境区与自由港的明显区别在于，过境货物在过境区内可短期储存或重新包装，但不得加工制造。过境区一般都提供保税仓库设施。泰国的曼谷、印度的加尔各答、阿根廷的布宜诺斯艾利斯等都是这种以中转贸易为主的过境区。

5. 科学工业园区

科学工业园区（Science-based Industrial Park）又称工业科学园、科研工业区、高技术园区（Hi-tech Park）等，是一种科技型经济特区。它以加速新技术研制及其成果应用，服务于本国或本地区工业的现代化，并便于开拓国际市场为目的，通过多种优惠措施和方便条件，将智力、资金高度集中用于高新技术研究、试验和生产。

科学工业园区最早形成于 20 世纪 50 年代末 60 年代初的美国，70 年代逐渐在世界范围内兴起，80 年代以后进入发展期，90 年代进入高峰期。科学工业园区主要分布在发达国家和新兴工业化国家，以美洲为最多。世界知名的科学工业园区有：美国的"硅谷"、英国的"剑桥科学园区"、新加坡的"肯特岗科学工业园区"、日本的"筑波科学城"、我国台湾的"新竹科学工业园区"等。

科学工业园区的主要特点是：有充足的科技和教育设施及高校、研究机构；以一系列企业组成的专业性企业群为依托；区内企业设施先进，资本雄厚，技术密集程度高，信息渠道畅通，交通发达，政策优惠；鼓励外商在区内进行高科技产业的开发；吸引和培养高级技术人才；研究和发展尖端技术和产品。与出口加工区侧重于扩大制成品加工出口不同，科学工业园区旨在扩大科技产品的出口和扶持本国技术的发展。

科学工业园区有自主型和引进型两类。前者主要靠自有的先进技术、充裕资金及高级人才来促进本国高新技术产业的发展，发达国家新设园区多属此类；后者则采取引进外资、技术、信息与人才的办法来进行合作研究与开发，发展中国家和地区所设园区多属此类。

综观世界经济特区的发展，其数量由少到多，发展迅速；设区范围自西欧扩展到全球；功能从单纯贸易型到工贸结合型并向综合型发展；经营内容从商品的交换到商品的生产并扩展到商品的研制；生产结构从劳动密集型向资金、技术和知识密集型调整。总的趋势由初级形态向高级形态发展。

第二次世界大战前，大约有26个国家和地区设立了75个自由港和自由贸易区。这时的经济特区，功能比较单一，主要是通过减免进出口税等手段来发展对外贸易。二战后，经济特区进入了一个蓬勃发展的阶段。在这一时期，出口加工区颇为盛行，到70年代末，世界经济特区的总数增加到328个。80年代以来，科学工业园区成了后起之秀，大规模的综合性经济特区开始崛起，并推动经济特区进一步蓬勃发展。至80年代末90年代初，设立各类经济特区的国家已达100个，经济特区的总数已增至900多个。

全球经济特区的迅速发展，使其贸易总额不断增加，其贸易额占世界贸易总额的比重也不断上升。据统计，全世界各类经济特区的贸易总额占世界贸易总额的比率，1979年为7.7%，1985年为20%，1990年猛增到33%，1994年突破35%，近几年这一比率继续上升。同时，世界经济特区的产业结构也日趋多元化和高技术化。首先，传统的自由港和自由贸易区在继续经营贸易、仓储等业务的同时，日益重视发展加工制造业。在发达国家，传统产业逐渐被新科技、高技术密集型产业所取代。其次，发展中国家为了发展本国经济，希望利用自己丰富的劳动力和自然资源来吸收外资、引进技术，建立劳动密集型加工区，实行"面向出口"的经济战略。

7.2.6 促进出口的组织措施

第二次世界大战后，西方国家为了促进出口贸易的扩大，在制定一系列的鼓励出口政策的同时，还不断加强出口组织措施。这些措施主要有以下几个方面。

（1）成立专门组织，研究与制定出口战略。例如，美国1960年成立了"扩大出口全国委员会"，其任务是向美国总统和商务部长提供有关改进和鼓励出口的各项措施的建议和资料；1978年成立了"出口委员会"和"跨部门的出口扩张委员会"，附属于总统国际政策委员会；1979年成立了"总统贸易委员会"，集中统一领导美国对外贸易工作；1992年成立了国会的"贸易促进协调委员会"；1994年1月又成立了第一批"美国出口援助中心"；等等。日本、欧盟国家也有类似的组织。

（2）建立商业情报网，加强国外市场情报工作，及时向出口商提供商业信息和资料。例如，英国的海外贸易委员会在1970年就设立出口信息服务部，向有关出口厂商提供信息，以促进商品出口。又如日本政府出资设立的日本贸易振兴会（其前身是1951年设立的"海外市场调查部"），就是一个从事海外市场调查并向企业提供信息服务的机构。

（3）设立贸易中心，组织贸易博览会，以推销本国商品。贸易中心是永久性设施，可提供商品陈列展览场所、办公地点和咨询服务等，而贸易博览会是流动性的展出。这些工作可以使外国进口商更好地了解本国商品，从而起到促销的作用。例如，意大利对外贸易委员会对由其发起的展出支付80%的费用，对参加其他国际贸易展览会的公司也给予其费用30%～35%的补贴。

（4）组织贸易代表团出访和接待来访，以加强国际间经贸联系。许多国家为了推动和发展对外贸易，组织贸易代表团出访，其费用大部分由政府支付，加拿大就是一例。此外，许多国家还设立专门机构接待来访团体。例如，英国海外贸易委员会设立接待处，专门接待官方代表团，并协助本国公司、社会团体接待来访的外国工商界人士，以促进贸易。

（5）组织出口厂商的评奖活动，以形成出口光荣的社会风气。例如，英国从1919年起开始实行"女王陛下表彰出口有功企业的制度"，并规定受表彰的企业在五年之内可使用带有女王名字的奖状来对自己的产品进行宣传。又比如，有的国家对有突出贡献的出口商颁发总统奖章或授予荣誉称号，或者由总理亲笔写感谢信。这都能较有力地推动本国对外贸易的发展。

7.3 贸易推动的理论分析

7.3.1 对外贸易乘数理论

在开放经济体制下，国民经济的平衡不仅受制于投资乘数原理和加速原理，还受到对外贸易乘数（The Foreign Trade Multiplier）原理的制约。

对外贸易乘数原理是凯恩斯的追随者马克卢普和哈罗德等人在国内投资乘数原理的基础上引申提出的。他们认为，一国的出口和国内投资一样，属于"注入"，对就业和国民收入有倍增作用；而一国的进口，则与国内储蓄一样，属于"漏出"，对就业和国民收入有倍减效应。当商品劳务输出时，从国外获得货币收入，会使出口产业部门收入增加，消费也随之增加，从而引起其他产业部门生产增加，就业增多，收入增加……如此反复下去，收入增加将为出口增加的若干倍。当商品劳务输入时，向国外支付货币，使收入减少，消费随之下降，国内生产缩减，收入减少……因此，只有当对外贸易为顺差时，才能增加一国就业量，提高国民收入。此时，国民收入的增加将为投资增加和贸易顺差的若干倍。这就是对外贸易乘数理论的含义。

若用 ΔY 表示国民收入增量，ΔX 表示出口增量，ΔM 表示进口增量，ΔI 表示投资增量，c 表示边际消费倾向，则投资和对外贸易顺差对国民收入的乘数作用可表示为：

$$\Delta Y = \left[\Delta I + (\Delta X - \Delta M)\right] \cdot (1 + c + c^2 + c^3 + \cdots)$$

$$\Delta Y = \left[\Delta I + (\Delta X - \Delta M)\right] \cdot \frac{1}{1-c}$$

$\dfrac{1}{1-c}$ 为乘数，若用 K 表示之，则

$$\Delta Y = \left[\Delta I + (\Delta X - \Delta M) \right] \cdot K$$

在 ΔI 和 K 一定的条件下，贸易顺差越大，ΔY 越大，即国民收入增加越大；反之，若贸易差额为逆差，则 ΔY 将缩减，即投资增加会带来国民收入倍增，而贸易逆差会导致国民收入倍减，二者中和，则国民收入增量（ΔY）将缩小。

乘数的大小与边际消费倾向有关，两者成正比，即边际消费倾向越大，对外贸易对国民收入的倍数效应越大。从另一个角度说，乘数与新增收入中用于储蓄的比例——边际储蓄倾向和新增收入中用于进口的比例——边际进口倾向有关。这是因为新增收入分别用于国内消费、储蓄和进口，所以：

$$\Delta Y = \Delta C + \Delta S + \Delta M$$

即

$$1 = \frac{\Delta C}{\Delta Y} + \frac{\Delta S}{\Delta Y} + \frac{\Delta M}{\Delta Y}$$

上式中，$\frac{\Delta C}{\Delta Y}$、$\frac{\Delta S}{\Delta Y}$、$\frac{\Delta M}{\Delta Y}$ 分别为边际消费倾向、边际储蓄倾向和边际倾向，若分别用 c、s、m 表示，则有：

$$c + s + m = 1$$

即

$$1 - c = s + m$$

亦即

$$\frac{1}{1-c} = \frac{1}{s+m}$$

所以

$$K = \frac{1}{1-c} = \frac{1}{s+m}$$

可见，乘数是 1 减边际消费倾向的倒数，也等于边际储蓄倾向与边际进口倾向之和，即"漏出"的倒数，它与"漏出"成反比。

凯恩斯主义的对外贸易乘数理论在一定程度上揭示了对外贸易与国民经济发展之间的内在规律性，因而具有重要的现实意义。这一理论对于认清国民经济体系的运行规律，制订切实有效的宏观经济政策也有一定的理论指导意义。

但是，对外贸易乘数理论存在很大的局限性。首先，对外贸易乘数理论把贸易顺差视为与国内投资一样是对国民经济体系的一种"注入"，能对国民收入产生乘数效应。其实，贸易顺差与国内投资是不同的：投资增加会形成新的生产能力，使供给增加，而贸易顺差增加实际上是出口相对增加，它本身并不能形成生产能力。因此，投资增加和贸易顺差增加对国民收入增加的乘数作用并不等同。其次，对外贸易乘数在实践上是很模糊的，它常会受一国闲置资源和其他因素的影响，资源稀缺会限制该国国民收入的下一轮增长。再次，这一理论忽视了对外贸易发挥乘数作用的条件。对外贸易的乘数作用并非在任何情况下都能发挥，只有在世界总进口值增加的条件下，一国才能继续扩大出口，从而增加国民收入和就业。如果世界的总进口值不变或减少，一国将无法增加出口，除非降低出口商品价格，但降低出口商品价格，企业会因利润下降而不愿扩大生产、增加产量，因此增加出口也无从谈起。

7.3.2 普雷维什的中心－外围论

普雷维什（Raul Prebisch）是当代著名的阿根廷经济学家，第一届"第三世界基金奖"（1981）获得者。他的代表作是 1950 年出版的《拉丁美洲的经济发展及其主要问题》一书，即著名的"拉丁美洲经委会宣言"。

第二次世界大战后，随着殖民体系的瓦解，原帝国主义殖民地、半殖民地纷纷取得了政治上的独立。为了巩固这种独立地位，它们迫切要求大力发展民族经济，实行经济自主。然而，这些国家民族经济的发展受到了旧的国际经济秩序，尤其是旧的国际分工——国际贸易体系的严重阻碍。普雷维什根据他的工作实践和对发展中国家问题的深入研究，站在发展中国家的立场上，提出了中心－外围论。

1. 中心－外围论的主要论点

（1）国际经济体系分为中心和外围两部分。

古典学派等研究国际贸易时将世界视为一个整体，李斯特考察国际贸易时强调国家的重要性，普雷维什则将世界经济体系分为中心和外围两个部分来探讨国际贸易问题。

普雷维什认为，国际经济体系在结构上分两部分：一部分是由发达工业国构成的中心；另一部分是由广大发展中国家组成的外围。中心和外围在经济上是不平等的：中心是技术的创新者和传播者，外围则是技术的模仿者和接受者；中心主要生产和出口制成品，外围则主要从事初级产品的生产和出口；中心在整个国际经济体系中居于主导地位，外围则处于依附地位并受中心控制和剥削。在这种国际经济贸易关系下，中心国家主要享有国际贸易的利益，而外围国家则享受不到这种利益。这是造成中心国与外围国经济发展水平差距加大的根本原因。

（2）外围国家贸易条件不断恶化。

普雷维什用英国 60 多年（1876—1938 年）的进出口价格统计资料推算了初级产品和制成品的价格指数之比，以说明主要出口初级产品的外围国和主要出口工业品的中心国的贸易条件的变化情况。推算的结果表明，外围国家的贸易条件出现长期恶化的趋势。此即著名的"普雷维什命题"。若以 1876—1880 年间外围国家的贸易条件为 100，到 1936—1938 年外围国家的贸易条件已降到 64.1，说明 20 世纪 30 年代与 19 世纪 70 年代相比，外围国家的贸易条件恶化了 35.9。

普雷维什认为，外围国家贸易条件恶化是由以下原因造成的。第一，技术进步利益分配不均。如上所述，科技发明往往发生于中心国家，而这些发明直接用于中心国家的工业发展。外围国家由于自身工业技术基础等条件的限制和中心国家的限制措施而几乎享受不到世界科技进步的利益，只能充当长期向中心国家提供初级产品的角色。按理说，中心国家因技术进步的作用使其出口的制成品劳动生产率提高应比外围国家出口的初级产品劳动生产率提高更快，因而制成品价格降幅应比初级产品价格的降幅大。但随着中心国家技术进步和工业发展，企业家的利润和工人的收入不断提高，而且提高的幅度大于劳动生产率提高的幅度，加之工业品价格具有垄断性，工业品价格非但不下降反而上涨。而外围国家的收入增长低于劳动生产率提高的幅度，而且初级产品垄断性较弱，价格上涨缓慢，而且在价格下降时又比工业品降得更快。所以，外围国家的初级产品贸易条件必然恶化。第二，工业制成品和初级产品需求的收入弹性不同。一般地，工业制成品需求的收入弹性比初级产品需求的收入弹性大。随着人们收入的增加，对工业品的需求会有较大的增加，因而工业品的价格就会有较大程度的上涨。相反，随着人们收入的增加，对初级产品的需求增加较小，因而对初级产品价格不会有很大的刺激作用，使初级产品价格上涨很小，甚至下降。所以，以出口初级产品为主的外围国家的贸易条件存在长期恶化趋势。第三，中心和外围工会的作用不同。中心国家的工人有强大的工会组织，在经济高涨时，可以迫使雇主增加工资，经济萧条时，可以迫使雇主不降或少降工资，因而使工业品价格维持在较高水平上。而外围国家工会组织不健全，力量薄弱，没有能力控制或影响工资，经济繁荣时期工资上升不大，萧条时期工资大幅度下降，因而使外围国家初级产品价格较低。这是造成外围国家贸易条件恶化的又一原因。

（3）外围国家必须实行工业化，独立自主地发展民族经济。

普雷维什基于对国际经济体系的中心和外围的划分和对旧的分工体系和贸易格局下外围国家贸易条件长期恶化的分析，提出了外围发展中国家必须实行工业化的主张。他认为，外围国家应该改变过去把全部资源用于初级产品的生产和出口的做法，而是要充分利用本国资源，努力发展本国的工业部门，逐步实现工业化。他根据拉丁美洲各国的实际情况，提出了进口替代工业化的发展战略，即采取限制工业品进口的措施，努力发展本国工业，使工业品逐步达到自给自足，改变工业品依靠从中心国进口的局面。随着世界经济形势的变化和拉美国家经济的发展，他又进一步提出了出口替代的发展战略，即大力发展本国工业品出口，改变出口商品结构，由以出口初级产品为主向出口工业品为主转变。这样，外围国家的工业品不仅能够满足本国的需要，而且可以向中心国家出口，使外围国家的工业更趋成熟。

为了实现工业化，普雷维什主张外围国家实行保护贸易政策。他认为，在一个相当长的时期内，保护政策是发展中国家发展工业所必需的。在出口替代阶段，为了鼓励制成品出口，除了实行保护关税政策外，还应有选择地实行出口补贴措施，以增强发展中国家的制成品在世界市场上的竞争力。普雷维什指出，外围国家的保护政策与中心国家的保护政策性质不同。外围国家的保护是为了发展本国工业，有利于世界经济的全面发展；而中心国家的保护是对外围国家的歧视和扼制，不仅对外围国家不利，而且对整个世界经济发展也是不利的。因此，他呼吁中心国对外围国放宽贸易限制，减少对外围国工业品的进口歧视，为外围国的工业品在世界市场上的竞争提供平等的机会。

20世纪60年代后，鉴于世界工业品市场竞争激烈和中心国在世界市场上的垄断优势对外围国发展工业品出口极其不利的状况，普雷维什主张发展中外围国家建立区域性共同市场、开展区域性经济合作，以便相互提供市场以促进发展中国家间的经济发展。

2. 中心－外围论简评

普雷维什作为发展中国家的代言人，从发展中国家的利益出发，对国际贸易问题进行了开拓性的探讨，为国际贸易理论宝库增添了不少新内容，其中包含了科学的成分。他的中心－外围论对战后世界经济格局的分析是正确的，它使发展经济学家对战后国际经济关系的不平等认识又上升到一个新的理论高度，为第三世界国家反对旧的国际经济关系，争取建立新的国际经济秩序提供了思想武器。他关于发展中国家经济发展战略的建议对拉丁美洲和其他发展中国家都具有直接的指导和借鉴意义，为战后发展中国家的经济发展做出了重要的贡献。但是，这一理论的某些观点和解释也包含有不科学的成分，如关于制成品与初级产品的技术进步与各自价格关系的论述和关于工会组织对产品价格施加影响的看法就不够科学。

本章小结

1. 进口替代战略旨在帮助发展中国家摆脱发达国家的剥削和控制，避免贸易条件恶化和国际不平等交换。进口替代是工业化的主要推动力，是发展中国家平衡国际收支的重要手段和扩大就业的有效途径。进口替代的主要做法包括实行工业化、排斥进口、鼓励内销和保护贸易等。其主要弊端在于经济效率低下，进口替代工业的进一步发展难以维持，非进口替代工业部门和农业部门得不到正常发展，收入不均现象加剧，消费者的利益受到很大损失。

2. 出口导向战略分为初级品出口和出口替代战略。通过发展初级产品出口来积累工业化资金，通过扩大制成品的出口来带动工业化和整个经济的发展。出口导向战略确实对发展中国家的经济发展产生了重要的作用，但在实践中也暴露出一些弊病，如国际贸易摩擦逐渐增多，加深了对国外市场和外资的依赖性，容易受到世界市场波动的冲击。

3. 贸易推动措施主要体现为鼓励出口的措施，包括出口信贷、出口信贷国家担保制、对倾销商品的出口商给予出口补贴、外汇倾销、建立经济特区。一国为了促进出口贸易的扩大，在制定一系列的鼓励出口政策的同时，通常还要不断加强出口组织措施。

4. 对外贸易乘数理论认为一国的出口对就业和国民收入有倍增作用，而一国的进口对就业和国民收入有倍减效应。只有当对外贸易为顺差时，才能增加一国就业量，提高国民收入。此时，国民收入的增加将为投资增加和贸易顺差的若干倍。

5. 普雷维什则将世界经济体系分为中心和外围两个部分来探讨国际贸易问题。外围国家贸易条件不断恶化。外围国家必须实行工业化，独立自主地发展民族经济。

关键术语

进口替代战略	Import Substitution Strategy
出口导向战略	Export Orientation Strategy

出口替代战略	Export Substitution Strategy
出口信贷	Export Credit
出口信贷国家担保制	Export Credit Guarantee System
外汇倾销	Exchange Dumping
经济特区	Economic Zone
自由贸易区	Free Trade Zone
出口加工区	Export Processing Zone
保税区	Bonded Area
保税仓库区	Bonded Warehouse
自由边境区	Free Perimeter
对外贸易乘数	The Foreign Trade Multiplier

思 考 题

1. 进口替代战略的理论依据是什么？其主要的政策措施是什么？有何弊端？
2. 出口导向战略与进口替代战略相比有何优点？
3. 什么是出口信贷？外汇倾销必须具备哪些条件才会有效？
4. 对外贸易乘数理论是如何认识贸易顺差的？
5. 结合本章所学内容讨论发展中国家该如何推动本国贸易。

第 *8* 章

经济增长与国际贸易

知 识 要 点

☑ 理解进口替代型增长与出口扩张型增长的基本效应。

☑ 了解罗勃津斯基定理的含义。

技 能 要 点

☑ 学会利用贸易三角的变化分析经济增长对贸易的影响。

至此，我们对贸易原因与结果的分析都是静态的。在分析中，我们假定贸易双方的生产要素、生产技术和需求偏好都是给定不变的。但事实上世界每天在变：技术在不断进步，资本在不断积累，劳动力在不断增加，生产可能性曲线在不断向外移动。技术的发展、生产要素存量的变动、收入的增加及偏好的转移都可能对原来的贸易基础和模式产生影响。另外，由于世界交通的发展，各国经济联系的增强，各国之间的要素流动规模也不断扩大。这种经济增长和国际间生产要素的流动必然会对各国的贸易模式和数量产生影响。经济增长对贸易的影响并不是单一的。一方面，经济增长通过生产的变动对贸易产生影响，另一方面，经济增长使人们收入提高，从而引起需求变动，也会影响贸易。由于各部门增长速度的不平衡，也由于各部门在国际贸易中的地位不一样，增长对贸易的影响会不同。在将要进行的分析中，我们集中讨论经济增长在生产方面对贸易的影响。我们根据各生产部门增长速度的不同将经济增长分成"进口替代型增长"（Import Replacing Growth）和"出口扩张型增长"（Export Expansion Growth）两类。在每一类中，再根据一国在国际贸易中的地位分成"小国"和"大国"来加以讨论。本章所要讨论的"进口替代型增长"和"出口扩张型增长"与前一章中的"进口替代"和"出口导向"的发展战略是不同的，前者讨论经济增长对贸易的影响，后者研究怎样通过贸易来发展经济。

8.1 进口替代型增长

经济增长的主要源泉是技术发展、资本积累和劳动力增加。一般来说，各部门生产技术的发展不会是同步的：有的行业技术发展快，生产率提高得快；有些行业则比较缓慢，很长时间内技术没有什么新突破。一国的各种生产要素的增长也不会同步：资本的增长有时可以达到很快的速度；劳动力的增长在一些国家很快，但在另一些国家可能很缓慢；可利用的土地和其他自然资源虽然也可能增长但最终有极限。因此，生产技术革新和要素增长的不平衡必然导致一国生产能力发展的不平衡。如果一国某种生产要素增长速度太快，超过其他要素的增长，该国密集使用这种要素部门的生产能力就会比其他部门提高得快。对于这种增长，我们称之为"不平衡增长"。

"进口替代型增长"和"出口扩张型增长"都属于不平衡增长。"进口替代型增长"指的是进口行业的生产能力增长得比较快，从而使得国内生产增加，一部分原来进口的商品被国内的产品替代了。"出口扩张型增长"则指的是出口行业生产能力的增长超过其他行业，使得生产和出口都得到了进一步扩张。我们先来分析进口替代型增长。

进口替代型增长的重要原因之一是进口产品生产所需要的主要资源（生产要素）的增加。比如说，中国进口钢铁，而钢铁是资本密集型产品，现在假定其他资源不变而资本增加了，额外增加的资本使中国生产钢铁的能力提高了，结果必然会对生产和贸易有所影响。不过，资本增长对中国的具体影响还取决于中国在国际钢铁市场上的地位。

由于经济规模、生产能力及发展水平的不同，各国在国际市场上的地位是不同的。简单地说，由于在国际商品贸易中所占的份额不同，各国对各种商品国际价格的影响也不同。在国际经济学中，我们通常根据对商品国际市场价格的影响程度将参与贸易的国家分成"小国"和"大国"。

所谓"小国"，指的是那些在国际市场上份额很小，其进出口变动不会影响国际商品市场价格的国家。对于小国来说，国际市场价格是给定不变的。所谓"大国"，则是指那些会影响国际商品市场价格的国家。由于这些国家在国际市场上所占的份额很大，其进出口的变动会引起国际市场价格的升跌。

这里的"大国"和"小国"并非完全由领土面积、人口多少来决定，也不完全取决于整体经济实力，而主要看该国在国际贸易中的地位。例如，印度是一个大国，但在国际贸易中可能只是一个小国；而新加坡、韩国等国及中国香港的土地面积并不大，但在国际贸易中举足轻重，进出口总值在世界上名列前茅，因此它们可能被称为"大国"。

另外，大国和小国的区别还表现在具体商品上。例如，古巴是一个地理上的小国，在国际贸易中也谈不上举足轻重，但在国际食糖市场上，古巴却是一个出口大国。另一方面，即使是像美国那样的经济强国也并不在所有产品上都举足轻重，在很多具体商品上也可能是一个对国际市场价格没有影响的小国。

8.1.1　对小国的影响

由于中国是一个资本稀缺的国家,中国进口资本密集型产品。如果中国资本增长,对中国来说,是一种"进口替代型增长"。中国资本增长的结果是提高了资本密集型产品(钢铁)的生产能力,表现在生产可能性曲线更多地向钢铁方面外移(见图8-1)。如果中国在国际市场上只是小国,那么中国的任何变化对国际市场价格不会有任何影响,钢铁和大米的相对价格都不会改变,中国的贸易条件也不会变化。图8-1中的相对价格曲线只是平行地向外移动。

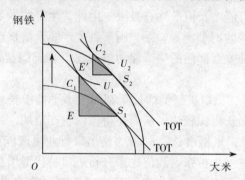

图8-1　小国的进口替代型增长

但是,在短期内,资本的增加使得使用资本的成本降低。由于钢铁生产是资本密集型,使用资本较多,大米是劳动密集型,使用资本较少,因此钢铁生产成本降低的幅度会大于大米生产成本的下降幅度,即钢铁生产的机会成本下降。在价格不变的情况下,降低成本就是增加利润。只要存在利润,生产自然会扩大。从长期来看,不仅新增的要素会投入钢铁工业,大米种植业中的一部分资源也会转移出来去从事钢铁生产,从而造成大米生产量绝对下降。只要钢铁生产的机会成本低于钢铁的相对价格,钢铁生产的扩张就不会停止。直到生产钢铁的机会成本重新上升到与钢铁相对价格相同。在图8-1中,这一点便是国际价格与新的生产可能性曲线相切的点 S_2。英国经济学家罗勃津斯基(T. M. Rybczynski)论证了这一现象,提出了"罗勃津斯基定理"(Rybczynski Theorem)。

罗勃津斯基定理认为:在商品相对价格不变的情况下,某种生产要素的增长会使密集使用该要素的商品生产扩大,使密集使用其他要素的商品生产缩小。换句话说,中国资本的增加会使资本密集型产品(如汽车、钢铁、高技术产品)的生产增加,使劳动密集型产品(如大米、服装、鞋类等)的生产减少。在这里,商品价格不变是一个重要条件,因此这一理论只适用于国际贸易中的"小国"。另外,罗勃津斯基学说不仅可以解释进口替代型增长时国内进口工业生产扩大出口工业下降的现象,也可用来说明出口扩张型增长对出口工业生产和进口工业生产的影响。这一点我们在下一部分的分析中可以看到。

进口替代型增长所造成的生产方面的变化会进一步影响贸易。一方面,对国外钢铁的需求会由于国内钢铁生产的增加而下降,造成进口的削减;另一方面,大米生产的下降造成出口能力的降低，整个贸易量会因此而减少。在图 8-1 中，新的贸易三角（$S_2E'C_2$）比原来的（S_1EC_1）缩小。

但经济增长的结果仍是使整个社会的收益增加。在新的消费均衡点（C_2）上所代表的社会经济福利水平（U_2）高于增长前的福利水平（U_1）。这种福利的增长既来自于要素增长而产生的生产能力的提高，也归功于自由贸易下生产要素的有效利用。贸易量虽然减少了，但这种减少是市场调节而不是人为扭曲的结果。生产要素的使用在商品自由贸易下及时得到了调整，从而使整个社会的经济水平提高。

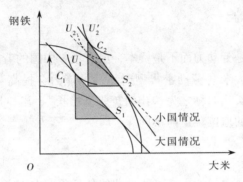

图 8-2 大国的进口替代型增长

8.1.2 对大国的影响

如果中国是国际上的钢铁进口大国，那么同样的资本增长对国内国际经济所产生的影响会大大不同。

首先，国际商品市场价格会受中国生产和贸易变动的影响。由于中国在国际钢铁市场上占有重要地位，中国的资本增长使国内钢铁生产能力加强而减少进口，但国际钢铁市场的价格会由于中国需求的减少而下跌。

钢铁价格的下降会影响中国的贸易条件。钢铁是中国的进口产品，进口产品价格的降低使得中国出口产品（大米）的相对价格上升。用同样数量的大米出口，现在可以比以前交换到更多数量的钢铁，中国的贸易条件得到改善。

其次，进口替代型增长对大国生产和贸易的影响也会与小国不同。一方面，由于资本增加，钢铁生产成本相对降低而扩大钢铁生产；另一方面，由于钢铁价格下降，大米相对价格上升而增加大米生产。整个社会生产的最终选择取决于国际市场钢铁与大米新的价格比率的变化程度。如果大米的相对价格涨幅不大，罗勃津斯基定理仍有可能成立，与增长前相比，钢铁生产增加但大米生产仍然减少。但如果大米相对价格上升很多，有可能两种商品的生产都会扩大，罗勃津斯基定理就不再有效。因此，资本增长对大国各种商品生产的影响不会像小国那样确定。

对于生产影响的不确定也造成对贸易量影响的不确定。在需求不变的情况下，如果两种商品的生产都增加，既会减少进口又有可能增加出口。

最后，大国进口替代型增长所带来的经济福利水平也会比小国更大。从图 8 – 2 可以看到，由于贸易条件没有改变，小国的新的经济福利水平只在 U_2 上，而大国的新的经济福利水平则可达到 U'_2，高于 U_2。其主要原因是，大国不仅得到了本国经济增长的好处，而且还得到国际贸易条件改善的好处。从整个社会收益来看，在生产和贸易大国中发生的进口替代型经济增长显然比小国有更大的好处。

8.2 出口扩张型增长

如果中国增长的要素是劳动力而不是资本，或者说，中国的劳动力增长速度高于资本增长的速度，那么中国生产大米（劳动密集型产品）的能力会提高更快。大米是中国的出口产品，由此出现的经济增长我们称之为"出口扩张型增长"。出口扩张型增长对中国的影响也会因其在国际大米市场的地位轻重而不同。

8.2.1 对小国的影响

中国劳动力的增长会使中国的生产可能性曲线的外移偏向于大米。如果中国是小国，那么，这种要素的增长和由此产生的生产和贸易的变化不会影响商品国际市场的价格。中国的贸易条件也不会出现变化，在图 8 – 3 中，新的贸易条件或相对价格曲线与原来的具有同样的斜率，只是向外平移。

出口扩张型增长对小国生产的影响同样可以用罗勃津斯基理论来说明。由于商品相对价格不变，中国劳动力的增长使劳动密集型产品（大米）生产扩大，资本密集型产品（钢铁）生产缩减。新的生产点会在 S_2。中国本来就具有生产大米的比较优势，出口扩张型增长则使这种优势得到加强。出口工业部门比较优势的增强更加提高了中国的出口能力，进口部门生产的下降则增加了对国外产品进口的需求。无论出口量还是进口量都比以前增加，中国的"贸易三角"比增长前扩大。

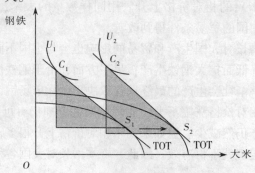

图 8 – 3　"小国"的出口扩张到增长

中国的经济福利水平也会增强，在新的消费均衡点 C_2 上，经济福利高于增长前的水平。这种福利的增加虽然主要来自于经济增长进一步提高了中国出口工业比较优势这一因素，但自由贸易使增加的比较优势及时得到发挥也是重要原因。

8.2.2 对大国的影响

跟进口替代型增长一样，出口扩张型增长对大国生产贸易的影响与小国不同。如果中国是国际大米市场上的出口大国，其出口能力的提高和出口量的增加会造成国际大米市场供给的增加。在需求不变的情况下，中国大米出口的增加会造成大米国际市场价格的下跌。在图 8－4 中，新的大米国际相对价格曲线（TOT′）比原来的（TOT）斜率要小。由于大米是中国的出口产品，大米价格下跌标志着中国贸易条件的恶化。为了换回同样数量的钢铁，现在必须出口更多的大米，这一点显然对中国不利。

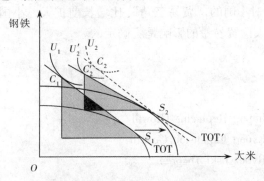

图 8－4 "大国"的出口扩张型增长

大国劳动力增长对大米生产的影响会有两重性：一方面由于劳动力成本降低使大米生产的机会成本下降，从而促进大米生产和出口的扩大；但另一方面，大国出口增加造成大米相对价格的下跌，又对生产造成负面影响，从而降低了大米生产的增长幅度。同样，钢铁的生产既会由于其机会成本的提高而减少，也会因为钢铁相对价格的提高而增加。一般情况下，大米生产会增加，而钢铁生产会减少，但也可能两种产品的生产都增加。

出口扩张型增长对大国贸易量的影响也是不确定的：一方面，大米生产的增加会增加出口；另一方面，贸易条件变坏和可能出现的国内生产的增加会减少对钢铁的进口。

由于贸易条件的恶化，出口扩张型增长给大国带来的经济福利的增加会小于小国。一部分经济增长的成果会被贸易条件变坏所抵消。在图 8－4 中，大国的消费只能沿着新的国际相对价格曲线（TOT′）做选择。在均衡点上，社会的经济福利水平（U_2'）虽然高于增长前的 U_1，但比贸易条件不变下的 U_2 要低。

本 章 小 结

1. 进口替代型增长指的是进口行业的生产能力增长得比较快，从而使得国内生产增加，一部分原来进口的商品被国内的产品替代了。出口扩张型增长则指的是出口行业生产能力的增长超过其他行业，使得生产和出口都得到了进一步扩张。

2. 进口替代型增长对小国和大国的影响不同。小国会因为进口替代型增长导致国内进口工业生产扩大而出口工业下降，整个贸易量会因此而减少，但经济增长的结果仍使整个社会的收益增加。大国的进口替代型增长则会改善大国的贸易条件，对于贸易量的影响不确定。从整个社会收益来看，大国的进口替代型增长比小国有更大的好处。

3. 出口扩张型增长对小国的"贸易三角"比增长前扩大，小国的经济福利水平也会增强；出口扩张型增长对大国贸易量的影响是不确定的。

关键术语

进口替代型增长	Import Replacing Growth
出口扩张型增长	Export Expansion Growth
罗勃津斯基定理	Rybczynski Theorem

思 考 题

1. 进口替代型增长与出口扩张型增长对贸易小国的影响有何相同之处？
2. 哪种类型的增长有可能恶化一国的福利？

第 **9** 章

世界贸易组织

知 识 要 点

☑ 了解世贸组织的成立背景。

☑ 掌握世贸组织的基本原则。

☑ 了解世贸组织的宗旨、作用和组织结构。

☑ 理解世贸组织的争端解决机制。

技 能 要 点

☑ 学会利用世贸组织的基本原则分析我国的贸易政策。

☑ 能够利用争端解决机制的知识分析我国遭受的贸易指控。

9.1 世界贸易组织的产生及宗旨

世界贸易组织是关税与贸易总协定的继续和发展。它的出现是世界各国生产力发展及由此带来的国际贸易发展的必然结果。

9.1.1 世界贸易组织的产生

世界贸易组织的产生适应了世界经济一体化的趋势，符合各国对世界贸易活动进行一定程度的规范和强制管理的要求。它为商品在世界上进一步自由流通提供了有力的保证。

世界贸易使得各国互相离不开。在国际贸易过程中，国家和民族的利益曾经使一些国家采用排斥他国的政策和措施。美国《1930 年霍利 – 斯穆特关税法》将美国的关税提高到空前高的水平，意图在于限制他国商品的输入，以便发展美国的经济。但是，良好的意愿没有带来预期的结果。在其他国家的商品不能进入美国市场的同时，这些国家纷纷采取提高进口关税的办法进行报复，从而使美国商品也无法进入他国的市场。在世界主要国家之间的国际贸易几乎陷于停顿，世界经济也随之进入空前的大危机。面对这种情况，美国于1934年制定互惠贸易法，强调以谈判的方法，寻求与其他国家同时降低关税，推动世界贸易的发展。最初美国只是在双边基础上进行这种互让性的谈判并签订了一批协议。几年时间的实践使美国认识到，在各国生产力发展的情况下，在各国互相依赖性不断增强的情况下，通过谈判协商创造宽松的商品输出输入的良好环境是促进世界贸易发展是一个好办法。于是在第二次世界大战结束前夕，美国首先提出建立"国际贸易组织"（International Trade Organization）的建议。1948年11月至1948年3月，与会国在哈瓦那通过了组建"国际贸易组织"的"国际贸易组织宪章"，也被称为"哈瓦那宪章"。由于种种原因，多数国家的政府最后都没有批准这个宪章，"国际贸易组织"因而流产。

美国当时建议的"国际贸易组织"（International Trade Organization）与现在的"世界贸易组织"差不多。但是在当时的情况下，限于各国经济发展所处的阶段和各国生产力所达到的水平，成立"国际贸易组织"的建议没有被接受。经过23个国家多次协商，最后签订了"关税与贸易总协定"（GATT）。在此后的半个世纪的时间里，"关税与贸易总协定"曾经为建立良好的国际贸易环境，如降低各国关税、遏制非关税壁垒，做出诸多贡献，促进了国际贸易在20世纪后半期的发展，各国经济因此也获得了很大的发展。

到20世纪末，由于GATT仅仅是一个协议，没有足够的权威迫使成员国遵守有关的条款，因而它已经不能更好地维护自由贸易的国际环境，不能适应经济贸易发展的要求。国际贸易组织遂应运而生。

1. 乌拉圭回合谈判

随着世界各国关税水平的降低，不少国家为了迎合本国某些产业的利益和要求，采取一些违反"关税与贸易总协定"规定的手段，主要是非关税壁垒的措施，来保护本国一些特定产业和市场。这种情况从20世纪50年代就出现了，但是到了20世纪80年代逐渐由个案形成一股新的贸易保护主义潮流，对国际贸易产生不良影响。为了遏制这种贸易保护主义的势头，避免发生全面的贸易战，美国和欧洲的国家倡议发起乌拉圭回合的贸易谈判。谈判始于1986年9月，到1994年4月签订最终协议，历时8年。这是GATT成立以来会期最长的一次谈判。启动"乌拉圭回合谈判"的部长会议宣言确定的会议的议题包括：

（1）通过减少或取消关税、数量限制和其他非关税措施，改善准入条件，进一步扩大世界贸易；

（2）完善多边贸易体制，将更大世界范围的世界贸易置于统一的、有效的多边规则之下；

（3）强化多边贸易体制对国际经济环境的适应能力；

（4）促进国际合作，增强关税与贸易总协定同有关国际组织的联系，加强贸易政策和其他经济政策之间的协调。

虽然议题中的很多内容以前的几轮谈判中都涉及过，但是随着各国经济的发展及随之出现的一些问题，这次谈判又涉及一些新的议题，如服务贸易、投资、知识产权等。这就是本次谈判变得尤为艰难、旷费时日的原因。

2. 乌拉圭回合的成果

经过艰苦、漫长的谈判，乌拉圭回合取得了可喜的成果。这些成果分为以下几个方面。

1）货物贸易

在货物贸易方面的主要成果可以分为两个方面，一是关于关税减让的谈判；二是关于规则的谈判。

（1）关税减让。

各国关税在前7轮谈判减税的基础上，又做出新的降低承诺。发达成员国对工业品的关税减让幅度达40%，即加权平均税率从6.3%减为3.8%；发达成员国承诺关税减让的税目占其全部税目的93%，占全部贸易额的84%，其中承诺减让到零的关税税目的比例由乌拉圭回合前的21%增长到32%，涉及的贸易额从20%增长为44%；15%以上的高峰税率比例由23%下降为12%，涉及贸易额为5%，主要为纺织品和鞋；从关税约束水平方面分析，发达成员国承诺关税约束的税目由78%上升为99%，涉及的贸易额由94%增长为99%。如果仅仅从关税的角度来看，自由贸易几近达成。

发展中国家成员国对工业品的关税减让幅度低于发达成员国，加权平均税率仅由乌拉圭回合前的15.3%减为12.3%。从约束关税范围上分析，发展中成员国税目约束比例由21%上升为71%，涉及的贸易额由13%增长为61%。大部分发展中成员国在乌拉圭回合后全面约束了关税，有些国家达到较高的比例，如智利、墨西哥、巴西、阿根廷等，印度、韩国、印度尼西亚、马来西亚、泰国等的约束关税的比例在90%左右。

（2）四组规则。

第一组包括《1994年关税与贸易总协定》（简称 GATT1994）和《1994年关税与贸易总协定马拉喀什议定书》。《1994年关税与贸易总协定》是在原来的《关税与贸易总协定》（简称"GATT1947"）的基础上增加一些内容后形成的修改版本。

第二组包括两项主要协议，即《农业协议》和《纺织品与服装协议》。通过这两个协议，将农产品贸易和纺织品与服装贸易纳入到正常的贸易规则管辖之下。

第三组包括《技术性贸易壁垒》、《海关估价》、《装运前检验检疫》、《原产地规则》、《进口许可程序》、《实施卫生与植物卫生措施协议》和《与贸易有关的投资措施》等7项协议。

第四组包括《保障措施》、《反倾销》、《补贴与反补贴》三项贸易补救措施协议。

2）服务贸易

关税与贸易总协定只涉及货物贸易领域，服务贸易一直不属于关税与贸易总协定多边贸易体制的管辖范围。许多国家在服务贸易领域采取了不少保护措施，随着服务贸易在世界上的不断发展，贸易额不断增大，服务贸易对各国经济的意义不断增强，这种情况明显制约了国际服务贸易的发展。为了推动服务贸易的自由化，在乌拉圭回合谈判中，发达国家，特别是美国提出并且力主将服务业市场准入问题作为谈判的重点，并在此后经过8年的讨价还价，最后签署了《服务贸易总协定》（简称 GATS），于世界贸易组织成立的1995年1月1

日正式生效。

　　3）与贸易有关的知识产权

　　知识产权是个人或单位对其基于智力创造所产生的成果所拥有的权利。这个权利主要是指对于该成果带来的经济利益的排他性拥有。由于在本质上它们都是无形的，所以又被称为无形资产。通常包括专利权、商标权、版权和商业秘密等。知识产权由国家法律保护，由此在世界贸易中就产生一个问题，即一个国家的法律给予知识产权的保护仅仅在本国范围内有效，在别的国家不产生效力。为了便于一个国家的自然人或法人的知识产权在国外也能够取得法律保护，世界各国通过签订双边或多边条约，逐步建立起国际知识产权保护制度。但是，随着世界经济的发展，国际贸易范围的扩大和技术开发的突飞猛进，有关保护知识产权的国际协定已不适应新的需要，同时还由于知识产权与国际贸易的发展关系日益密切，关税与贸易总协定便将与贸易有关的知识产权问题纳入乌拉圭回合多边谈判之中，并最终形成了《与贸易有关的知识产权协定》（简称"TRIPS"）。

　　4）建立世界贸易组织

　　乌拉圭回合根据成员国的要求和国际贸易发展的实际需要，突破原有议题的范围，讨论了组建一个新的、更具权威性的贸易组织的有关事宜，最终达成《建立世界贸易组织协定》，并决定以之取代关税与贸易总协定，完善、加强了世界多边贸易体制。

　　在就乌拉圭回合的议题进行谈判时，代表们深深感到关贸总协定的局限性，特别是在协调、监督、管理协议条文的实施时的局限性。人们普遍感觉到，成立一个新的更有权威性的贸易组织已经迫在眉睫。1990年意大利作为欧盟轮值主席国，提出了建立多边贸易组织（Multilateral Trade Organization）的建议。此后，加拿大、瑞士、美国也相继提出类似的建议。1993年12月15日乌拉圭回合谈判结束。此前，各方原则上形成了"建立多边贸易组织协定"。后来在美国建议下，决定将"多边贸易组织"改称"世界贸易组织"（World Trade Organization）。1994年4月15日在摩洛哥的马拉喀什召开的关贸总协定部长会议上，"乌拉圭回合"谈判参加国代表采取"一揽子"方式全部接受"乌拉圭谈判决议"的方式，通过了《建立世界贸易组织马拉喀什协定》，简称《建立世界贸易组织协定》，建立了"世界贸易组织"。根据协议规定，1995年1月1日世界贸易组织正式成立，并且在1995年与1947年的关税贸易总协定并存一年。此间加入世界贸易组织的国家，作为关税与贸易总协定成员国转入世界贸易组织，不算新成员。此后加入世界贸易组织的国家，作为新成员，要承担不同的责任和义务。

　　新建立的世界贸易组织是对关税与贸易总协定的继承。世界贸易组织承袭了关税与贸易总协定的总则、基本原则及其先后制定的规则及各项职能。关税与贸易总协定的条款特别是《1994年关税与贸易总协定》（GATT1994）成为世界贸易组织的基本文件之一。所有的文件包括：《马拉喀什建立世界贸易组织协定》及附件1A，货物贸易多边协定（含13个文件）；附件1B，服务贸易总协定及附件；附件1C，与贸易有关的知识产权协定；和附件2，关于争端解决规则与程序的谅解；附件3，贸易政策审议机构；附件4，诸边贸易协定（含4个协定）。

9.1.2 世界贸易组织的宗旨

要建立一个组织机构，首先必须明确建立的宗旨。世界贸易组织的宗旨在"马拉喀什建立世界贸易组织协定"引言中分下面几个层次表述得很明确。

第一个层次说，"本协定各方，认识到在处理他们在贸易和经济领域的关系时，应以提高生活水平、保证充分就业、保证实际收入和有效需求的大幅度稳定增长以及扩大货物和服务的生产和贸易为目的，同时应依照可持续发展的目标，考虑对世界资源的最佳利用，寻求既保护和维护环境，又以与他们各自在不同经济发展水平的需要和关注相一致的方式，加强为此采取的措施。"这第一层意思说的是它产生的前提，因为与会者认识到，处理各国之间的经济贸易关系，仅仅是一种表面现象，实际上各国追求的目标是扩大生产，保证就业，增加收入，等等。因此，各国在处理贸易关系时不能离开上述这些目的，不能为处理关系而处理关系，不能机械地去套用文件条文的文字，而要理解这些条文服务的对象，也就是那些目标。

第二个层次说本协定各方"进一步认识到需要做出积极努力，以保证发展中国家、特别是其中最不发达国家，在国际贸易增长中获得与其经济发展需要相当的份额"。这里表述的是要照顾发展中国家的意图。

第三层意思是说它同时"期望通过达成互惠安排，实质性削减关税和其他壁垒，消除国际贸易关系中的歧视待遇，从而为实现这些目标做出贡献"。这层意思很重要，是取得上述目标的实现方式和方法。

建立一个完整的、更可行的和持久的多边的贸易体制。这里就是指世界贸易组织这个多边国际贸易组织。它包含"关税与贸易总协定"，以及以往贸易自由化努力的结果（指形成的文件）和乌拉圭回合谈判的全部结果。这个完整的贸易体制是由各项协议条款保证各个成员国的责任与义务相一致，并且有可以强制执行符合WTO各项协议条款的争端解决机构的机制。

世界贸易组织的宗旨是要各国在处理它们的贸易和经济关系方面，把精力放在提高生活水平，保证充分就业，保证实际收入和有效需求的巨大及持续增长，充分使用世界资源来扩展物资的生产和交换几个方面，处理好各国关系，通过世界贸易组织的协议推行的贸易自由化，仅仅是一个手段。各国最大限度地通过商品在世界上的自由流动，实现资源的有效配置，使资源发挥最大的潜在效能，创造更多的产出，不断提高人们的生活水平才是根本。

9.1.3 世界贸易组织的原则

为了实现上述的宗旨，世界贸易组织在处理实际问题时应遵循以下的原则。

1. 非歧视性原则

非歧视性原则是指一国在对待其他成员国时，应该对所有成员国一视同仁，国别之间不能厚此薄彼，不得有歧视。非歧视性原则还指成员国对本国企业、产品与生产者、服务与服务提供者、知识与知识产权所有者，与外国企业、产品与生产者、服务与服务提供者、知识与知识产权所有者，相互提供同等待遇，不能厚此薄彼。这里涉及两个原则。一个是最惠国待遇原则，另外一个是国民待遇原则。

1）最惠国待遇原则

最惠国待遇是指一国给予另外一个国家任何贸易方面的优惠待遇，其他成员国可以立即无条件享受。最惠国待遇最初是双边协议中的条款，双方承诺对方可以享受自己给予任何第三方的任何贸易方面的优惠。GATT 将其引入多边贸易体制中，这时任何成员方给予另外一个或者几个成员方的贸易优惠必须惠及所有成员方。这种优惠较多的是低关税待遇和其他贸易特权。这些优惠和特权最初仅仅限于商品贸易领域，乌拉圭回合谈判将其扩展到服务领域和知识产权领域。

最惠国待遇最突出的特点是：

（1）自动性，即一个成员给予其他成员的优惠待遇，其他成员均可"立即和无条件"地根据 WTO 有关条款的规定享受；

（2）同一性，即其他成员享受的优惠对象和优惠程度应该是一样的。关税与贸易总协定第 1 条就对最惠国待遇有关问题做了规定。

2）国民待遇原则

国民待遇涉及的法律内涵较为广泛。WTO 把国民待遇原则作为自己的一个原则，是指一个成员方给予来自其他成员方的产品、服务和服务提供者、知识产权及产权的所有者的待遇不低于本国的产品、服务和服务提供者、知识产权及产权的所有者所享受的待遇。所谓不低于，在很多情况下是指来自外国的产品、服务和服务提供者、知识产权及产权的所有者与本国的产品、服务和服务提供者、知识产权及产权的所有者享受同样的待遇。但是这并不排斥一个成员方给予来自外国的产品、服务和服务提供者、知识产权及产权的所有者更多的优惠，如果本国产品的生产者、服务提供者及知识产权的所有者乐于接受这种情况，政府认为有必要这样做的话。这些待遇涉及的面很广，进口产品在进口国交纳的国内税收和其他费用不得高于进口国生产的产品。在可能影响到进口产品销售、运输、分销适用的法规即由此获得的待遇也不得低于国产品。这样，进口国对于本国产品的保护，从涉及进口产品的角度来说，只能在关境上来实施。关税与贸易总协定第 3 条对国民待遇做了全面的规定。

2. 自由贸易原则

实际上自由贸易既是资本追求的目标之一，同时也是世界经济一体化的内在要求。自由贸易更是 WTO 的直接目标。为了使贸易更加自由，世界贸易组织通过有关协议的条款，从以下几个方面入手。

1）关税

降低关税是贸易自由化的重要环节。关税作为各国传统的保护手段，使用极为普遍，因此尽管降低关税是 GATT 签字几十年来的传统宗旨，并且先后组织 7 轮关税减让谈判，各国关税水平在这期间大幅度降低，但是它仍然是商品在世界上自由流动的一大障碍。实际上，不少国家一时还离不开关税，离不开关税的保护。因此，在货物贸易方面，世界贸易组织允许进行"关税"保护，但是对于各国关税的降低做了约定。导致 WTO 产生的乌拉圭回合对各个成员国降低关税做出了新的规定。发达国家承诺总体关税降低 37%，其中工业品关税削减幅度大于 40%，从而使它们的加权平均关税率从 6.3% 降至 3.8%。其中，降至零关税的税号占全部税号的比例由乌拉圭回合以前的 21% 提高到 32%。税率在 15% 以上的高峰税率占全部关税税号的比例由 23% 降低到 12%。发展中国家承诺总体关税削减幅度在 24% 左右。工业品加权平均税率由 20.5% 降至 14.4%。约束关税税号占总税号的比例由原来的 21% 上升为 73%。虽然这在总体上低于发达工业国的水平，但是不少发展中国家，如印度、韩国、印度尼西亚、马来西亚、泰国等，约束关税率达到 90% 以上。削减关税的实施期，工业品从 1995 年 1 月 1 日开始，在 5 年内完成，减让表中另有规定的除外。无论发达国家成员还是发展中国家成员，均要对农产品关税实施约束，并且承诺进一步减让。世界贸易组织建立之初有关关税减让方面的规定至今一直得到认真执行。

2）非关税壁垒

非关税壁垒是当前影响商品自由流动的最大障碍，因此 WTO 禁止使用各种非关税壁垒。不同的非关税措施对贸易有不同影响，对商品国际间的流通的障碍是多方面的。WTO 签订了一系列的协定以杜绝非关税壁垒。这些协定有："实施卫生与植物卫生措施的协定"、"纺织品与服装协定"、"技术性贸易壁垒协定"、"与贸易有关的投资措施协定"、"海关估价协定"、"装运前检验协定"、"原产地规则协定"、"进口许可证程序协定"、"补贴与反补贴措施协定"、"保障措施协定"、"农业协定"等。这些协定规范并限制非关税壁垒的使用，对最终实现自由贸易具有重大意义。

在禁止使用非关税壁垒措施的时候，禁止使用限制进口商品数量措施是问题的主要方面，也可以说是根本目的。

（1）减少数量限制。

减少国际贸易中的数量限制是推行自由贸易原则的一个重要方面。在贸易自由化的过程中，进口数量限制是国际贸易发展的一个重要障碍。在 GATT 组织的几轮谈判以后，随着各国关税水平不断降低，数量限制日益流行。数量限制的主要方式是进口配额制、进口许可证制。

进口配额制是指一国政府在一定时期内对某种商品的进口数量或金额规定一个限额，这个限额称为配额。它有两种情况：① 超过限额的商品不准进口；② 对其征收很高的关税，高到足以阻止该商品进口的程度。根据这个原则，配额分为绝对配额和关税配额。上述①属于绝对配额，它可分为全球配额和国别配额。全球配额情况下，所有国家都可以利用这个配额；国别配额情况下，则只能根据分配到的配额数量进行交易。上述② 属于关税配额，即配额以内的商品进口时享受低关税优惠，超过配额部分的进口商品则要交纳高额关税。国别配额分为单方面配额和协议配额。单方面配额是进口国事先不与有关国家进行磋商而单方面确定的配额；协议配额是进口国和出口国或出口国的出口商通过协商而确定的配额。进口配额制是对进口进行数量限制最有效的方式。

此外还有"自动"出口配额制（Voluntary Export Quotas），它是由出口国自己限制其出口数量的一种配额。配额以内的商品可以出口，超过配额数量以外的商品，出口国"自动"限制出口。看起来这完全是出口国自身的事情，实则是出口国在进口国的压力下实行的出口限制。这是一种变相的进口数量限制。

进口许可证制是指一国政府规定某些商品的进口须事先申领政府有关机构颁发的许可证，获得进口许可证后方可进口，否则不准进口。从数量限制的角度考察，进口许可证制的实施又分为两种情况。一种是与进口配额配合实施的进口许可证，只对配额以内的进口商品发给许可证。另一种进口许可则与配额无关，发放进口许可证的机构根据本国市场的情况，确定是否发给进口许可证。它在限制商品进口中有独特的威力，现在有些国家在个别产品进口方面仍然使用。

GATT1994 第 11 条的标题即是"普遍取消数量限制"。该条第 1 款规定："任何缔约国除征收税捐或其他费用以外，不得设立或维持配额、进出口许可证或其他措施以限制或禁止其他缔约国领土的产品的输入，或向其他缔约国领土输出或销售出口产品。"但是鉴于现阶段上不能完全杜绝，1994 年关贸总协定的第 13 条确定了数量限制不得歧视性地实施的原则，它规定："除非对所有第三国的相同产品的输入或对相同产品向所有第三国的输出同样予以禁止或限制以外，任何缔约国不得限制或禁止另一缔约国领土的产品的输入，也不得禁止或限制产品向另一缔约国领土输出。"总协定的第 13 条还规定了实施数量限制的缔约国提供有关配额的材料及进行协商的义务。此外，世贸组织还有《进口许可证手续协定》，规定在为实施进口限制而签发进口许可证的情况下，如果与某产品的贸易有利害关系的任何缔约国提出请求，实施限制的缔约国应提供关于限制的管理，最近期间签发的进口许可证及在各供应国之间的分配情况的一切有关材料，但对进口商或供应商的名称，应不承担提供资料的义务；在进口限制采用固定配额的情况下，实施限制的缔约国应公布今后某一特定时期内将要准许进口的产品的总量或总值及其可能的变动；当配额系在各供应国间进行分配的情况下，实施限制的缔约国应将最近根据数量或价值分配给各供应国的配额份额迅速通知与供应产品有利害关系的所有其他缔约国，并应公告周知。

（2）公平竞争原则。

所谓公平竞争，主要是指国际贸易中不得实行商品倾销，政府不得对出口商品进行补贴，因为这些会造成国际贸易的不公平竞争。GATT 第 6 条"反倾销和反补贴税"规定："为抵消和防止倾销，一缔约方可以对倾销商品征收数额不超过此类产品倾销幅度的反倾销税。"世界贸易组织"补贴与反补贴措施协定"第 1 条规定，商品接受"由政府或任何公共机构提供的财政资助"，或者接受"任何形式的收入和价格支持"则"被视为存在补贴"。但是补贴是一个很复杂的问题。限于各国经济发展阶段不同，产业发展程度不同，为了其自身利益，有时确实需要一定的补贴。而且，现实中一些 WTO 成员仍采用各种形式的出口补贴刺激出口，严重扭曲着贸易。因此，GATT 第 6 条"反倾销和反补贴税"和世界贸易组织"补贴与反补贴措施协定"还对成员方使用补贴确立了比较严格的制约，将补贴分为禁止的补贴、可申诉的补贴和不可申诉的补贴。其中禁止的补贴包括出口补贴和进口替代补贴。"农业协定"主要谈到农业补贴问题，其中第9、10条更为详细。"关于实施1994年关税与贸易总协定第6条的协定"对倾销的确定、损害的确定等有关事宜均做出了详细的规定。世界贸易组织的这些相关规定，对于公平竞争原则的实施提供了有利的保证。

　　3）市场准入

　　就是准许对方商品进入本国市场。市场准入原则要求成员分阶段逐步实行贸易自由化，以此扩大商品相互进入各自市场的准入水平，促进市场的合理竞争和适度保护。这是一个涉及国际贸易所有领域的事情。但是，由于已经有多个协定对商品贸易的市场准入提出了要求，所以这里主要强调的是服务贸易和农产品贸易的市场准入。这两个方面都是GATT过去没有过多涉及的领域。"服务贸易总协定"第16条"市场准入"中要求缔约方对服务贸易市场准入承担具体义务。这涉及以下两个方面：一是对总协议第一条提到的四种服务方式的市场准入，即一缔约方应根据自己承担义务，按照计划安排中所同意的条件，给予来自其他缔约方的服务或服务提供者以相同待遇；二是在做出市场准入承诺的服务部门或分部门中，一缔约方不应采取歧视性的限制措施，如数量、配额限制、服务总额限制、雇佣人员数量限制、服务垄断、专营、对外国资本投资额比例限制及资本出境限制等，均应一视同仁。"农业协定"第4条"市场准入"与其他商品不同，农产品的市场准入涉及的关税约束和关税削减，成员国的义务均在减让表中予以明确。

　　4）透明度

　　透明度原则是指成员方应该公布其所制定和实施的法律法规、贸易措施及其变化情况（包括修改、增补或废除），不公布的不得实施，并且在此同时通知世界贸易组织。此项规定意在为生产商和进出口商组织生产及商务活动提供指导，避免由于对进口国有关法律、法规及贸易政策的变动的无知而导致的本来可以避免的损失，从而便利商品在国际间的正常流动。为此，世界贸易组织在多个文件中做了尽可能详细的规定。

　　"关税与贸易总协定"第10条"贸易法规的公布和实施"第1款对应该公布的内容进行了详细的规定。

　　《农产品协议》第5条第7款的规定，成员方在采取特殊保障措施时，均应以书面形式通知农业委员会。通知"应尽可能提前做出，且无论如何应该在采取该行动后10天内做出"，并且"应给予任何有利害关系的成员方与其就实施此类行动的条件进行磋商的机会"。

　　《服务贸易总协议》（GATS）第3条"透明度"对透明度原则规定，除非在紧急情况下，一参加方必须将影响本协议实施的有关法律、法规、行政命令及所有的其他决定、规则及习惯作法，无论是由中央、地方政府做出的，还是由非政府有权制定规章的机构做出的，"最迟在此类措施生效之时迅速公布"。"本协议并不要求任何缔约方提供那些一旦公布就会妨碍其法律实施或对公共利益不利或损害公私企业正当合法商业利益的机密资料"。从以上规定看，服务贸易透明度的原则与货物贸易透明度原则的要求基本一致。

3. 经济发展原则

世界贸易组织有关协定的条文的制定充分考虑了不同国家的发展的需要。既然其宗旨是"以提高生活水平、保证充分就业、保证实际收入和有效需求的大幅度稳定增长以及扩大货物和服务的生产和贸易为目的，同时应依照可持续发展的目标"，并且考虑到成员国各自在不同经济发展水平的需要，因此在实施协定的有关条款时就不能"一刀切"。

比如禁止数量限制就有一些重要的例外，如为了维持"幼稚工业"的生存和发展，发展中国家被允许实施适当的保护。这种保护在 GATT1994 第 18 条规定只能是"一个经济只能维持低生活水平并处于早期阶段的成员"或者"处于早期阶段范围的成员"。补贴是被严格禁止使用的手段。"关税与贸易总协定"第 16 条 B 节第 3 点规定，只要其目的是增加自其领土出口的任何初级产品，一缔约方可以直接或间接地对其出口产品给予补贴，只是该补贴的实施不得使该缔约方在该产品的世界出口贸易中占有不公平的份额。

又比如，"关税与贸易总协定"第 19 条"对某些产品进口的紧急措施"第 1 款（a）规定："如因不能预见的情况和一缔约方在本协定项下负担包括关税减让在内义务的影响，进口指该缔约方领土的产品数量增加如此之大且情况如此严重，以致对该领土同类产品或直接竞争产品的国内生产者造成严重损害或严重损害威胁，则该缔约方有权在防止或补救此种损害所必需的限度和时间内，对该产品全部或部分终止义务或撤销或修改减让。""关税与贸易总协定"第 20 条为"一般例外"。它规定在 10 种情况下采取必要的进口限制措施是可以的，只要不构成"任意或不合理的歧视"。

"关税与贸易总协定"第 12 条"为保障国际收支而实施的限制"第 1 款规定，"任何缔约方为保证其对外金融地位和国际收支，可以限制允许进口商品的数量或价值"。这主要是从该国经济稳定和发展需要出发的。

上述种种仅仅是一部分内容，类似的条款还有很多。所有这些条款都是以维护一国经济发展与稳定为目的的。它照顾到世界经济的复杂性，都是根据具体情况而定的。做出这些规定是有利于各种协定如实地得到执行的明智之举，它避免了国际间的无谓的纠纷，并且与世界贸易组织的根本宗旨是相一致的。不论发达国家还是发展中国家，都能从这些规定中获益。

对于最不发达国家，世界贸易组织还有专门的协定予以关照。如"关于有利于最不发达国家措施的决定"，"关于改革计划对最不发达国家和粮食净进口发展中国家可能产生消极影响的措施的决定"。此外，在其他一些协议中，也都有类似的条款，体现着促进这些国家经济稳定和发展的意图。"关于有利于最不发达国家措施的决定"指出，乌拉圭回合中议定的对最不发达国家有出口利益产品的关税和非关税减让，各国可以自主提前实施。"应积极考虑最不发达国家在有关理事会和委员会中提出的特定和有根据的关注"，应"对最不发达国家的出口利益给予特殊考虑"。

4. 自我保护原则

国际贸易中商品的走向是由商品的价格决定的。商品总是被运到价格比较高的地方去销售。生产要素的世界性合理配置就是借国际贸易这只手来实现的。价格低意味着生产成本低。生产成本低是由于生产要素便宜，至少这是一个关键因素。世人借助国际贸易把商品由世界的一个地方运到另外一个地方去销售之时，就是生产要素世界性配置的过程。纯粹的理论性分析表明，完全自由的世界贸易才能保证生产要素在世界上的合理配置。要实现这种配置要有代价，有的国家、有的民族会丧失一些在非自由贸易情况下能够获得的利益。

世界贸易组织的原则是自由贸易，但是兼顾各国的利益才是世贸组织的生存之道。另外，发展中国家的发展，意味世界市场的扩大。世界市场的不断扩大，世界贸易才能不断增长。这才是世界贸易组织强调经济发展的初衷。考虑到各国的经济条件，为了更好地促进处于不同的经济阶段的各国发展经济，不少协定中都有"例外"条款或者同样意思的语句、段落。一些国家正是借助这些条款，合理、合法地使本国经济、贸易摆脱不利的局面，走出困境，实现自我保护。不要以为这种设计完全是为发展中国家服务的，发达国家也从中受益。

"保障措施协定"是世界贸易组织成员自我保护的主要依据。"保障措施协定"第2条规定了使用这项协定实行自我保护的条件。"一成员只有在根据下列规定确定正在进口至其领土的一项产品的数量与国内生产相比绝对或相对增加，且对生产同类或直接竞争产品的国内企业造成严重损害或严重损害威胁，方可对该产品实施保护措施。"而且，在第5条第1款规定，"一成员应仅在防止或补救严重损害并便利调整所必需的限度内实施保护措施。"实行这项保护措施是有一定的程序的，对此"保障措施协定"第3条第1款有规定。但是考虑到一些国家经济的承受能力，"保障措施协定"第6条"临时保障措施"允许"在迟延会造成难以弥补的损害的紧急情况下，一成员可根据关于存在明确证据表明增加的进口已经或正在威胁造成严重损害的初步裁定，采取临时保障措施。临时措施的期限不得超过200天。"并在此期间要满足有关协定的一些要求，以保证"保障措施协定"不被滥用。此外，"关税与贸易总协定"第19条"对某些产品进口的紧急措施"及第20条"一般例外"规定，进口缔约方在进口商品造成严重伤害时，"有权在防止或补救此种损害所必需的限度和时间内，对该产品全部或部分中止义务或撤销或修改减让"。第11条"普遍取消数量限制"第2款（c）规定在三种情况下，可以限制农产品和鱼制品的进口，以便发展本国生产。总之，一些国家出于本国经济稳定、发展的需要，可以规避各项协议规定的义务。

9.2 世界贸易组织的作用

9.2.1 世界贸易组织的职能

（1）世界贸易组织的主要职能之一是对"世界贸易组织协定"和各个多边协定的实施、管理和运用提供便利，以最终取得世界贸易组织组建时确定的根本目标。

（2）成员国在实施、运用世界贸易组织各个协定时，将不可避免地出现一些意想不到的事情。世界贸易组织要为相关国家就其贸易关系进行谈判提供场所。这又可以从两个层面来看。一是部长级会议，是所有成员最重要的谈判场所。二是理事会及其属下委员会层面的谈判场所。为了使一些与各项协定有关的问题和争端及时得到解决，理事会和各个专门委员会为成员提供了谈判场所。

（3）解决纠纷。世界贸易组织协定的附件 2 是"关于争端解决规则与程序的谅解"。考虑到世界贸易组织协定有 4 个附件及 13 个涉及各个领域的协定，而贸易又是利害攸关的一种经济活动，因此，为了本国的利益，在实施这些协定的过程中，各国之间出现一些争端几乎是不可避免的。世界贸易组织设有争端解决机制，一切双方不能协商解决的问题，均应诉诸该机构解决。

（4）审议各国的贸易政策。为了保证各国贸易政策能够与世界贸易组织的各项协定的要求相符，从而有助于世界贸易更加平稳地运行，世界贸易组织协定附件 3 "贸易政策审议机制"确定要按时审查各国的贸易政策和措施，并且建立专门机构"贸易政策审议机构"（TRPRB）负责这项工作。原则上所有成员国的贸易政策都要接受定期审议。根据对多边贸易体制的影响力、最近一个时期在世界贸易中所占的份额，确定前 4 个贸易实体，即美国、欧盟、加拿大和日本每两年审议一次，其后的 16 个实体每 4 年审议一次，其他成员每 6 年审议一次。主要审议各国贸易政策和贸易政策措施对多边贸易体制的影响。除了各国政府要向审议机构提交审议报告，世界贸易组织秘书处也要提交有关国家的贸易政策报告。这两份报告必须在审议后迅速公布。

9.2.2 世界贸易组织的结构及其各自的职责

世界贸易组织的结构如图 9-1 所示。

1. 部长级会议

部长级会议是世界贸易组织的最高决策机构，由世界贸易组织所有成员组成，至少每两年召开一次会议，它有权依据世界贸易组织协定和其他多边贸易协定中关于决策的具体要求，对任何多边贸易协定项下的所有事项做出决定。它对各项协定有最终解释权。议事原则是协商一致，除非另有规定，否则对经协商无法取得一致时，经投票决定。每个成员拥有一票。投票方式为简单的多数做主决定，除非世界贸易组织协定和其他多边贸易协定另外有规定。例如，在特殊情况下部长级会议决定豁免一个成员按照协定应该承担的义务时，应由成员 3/4 多数做出。为了管理各国更好地履行各项协定，设立具有其认为适当职能的其他委员会和专业理事会。

2. 总理事会

总理事会由世界贸易组织全体成员的代表组成，在部长级会议休会期间代行部长级会议的职责，是仅次于部长级会议的最高权力机构，负责世界贸易组织的日常管理与领导，同时负责指导 5 个专门委员会（贸易与发展、贸易与环境、国际收支限制、财务与管理、区域贸易协议）和3个专业理事会（货物贸易、服务贸易、与贸易有关的知识产权）的工作。

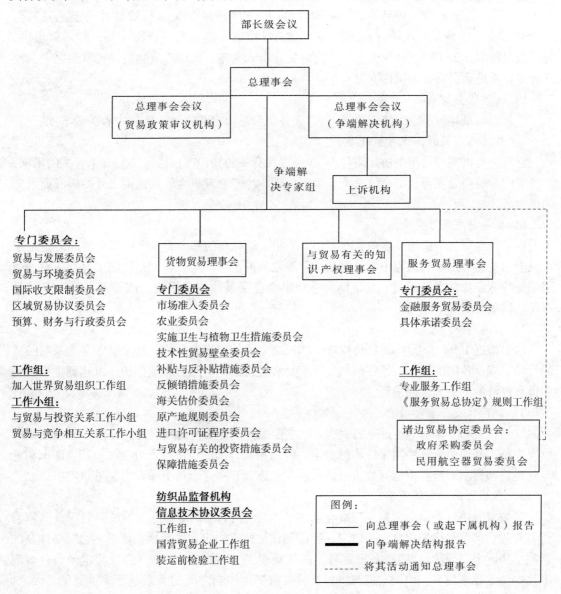

图9-1 世界贸易组织的结构

专业理事会是设在部长级会议或总理事会之下的理事会，由各成员方代表组成。每个理事会每年至少举行8次会议，讨论其确定的问题和成员提出的问题。这些专业理事会如下所述。

1）货物贸易理事会

它主要负责监督世界贸易组织协定附件 1A 所含《1994 年关税与贸易总协定》及另外 12 个协定实施的情况，纠正存在的问题。由于货物贸易是主要的贸易种类，涉及面很广，问题也比较多，为了更好地保证各项协定如实地得到实施，所以在货物贸易理事会之下，设立有专业委员会帮助开展工作。

2）服务贸易理事会

它负责与世界贸易组织协定附件 1B "服务贸易总协定及附件" 实施中有关的事项。

3）与贸易有关的知识产权理事会

它负责与世界贸易组织协定附件 1C "与贸易有关的知识产权协定" 实施中有关的事项。

专门委员会是在部长级会议之下、为了处理 3 个专业理事会管辖范围之外的事务而设立的机构。

1）贸易与发展委员会

这是世界贸易组织成立之前，在 GATT 体制下就存在的一个委员会，其主要职责是定期审议多边贸易协定实行过程中贸易与经济发展之间的实际问题，特别是协定中有利于发展中国家的特殊条款的实施问题，并定期向总理事会提交具体情况报告。该委员会下设有 "最不发达国家分委员会"。

2）贸易与环境委员会

这是根据 1994 年 4 月 15 日马拉喀什部长级会议的决定成立的，其主要职责是采取必要的行动，规范各国的行为，使各国在发展贸易和经济的同时兼顾环境保护，以达到世界贸易和世界经济的持久和协调发展。

3）国际收支限制委员会

这是从 GATT 体制下转过来的机构。它主要关注的是贸易的发展是否导致有些国家国际收支失衡，从而影响这些国家经济的稳定。特别是在一国的经济稳定可能波及其他国家和世界的经济与贸易形势。根据有关协定的条款，允许其在一定程度上采取限制进口的措施。

4）区域贸易协议委员会

区域贸易协议委员会根据总理事会的决定，建立于 1996 年 2 月。委员会的职责是审查所有双边、区域和诸边优惠贸易协定，确定和评估此类协定和区域性倡议对多边贸易体制的影响。实际上，现阶段 WTO 多边贸易体制和众多 WTO 成员还离不开这些协定，而且客观上这些协定越来越多。协调它们与世界贸易组织多边体制之间的关系是至关重要的。因此，"建立世界贸易组织协定" 第 4 条第 7 款规定部长级会议可以根据需要建立新的委员会。目前酝酿中的尚有 "投资"、"竞争机制"、"劳动标准和贸易与劳工" 等委员会。

5）预算、财务与行政委员会

负责审议四届贸易组织的年度预算和决算。负责世界贸易组织的财产及内部行政收支。各国在世界贸易组织费用中分摊费额的原则是，交纳的会费按每一国出口额在成员总贸易中所占的比例分摊。出口额按货物贸易和服务贸易的总出口额计算，而不是像关税与贸易总协定那样只按货物贸易的出口额计算。

3. 争端解决机构

设立有效的争端解决机构是世界贸易组织体制区别于关税与贸易总协定体制的最大特点。它隶属于部长级会议或总理事会，下设专家小组（非常设）和上诉机构（常设），负责处理成员之间基于有关协定、协议的实施所产生的问题。

4. 贸易政策审议机构

设立贸易政策审议机构是世界贸易组织体制区别于关税与贸易总协定体制的另一个特点。它隶属于部长级会议或总理事会，定期审查各成员贸易政策、法律的建设、修改、调整，评估与世界贸易组织相关协定和协议之间的协调性与一致性，使之与世界贸易组织多边体制保持一致。

5. 秘书处与总干事

世贸组织成立由一位总干事领导的世界贸易组织秘书处（以下简称"秘书处"）。世贸组织秘书处设在瑞士日内瓦，大约有 500 人。秘书处工作人员由总干事指派，并按部长会议通过的规则决定他们的职责和服务条件。总干事由部长会议选定，并明确总干事的权力、职责、服务条件及任期规则。世贸组织总干事主要有以下职责：可以最大限度地向各成员施加影响，要求它们遵守世贸组织规则；总干事要考虑和预见世贸组织的最佳发展方针；帮助各成员解决它们之间所发生的争议；负责秘书处的工作，管理预算和与所有成员有关的行政事务；主持协商和非正式谈判，避免争议。

截至 1999 年 5 月，世贸组织陆续建立 30 多个理事会和常设委员会，比成立之初要多，而且以后根据需要还会增加。仅此一点，也可以看出世贸组织制度建设比关贸总协定要完善得多。

9.3 世界贸易组织的运转

这里主要讲世界贸易组织在贸易方面的运转，分 3 个方面来谈，主要介绍的是运转的法律依据。

9.3.1 货物贸易方面

货物贸易是各国之间经济联系的主要形式之一。在世界经济一体化的过程中，货物贸易是实现生产要素在世界范围内有效配置的主要渠道。同时，从重商主义时期遗留下来的、通过商品出口获得财富的意识还深深地影响着不少人；而新的、通过出口贸易带动本国经济发展的理论在各国之间有着广泛的影响。这使得不少政府的决策者们不能正确地对待贸易之间的问题。在经济一体化过程之中，限于各国的经济发展所处的阶段，以及不同国家同样产品在生产中成本和技术上的差距，各国对于进口都有一定程度的排斥。那些生产与进口商品竞争的商品的产业，常常鼓动政府及政府有关职能部门为了一国的、甚或为了一国的某些产业的利益限制进口，使国际贸易受到扭曲，从而背离了世界贸易组织的决议和协定的精神。这些限制进口的措施被称为非关税壁垒。世界贸易组织是维护自由贸易的秩序，推动和监督各项协议、协定实施的国际机构。世界贸易组织签订了许多边贸易协定，用来规范各国的贸易行为。《装运前检验协定》检查的主要内容包括商品数量、质量、价格等，以防止逃汇、虚报价格和质量、偷逃关税等欺诈行为。《原产地规则协定》是为了便于确定商品在多栏税则情况下进口商品享受优惠的标准，以及在确定反倾销税和反补贴税时参考。《关于实施1994年关税与贸易总协定第6条的协定》主要涉及的是海关估价问题。在贸易实践中，有些国家不以发票上列明的价格作为确定商品价值的依据，而是采用其他办法，就是由海关在进出口价格的基础上，按照本国的关税法审查确定进口商品完税的价格。有些国家以本国产品的价格，或以武断的虚假的价格作为计征关税的实际价格，以便达到限制进口的目的。《技术性贸易壁垒协定》是为了限制有些国家以保障消费者利益保护环境为借口，制定和实施越来越严的技术标准、商品包装和标签规定，使出口国难以适应，从而达到限制进口的目的。《实施卫生和植物卫生措施协定》涉及的内容都是"为了保障人民、动植物的生命或健康所必需的措施"，以减少和从根本上杜绝由于货物进口而可能给本国人民、动植物带来的危害。对于这个问题，各国都一致认为是非常必要的。但是，在实施过程中，一些国家出于限制进口的考虑，采取了实质上是限制进口的措施，使另一方蒙受损失，造成贸易纠纷。《进口许可证程序协定》是为了限制一些国家通过实施进口许可证制来限制商品进口而制定的规定。许多国家在管理本国对外贸易时，都有限定某些商品进口必须申领进口许可证的规定。有些国家甚至把进口许可证限制进口的职能延伸到申领许可证的程序之中。它的使用严重地影响到当前世界贸易的进一步发展。本协定就是针对这方面的问题而制定的。上述文件涉及的内容，一旦从实质上是处于限制进口的目的时，就形成了非关税壁垒。减少和杜绝种种形式的非关税壁垒是WTO的职责和任务。

当我们借助这些协定来打破外国实施的限制我国商品对其出口的非关税壁垒措施时，应该明确，这些文件的内容是交叉的。也就是说，在考虑借助WTO法规保护本国利益时，必须参照多个协定的内容才能全面达到最终目的。

服装和纺织品是世界贸易中主要的商品类别之一，其贸易额大体占世界贸易额的20%。世界大多数国家要么是出口国，要么是进口国。服装和纺织品同时也是受配额制和其他非关税壁垒影响最大的商品。农业产品关乎人们的基本生存需求。农业关乎经济及生产结构等诸多方面的问题，因此它深受各国的重视。为此，农产品贸易深深地卷入到国际贸易纠纷之中。加之主要参与者是发达国家，如美国、欧盟、日本等，问题就更难解决。这些特殊性使得服装和纺织品贸易及农业产品贸易长期游离于关税与贸易总协定的贸易体制之外。只是到乌拉圭回合谈判才认真地把它们纳入世界贸易组织的国际贸易体系之中。

公平贸易是世界贸易组织管理、规范各国之间的贸易行为的一个目标。所谓公平贸易，是指贸易各方以自己经营管理产生的生产成本为基础来形成商品价格，并以这种价格与贸易对方进行正常竞争。有些商家或者厂家以接受补贴情况下的价格，或者在倾销情况下的价格与对手进行竞争，从而客观上造成了不公平贸易。"关于实施1994年关税与贸易总协定的6

条的协定"规定，"如一产品自一国出口至另一国的出口价格低于在正常贸易过程中出口国供消费的同类产品的可比价格，即以低于正常价值的价格进入另一国的商业，则该产品被视为倾销"。补贴的情况比较复杂。"补贴与反补贴措施协定"第 1 条"补贴的定义"规定，"在一成员领土内，存在由政府或任何公共机构提供的财政资助"，不管是直接的或间接的，都是补贴。商品以倾销价格或者接受补贴以后的价格进行销售时，进口方可以采取措施，抵消、弥补倾销价格或者补贴价格带给贸易的不公平。世界贸易组织根据"关于实施 1994 年关税与贸易总协定的 6 条的协定"，"补贴与反补贴措施协定"来规范各国的行为。

9.3.2　服务贸易方面

服务贸易对世界经济的增长和发展变得日益重要，各国的经济和产业结构都随之发生了新的调整。现在，服务贸易已经成为国际贸易中一个蓬勃发展的领域。统计数字表明，世界服务贸易从 1980 年的 6500 亿美元增加到 1999 年的 13 400 亿美元，在世界贸易中的比重达到 20%。[①] 服务行业的迅速发展成为 20 世纪中后期世界经济的主要特点之一。为了更好地发挥其在促进各国经济发展中的作用，规范服务贸易作为一个新的问题在乌拉圭回合谈判中受到重视，并且被纳入世界贸易组织多边贸易体制之中。

"服务贸易总协定"及其 8 个附件对服务贸易的范围、定义及其他有关事宜均做了规定。它将服务贸易定义为：① 自一成员领土向任何其他成员领土提供服务；② 在一成员领土内向任何其他成员的服务消费者提供服务；③ 一成员的服务提供者通过在任何其他成员领土内的商业存在提供服务；④ 一成员的服务提供者通过在任何其他成员领土内的自然人存在提供服务。

这里说的服务包括：① 商业服务，② 通信服务，③ 建筑服务，④ 销售服务，⑤ 教育服务，⑥ 环境服务，⑦ 金融服务，⑧ 健康及社会服务，⑨ 旅游及相关服务，⑩ 文化、娱乐及体育服务，⑪ 交通运输服务，⑫ 其他服务。WTO 对于上述各项服务的分类都有详细的解释，以避免实施过程中可能发生的理解上的歧义。

鉴于服务贸易是世界贸易组织多边贸易体制中一个新的方面，市场准入成为一个重要问题。一国的服务贸易市场必须向所有成员开放才行。开放到什么程度，也就是市场准入的程度。"服务贸易总协定"第 16 条"市场准入"条款对相关问题作了明确规定。市场准入即包括成员应该履行的、WTO 成员必须履行的最基本的义务，更重要的是还要履行各个成员在各自的服务贸易减让表中所做的具体承诺。

9.3.3　知识产权方面

世界已经进入知识经济的时代。知识作为一个生产要素，可以给其拥有者或使用者带来收益。知识在生产中的应用可以给人类创造财富、价值（包括使用价值）。那么，什么叫知

---

① 世界贸易组织知识读本. 北京：中国对外经济贸易出版社. 2002

识产权呢？知识产权是公民或法人对其在科学、技术、文学、艺术等领域的发明、成果和作品依法享有的专有权利。在商品经济社会中，这个专有权利就是在市场获取收益的权利。市场经济下产权的拥有具有排他性，因此知识产权必须得到保护。

由于认识到了这一点，早在乌拉圭回合签订"与贸易有关的知识产权协定"之前，世界各国就先后签订了诸如"保护工业产权巴黎公约"① （1967 年 7 月修订，1970 年 4 月 26 日生效，同时世界知识产权组织成立，并于 1974 年成为联合国的一个专门机构）、"保护表演者、唱片制作者和广播组织国际公约"（1961 年 10 月 26 日在罗马签订）、"保护文学和艺术作品的伯尔尼公约"（1971 年）、"关于集成电路的知识产权条约"（1989 年）。这些文件构成了世界保护知识产权的法律体系。

通过知识产权的保护，促进技术革新和科技开发，促进技术的转让与技术的传播，从而推动相关国家经济的发展。在世界经济一体化的进程中，发展中国家的经济有了较快的发展。在传统产业的生产中，其生产力正在赶超发达工业国。当发达国家逐步丧失其在部分产业、产品上的生产优势时，利用高科技优势，利用以新的知识产权形成的优势，然后与发展中国家在互利的基础上贸易，使得发达国家与发展中国家之间的互补性可以充分展开并且得以实现，从而获得双赢的结果。这一点在"与贸易有关的知识产权协定"中表述得非常清楚。其第 7 条"目标"说，"知识产权的保护与权利行使，目的应在于促进技术的革新、技术的转让与技术的传播，以有利于社会及经济福利的方式去促进技术知识的生产者与使用者互利，并促进权利和义务的平衡"。第 8 条"原则"说，"在制定或修改其法律和法规时，各成员可以采用对保护公共健康和营养，促进对其社会经济和技术发展至关重要部门的公共利益所必需的措施，只要此类措施与本协定的规定相一致"。并且说，各成员"为了防止知识产权所有者滥用知识产权，防止采用限制贸易的、对技术的国际转让有负面影响的做法，可以采取一些适当的措施，只要这些措施与本协定的规定相一致。"

"与贸易有关的知识产权协定"在保护知识产权时涵盖的范围，大体有如下几个方面：① 著作权及相关权利；② 商标；③ 地理标志；④ 工业品外观设计；⑤ 专利；⑥ 集成电路布图设计；⑦ 未被披露的信息的保护。其中第②③④⑤属于工业产权。

虽然保护知识产权对各国都有好处，但是考虑到各国所处的经济发展阶段不同，各国经济、科技水平有很大差异，同时各国保护知识产权的国内立法内容不一，所以世界贸易组织提出了过渡期的安排。在过渡期之内，各国调整自己的立法，使之与世界贸易组织保护知识产权的协定的要求相一致，并且每个成员国都有义务向所有成员国提供最惠国待遇和国民待遇。具体期限安排如下所述。

● 发达国家：1 年，即到 1996 年 1 月 1 日。

---

① 1883 年 3 月 20 日签订，1900 年 12 月 14 日在布鲁塞尔修订，1911 年 6 月 2 日在华盛顿修订，1925 年 11 月 6 日在海牙修订，1934 年 6 月 2 日在伦敦修订，1958 年 10 月 31 日在里斯本修订，1967 年 7 月 14 日在斯德哥尔摩修订，1979 年 10 月 2 日修正。我国于 1985 年 3 月 19 日正式成为该公约成员国。

- 发展中国家：5 年，即到 2000 年 1 月 1 日。
- 转型经济国家：5 年，即到 2000 年 1 月 1 日。
- 最不发达国家：11 年，即到 2006 年 1 月 1 日。

9.4　世界贸易组织的争端解决机制

争端解决机制是保证 WTO 正常运转的一个重要环节。这个环节对我国对外贸易的正常发展极为重要。正如大家所知道的，随着我国对外开放程度的不断加深，对外的经济、贸易交往不断加强，外国出于种种原因挑起的与我国的贸易摩擦日益增加。要想借助 WTO 争端解决机制恰到好处地维护我国的利益，首先必须对这项机制的运转程序、各个环节有比较详细的了解。

9.4.1　争端解决机制的特点

1. 争端解决机制的特点

WTO 解决问题的原则是通过协商、谈判。正是由于 8 年的乌拉圭回合的协商、谈判，签订了一系列协定，组建了世界贸易组织。争端解决机制在解决各国之间的争端和摩擦时，仍然强调协商解决问题这个原则。这是争端解决机制的一个特点，它有很强的时代印记。这个时代是各国在经济上相互依赖不断增强的时代。任何一个国家都不能脱离其他国家而获得满意的经济发展速度。因此，遇到争端，出现摩擦，各国都愿意在世界贸易组织的一系列协定的基础上协商解决问题。

世界贸易组织是在一系列协定基础上建立的。这些协定涉及货物贸易、服务贸易、知识产权，以及与贸易有关的投资。其中服务贸易、知识产权，与贸易有关的投资都是在关税与贸易总协定体制下没有过多涉及的。在货物贸易中，农产品和服装纺织品过去也一直游离于关税与贸易总协定体制之外。现在所有这些都被置于世界贸易组织的管理之下，因此在组织这些协定的实施与贯彻，协调各国之间的关系时，难免出现问题，贸易纠纷与摩擦在所难免。鉴于这些问题与摩擦都事关各国切身利益，没有人能够保证所有问题都可以通过协商予以解决，因此世界贸易组织专门设立争端解决机构，根据"关于争端解决规则与程序的谅解"的规定，对于违反世界贸易组织有关协定的现象，强制性地予以解决。强制性是它的另外一个特点。在这里，真正能够规范国家行为的就是它的制裁体制。

2. 严格的时间进度安排

迅速解决贸易争端是世界贸易组织争端解决机制的一个重要原则和特点。"马拉喀什建立世界贸易组织协定"附件 2 "关于争端解决规则与程序的谅解"对解决贸易争端的各个环节，都规定了严格的、明确的时间表，如表 9－1 所示。因为贸易的获利机会是转瞬即逝的，并且也只有尽快纠正成员违反世界贸易组织协定后协议的不良行为，才能使受害者得到及时的帮助与救济。

表 9 - 1 世界贸易组织争端解决时间表

项目及内容	时间
磋商、调解	60 日
组建专家小组	45 日
将最终报告提交各方	6 个月
最终报告交 WTO 各成员	3 个星期
争端解决机制通过专家组最终报告（如没有上诉）	60 日
全过程需要时间（如没有上诉）	1 年
上诉机构报告	60～90 日

3. 有力的制裁与报复

制裁与报复是世界贸易组织保证其协定得以贯彻的措施之一，也是世界贸易组织不同于关税与贸易总协定之处。"关于争端解决规则与程序的谅解"与其他协定的相关条款是施行制裁与报复的依据。最终裁决或建议必须得到认真执行，否则将受到制裁与报复。具体的制裁与报复将视具体情况而定，它足以弥补受损方受到的伤害，并且足以迫使对方为了避免由于制裁或报复可能造成的损失而认真履行最终裁决或建议。

9.4.2 争端解决机制的管辖范围

WTO 协定虽然被称为"协定"，但是它在本质上是一个"契约"。契约性体现在其权利与义务的结构中。透彻地说，各成员方的政府在签订 WTO 协定时，实际上是签订了一个以其义务换取权利的契约。因此，世界贸易组织强调成员的权利与义务的对等。这些权利与义务体现在世界贸易组织的一系列协定和协议中，以及各成员对其他成员做出的承诺上。但是现实中常常出现一方损害另一方的权利的情况。这时就会出现纠纷或摩擦。世界贸易组织争端解决机制在解决这些问题时，主要遵循下列的协定。

（1）有关货物贸易的多边协议。这些协定涉及货物贸易的方方面面，具体包括：

① 《1994 年关贸总协定》

② 《农业协议》

③ 《关于卫生和动植物检疫措施的协议》

④ 《纺织品与服装协议》

⑤ 《贸易的技术性壁垒协议》

⑥ 《与贸易有关的投资措施协议》

⑦ 《反倾销协议》

⑧ 《海关估价协议》

⑨ 《装船前检验协议》

⑩ 《原产地协议》

⑪ 《进口许可证协议》

⑫ 《补贴与反补贴协议》

⑬《保障措施协议》

（2）有关服务贸易的协定是《服务贸易总协定》及其8个附件。这8个附件是：

① "关于第2条豁免的附件"

② "关于本协定项下提供服务的自然人流动的附件"

③ "关于空运服务的附件"

④ "关于金融服务的附件"

⑤ "关于金融服务的第二附件"

⑥ "关于海运服务谈判的附件"

⑦ "关于电信服务的附件"

⑧ "关于基础电信谈判的附件"

（3）有关知识产权的协定是《与贸易有关的知识产权协定》。

9.4.3 争端解决机制的运作程序

争端解决机制的运作程序如图9－2所示。

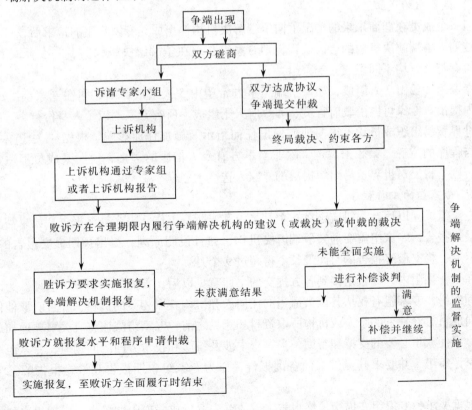

图9－2 争端解决机制的运作程序

1. 磋商

当一个成员认为另一个成员的行为损害了自己的利益，并且违反世界贸易组织的有关协定的规定时，为了维护自己的利益，它的最佳办法是向对方说明情况，要求对方按照世界贸易组织的协定改变其行为。它可以直接地向对方提出进行磋商的请求。任何一个成员方接到另一个成员要求进行磋商的请求后，必须在10天内做出答复。

如果另一方同意进行磋商，那么此磋商应该在30天以内完成。

如果另一方在10天之内没有做出反应，或者不同意进行磋商，或者开始磋商后30天内没有达成双方均可以接受的结果，则要求进行磋商的一方可以向争端解决机构提出组织专家小组的要求，由专家小组帮助解决纠纷。

值得注意的是，这里的磋商含义很广，也包括由第三方出面（或者仲裁机构参与）情况下的斡旋、调解、调停等。总之，凡是不启动专家组介入而达到解决问题的目的，都属于广义的磋商。争端解决机构对于磋商的最终裁决的实施负责监督。

2. 专家组

1）专家组的成立

当一个成员在磋商未果的情况下向争端解决机构提出成立专家小组的请求后，一旦此项请求被列入争端解决机构的会议议程，则专家组必须在争端解决机构的下一次会议上组成，除非所有与会方均不同意成立专家组。

专家组一般由3人组成，如果争端当事方希望由5人组成，则必须在专家小组成立10日之内提出。专家可以由政府官员、非政府人士组成。所有专家均以个人身份行事。任何政府和世界贸易组织成员均不得向他们发出任何指示及施加任何影响。根据"关于争端解决规则与程序的谅解"第8条规定，除非当事方有令人信服的理由，说明某成员不适宜当专家，否则不得反对世界贸易组织提出的专家人选。

2）专家组的工作程序

专家组成立以后，一般应该在6个月之内完成所有工作，提交最终报告。如果需要推迟提交最终报告，专家组需要通知争端解决机构，并且说明原因，提出预期提交报告的时间。经推迟后，提交最终报告的时间最长不得超过9个月。

在工作期限内，专家组接到各方提交的书面意见以后，首先进行调查、取证。为了公正地处理纠纷，专家组有权从其认为适当的任何人和机构获取相关的资料，并且听取他们的意见。向成员方管辖下的个人或机构所取资料和意见之前，专家组应该将有关事项通知成员方政府，以便获得必要的支持和帮助。当调查中涉及科学和技术方面的问题时，专家组可以设立专家评审组，并要求其提供书面咨询报告，作为专家组中期报告和最终报告的参考或依据。

根据要求，专家组在提交最终报告之前，首先要形成一份中期报告。中期报告包括对争端基本事实的叙述、调查情况及调查结果、结论三个部分。专家组首先要将此报告分发给相关各方，认真听取他们的意见和评论。

如果专家组在规定的时间内没有收到争端各方对中期报告的意见，则中期报告可以视为专家组的最终报告。如果涉案方对中期报告提出不同看法或意见，专家组应该与争端各方进一步举行会谈。并在此后按期形成最终报告。最终报告形成后要迅速发给各成员方。

3）最终报告的通过

最终报告经争端解决机构通过以后方才有效。"关于争端解决规则与程序的谅解"第16条规定，为使个成员有足够的时间审议专家组提交的最终报告，争端解决机构只有在将报告散发给各成员20天以后才可以审议并通过报告。如果任何成员对报告有反对意见，其至少应该在会议召开前10天提供并散发书面理由。程序规定，除非争端当事方正式通知争端解决机构其上诉的决定，或者争端解决机构经协商一直决定不通过该报告，否则争端解决机构必须在最终报告散发给各成员60天之内在会议上通过这项报告。

3. 上诉机构

"关于争端解决规则与程序的谅解"第17条规定，争端解决机构设立常设的上诉机构，受理争端当事方对其通过的专家组的最终报告的上诉。常设上诉机构由7人组成，通常由其中3人共同审理上诉案件。上诉机构成员由争端解决机构任命，任期4年，可以连任一次。为保证上诉机构的权威性和公正性，其成员应该是法律、国际贸易、世界贸易组织协定及协议方面公认的专家和权威人士，并且具有广泛的代表性；上诉机构的成员不得从属于任何政府，也不得参与审议可能对其有直接或间接利益冲突的争端。1995年11月29日争端解决机构从23个国家推荐的32位候选人中，任命了常设上诉机构的7名成员。

上诉机构只审理专家组报告所涉及的法律问题和专家组所做的法律解释。上诉机构可以维持、修改或推翻专家组的结论。

1）审理时限

上诉机构的审议，自争端一方提起上诉之日起到上诉机构散发其报告，一般不得超过60天。如遇有紧急情况，上诉机构应尽可能缩短这一期限。如果上诉机构认为不能在60天内提交报告，则应将延迟的原因及提交报告的预期时间书面通知争端解决机构，但延迟时间最长不得超过90天。

2）上诉机构报告的通过

争端解决机构应该在上诉机构的报告散发以后的30天内通过该报告，除非争端解决机构经协商一致决定不予通过。

4. 争端解决机构裁决的执行及其监督

专家组最终报告和上组机构报告已经通过，其建议和裁决即对争端当事方有约束力，争端当事方应无条件接受。

1）裁决的执行

"关于争端解决规则与程序的谅解"第21条规定，在专家组或上诉机构报告通过后30

天内举行的争端解决机构会议上，有关成员应将执行争端解决机构建议和裁决的意愿通知该机构。争端解决机构的建议和裁决应迅速执行，如不能迅速执行，则应确定一个合理的执行期限。"合理期限"由有关成员提议，并经争端解决机构批准；如未获批准，由争端各方在争端解决机构的建议和裁决通过后 45 天内协商确定期限；如经协商也无法确定，由争端各方聘请仲裁员确定。

如果被诉方的措施被认定违反了世界贸易组织的有关规定，且其未在合理期限内执行争端解决机构的建议和裁决，则被诉方应申诉方请求，必须在合理期限届满前与申诉方进行补偿谈判。补偿是指被诉方在贸易机会、市场准入等方面给予申诉方相当于其所受损失的减让。根据"关于争端解决规则与程序的谅解"第 22 条第 1 款的规定，补偿只是一种临时措施，即只有当被诉方未在合理期限内执行争端解决机构的建议和裁决时，方可采用。如果给予补偿，应与世界贸易组织有关的协定或协议一致。

2）授权报复

如申诉方和被诉方在合理期限届满后 20 天内未能就补偿问题达成一致，申诉方可以要求争端解决机构授权对被诉方进行报复，即终止对被诉方承担的减让或其他义务。争端解决机构应在合理期限届满后 30 天内给予相应授权，除非争端解决机构经协商一致拒绝授权。根据所涉的不同范围，报复可分为平行报复、跨部门报复和跨协议报复 3 种。被诉方可以就报复水平的适当性问题提请争端解决机构进行仲裁。

报复性措施也是临时性的。只要出现以下任何一种情况，报复措施就应终止：① 被认定违反世界贸易组织有关协定或协议的措施已被撤销；② 被诉方对申诉方所受的利益损害提供了解决办法；③ 争端当事各方达成了相互满意的解决方法。

3）监督执行

争端解决机构应监督已通过的建议和裁决的执行情况。在建议和裁决通过后，任何成员都可随时向争端解决机构提出与执行相关的问题，以监督建议和裁决的执行。除非争端解决机构另有决定，在确定了执行的合理期限 6 个月后，争端解决机构应将建议和裁决的执行问题列入会议议程，并进行审议，直至该问题解决。在争端解决机构每一次会议召开的 10 天前，有关成员应向争端解决机构提交一份关于执行建议和裁决的书面报告。

4）仲裁、斡旋、调解和调停

《关于争端解决规则与程序的谅解》第 25 条规定，仲裁可以作为争端解决的另一种方式。如果争端当事方同意以仲裁方式解决，则可在共同指定仲裁员并议定相应的程序后，由仲裁员审理当事方提出的争端。

在世界贸易组织的争端解决机制中，仲裁可用于不同的目的和争端解决的不同阶段，如审理争端、裁定执行的合理期限、评估报复水平是否适当等。

斡旋是指第三方促成争端当事方开始谈判或重开谈判的行为。在整个过程中，进行斡旋的一方可以提出建议或转达争端一方的建议，但不直接参加当事方的谈判。

调解是指争端当事方将争端提交一个由若干人组成的委员会，该委员会通过查明事实，提出解决争端的建议，促成当事方达成和解。

调停是指第三方以调停者的身份主持或参加谈判，提出谈判的基础方案，调和、折中争端当事方的分歧，促使争端当事方达成协议。

在世界贸易组织争端解决中，斡旋、调解或调停是争端当事方经协商自愿采用的方式。争端的任何一方均可随时请求进行斡旋、调解或调停，斡旋、调解或调停程序可以随时开始，随时终止。一旦终止，申诉方可以请求设立专家组。如果斡旋、调解或调停在被诉方收到磋商请求后的 60 天内开始，则申诉方只能在该 60 天届满后请求设立专家组。但是，如争端当事方均认为已经开始的斡旋、调解或调停不能解决争端，则申诉方可以在该 60 天内请求设立专家组。在争端进入专家组程序后，如果争端当事方同意，斡旋、调停或调停程序也可同时继续进行。当事方在斡旋、调解或调停中所持立场应予保密，且任何一方在争端解决后续程序中的权利不得受到损害。

世界贸易组织总干事可以以其职务身份进行斡旋、调解或调停，以协助成员方解决争端。

本章小结

1. 世界贸易组织产生是生产力进一步发展的结果。世界多数国家都认识到商品的自由流动、服务的国际交换，以及一定程度上的资本自由流动对各国经济发展都有好处。

2. 世界贸易组织对世界贸易的管理和规范是当代多边贸易体系正常运转的基础。

3. 争端解决机制是当代多边贸易体系正常运转的保证措施之一。

关键术语

进口替代型增长	Import Substitution Growth
出口扩张型增长	Export Expansion Growth
透明度原则	Transparency
国民待遇原则	National Treatment
最惠国待遇	Most-favored-nation Treatment
知识产权	Intellectual Property Rights
世界贸易组织	World Trade Organization
争端解决机构	Dispute Settlement Body

思 考 题

1. 关税与贸易总协定过渡到世界贸易组织的原因？
2. 世界贸易组织规范货物贸易的法律文件有哪些？
3. 世界贸易组织规范服务贸易的法律文件有哪些？
4. 世界贸易组织有关知识产权问题的法律文件有哪些？
5. 争端解决机制的任务是什么？
6. 争端解决的程序是什么？

第 *10* 章

世界贸易组织与中国经济贸易发展

知 识 要 点

☑ 了解中国加入 WTO 的背景、过程、意义。

☑ 了解中国所做的承诺及应享受的权利。

☑ 理解如何利用 WTO 规则保护国内产业。

技 能 要 点

☑ 学会分析中国入世后所涉及的贸易摩擦案例。

☑ 能够正确分析中国对外反倾销的案例。

10.1 中国为什么加入世界贸易组织

加入世界贸易组织是我国改革开放政策的进一步深化，是我国经济更深地融入世界经济的需要，是参与世界经济一体化，并且借助世界的资金、市场、资源、技术加快我国经济发展的必需。

中国原本是 GATT 的创始国。由于种种原因，我们很长一段时间没有参与 GATT 的活动。其中有两个原因不能忽略。一个原因是我国经济与外界联系不多，贸易规模小。其二是没有认识到加强经济贸易对外联系对发展我国经济的意义。改革开放促进了我国经济和对外贸易的发展，也使我们认识到进一步增加与外国的经济交往是促进我国经济更快发展的必由之路。1986 年，我国正式提出恢复我国在 GATT 的席位的问题。自那时起，经过漫长的谈判，直到 1995 年关税与贸易总协定转而成立世界贸易组织后的 2001 年 12 月 11 日，中国才正式成为世贸组织的第 143 个成员。

1. 对我国经济贸易更快地发展的促进

我国经济贸易更快地发展的手段是发展生产力。邓小平同志指出"根据我们自己的经验，讲社会主义，首先就要使生产力发展，这是主要的，只有这样，才能表明社会主义的优越性"。① "社会主义的第一个任务是要发展社会生产力。"② 实行经济改革开放的政策就是要发展生产力。改革的实践使我们认识到，传统的计划经济体制及与之相适应的管理体系束缚了生产力的发展。建立社会主义市场经济体制及与之相应的管理体系是我们当前发展生产力的必由之路。随着社会生产规模的扩大，企业数量的增加，国家行政机构不能也无法像在计划经济时期那样，规定每一个企业生产什么、生产多少，并为之调拨生产资料、安排产品的走向。另外，生产力的提高取决于生产要素（人力资源、资本和自然资源）在经济社会的有效配置。我们曾经以计划的方式对之进行配置。这种配置方式在市场竞争中被证明是极为低效的。"我们一定要真正地搞改革开放"，并且"不能关起门来搞"③，而加入世界贸易组织，是我国经济融入世界经济的有效渠道。

入世促进和实现了我国市场与世界市场的接轨，它的重要意义是使我国产品进入世界市场竞争之中。这种竞争要求并且有效地促使我国按照市场规律来进行生产要素的配置。这种配置使我国对与其他国家的相对优势充分展现出来。我国近年对外贸易的飞速发展就表明了这一点。我国近年来人民生活水平的不断提高也是有力的佐证。

2. 加入世界贸易组织对扩大我国对外贸易的意义

改革开放是从 1978 年开始的，到 1986 年，生产力得到很大发展，进出口贸易由 1978 年的 206.4 亿美元增加到 1986 年的 738.5 亿美元。其中出口额由 1978 年的 97.5 亿美元增长到 309.4 亿美元。进出口贸易的增长，特别是出口的增长，有力地推动了我国经济的高速发展。关税与贸易总协定为其成员国（姑且这样称之）之间的贸易提供了种种便利。比如，各成员国要按照关税与贸易总协定谈判确定的减税要求，降低自己的进口关税。各成员国之间相互贸易，一方产品进入另外一方的市场时，均可以享受这个关税优惠。非歧视性是关税与贸易总协定的一个原则。它规定各国之间要互相提供最惠国待遇。在各国实行多栏税则的情况下，最惠国待遇可以使其成员国的出口享受到更大的关税优惠。因为我国不是关税与贸易总协定的成员国，所以在与其他国家进行贸易时，特别是在开展出口贸易时，我国出口商品要按较高的税率交纳较多的关税，从而降低了我国商品在国外市场上的竞争力。避免这种情况的最好办法是加入关税与贸易总协定。1986 年 7 月 11 日我国政府正式照会关贸总协定总干事，要求恢复我国在关税与贸易总协定的席位。

1986 年提出恢复我国在关税与贸易总协定的席位，表示我国愿意在关税与贸易总协定的原则基础上，与世界各国开展贸易。这一愿望得到世界各国的好评。在我国的努力下，从

---

① 《邓小平文选》第 2 卷，第 314 页，人民出版社，1994 年 10 月

② 《邓小平文选》第 3 卷，第 227 页，人民出版社，1994 年 10 月

③ 《邓小平文选》第 3 卷，第 318 页，人民出版社，1994 年 10 月

1986 年到 2001 年，我国对外贸易又有了更快的发展。进出口总额由 1986 年的 738.5 亿美元增长到 2001 年的 5096.5 亿美元，增长 6.9 倍。我国出口额由 1986 年的 309.4 亿美元增长到 2001 年的 2661 亿美元，增长 8.6 倍。出口的增长极大地促进了我国总体经济的发展。随着经济实力的增强，我国的进口贸易也有较快的增长。进口贸易额由 1986 年的 429 亿美元增长到 2001 年的 2435.5 亿美元，增长 5.7 倍。至此，中国已经俨然是一个世界贸易大国。这个时期虽然尚未恢复在关税与贸易总协定的席位，但是我国基本是以关税与贸易总协定签订的协议的要求开展对外贸易，因此与各国维持着良好的贸易关系。而且，我国在改革开放中不断调整对外贸易的管理机制，使对外贸易实现高速发展。

2001 年 12 月 11 日正式加入世界贸易组织后，我们认真履行在入世前我国做出的各项承诺。在经济发展的同时，对外贸易又有了进一步的发展。进出口总额由 2001 年的 5096.5 亿美元增长到 2004 年的 11 547.4 亿美元，历史上第一次突破一万亿美元大关。我国出口额由 2001 年的 2661.7 亿美元增长到 2004 年的 5933.6 亿美元。值得指出的是，随着经济发展，我国的进口有了飞速发展，由 2001 年的 2435.5 亿美元增加到 2004 年的 2952 亿美元。到 2003 年，中国已经成为世界第 4 大出口国，第 3 大进口国。中国经济贸易在世界上已经变得不可忽视。取得这些成就的关键性的外部因素就是我们对世界多边贸易体制的参与。

中国各年份的进出额如表 10-1 所示。

表 10-1 中国各年份的进出口额

年份	进出口	出口额	进口额
1978	206.4	97.5	108.9
1979	293.3	136.6	156.8
1980	378.2	182.7	195.5
1981	440.2	220.1	220.2
1982	416.1	223.2	192.9
1983	436.2	222.3	213.9
1984	535.5	261.4	274.1
1985	696.0	273.5	422.5
1986	738.5	309.4	429.0
1987	826.5	394.4	432.2
1988	1027.8	475.2	552.7
1989	1116.8	525.4	591.4
1990	1154.4	620.9	533.5
1991	1357.0	719.1	637.9
1992	1655.3	849.4	805.9
1993	1957.0	917.4	1039.6

续表

年份	进出口	出口额	进口额
1994	2366.2	1210.1	1156.2
1995	2808.6	1487.8	1320.8
1996	2898.8	1510.5	1388.3
1997	3251.6	1827.9	1423.7
1998	3239.5	1837.1	1402.4
1999	3606.3	1949.3	1657.0
2000	4743.0	2492.0	2250.9
2001	5096.5	2661.0	2435.5
2002	6207.7	3255.7	2952.0
2003	8509.9	4382.3	4127.6
2004	11547.4	5933.6	5613.8

数据来源：中华人民共和国海关统计，其中1981年以前的数字来自外经贸业务统计。

3. 加入世界贸易组织对我国经济改革的意义

加入 WTO 是我国深化改革、扩大开放和建立社会主义市场经济体制的内在要求和外部推力。加入 WTO 有助于我国社会主义市场经济体制的建立和完善，推进我国的改革开放进程，促进经济结构的调整和产业升级，提高有关产业和服务业的国际竞争力，增强我国的经济实力。

入世前我们对世界做出了许多承诺。这些承诺看似是来自国外的要求，实际是根据我国经济发展的需要，是市场经济内在规律的要求，同时也是我们在市场经济建设过程中要做或将要做的事情。当我们把入世看成是建设市场经济的外部推力时，是说它推动我们把将来要做的事情提前到今天来做。以汽车业为例，从20世纪50年代开始生产解放牌卡车以来，由于我国汽车业长期处于国家关税保护之下，汽车业一直发展不起来。入世后要履行降低关税的义务，汽车市场逐步对外开放，迫使我国汽车厂家走向联合，改变散、乱、差的局面，实现规模经济，借助引进国外的资金和先进技术实现更大的发展。我国汽车业随着对外开放而得到飞速发展，汽车产量逐年增长，并且已经由一个汽车进口国变为汽车出口国。农业是入世前人们普遍担心的一个产业，加入 WTO 后，我国采取适量进口那些以土地资源为主要生产要素、国内比较优势较小的大宗农产品，出口包括水果、蔬菜、畜产品、水产品等具有比较优势的劳动密集型农产品，对农产品结构进而调整，使农业产品出口额连年大幅度增长。我国农产品出口由1990年的不到100亿美元增长到2003年的212.4亿美元，特别是2000年以来，农产品出口年均增长率达13%，至今我国农产品出口居世界第六位。其他方面的改革，如企业股份制、国有企业改革、金融业改革等，都有很大进展。总之，加入 WTO 对我国经济改革与发展有利有弊。静态地、单纯地从我们受到的各种压力和挑战来看，弊大于利；但若动态地、从入世带给社会经济发展的长期影响来看，则利大于弊。现在的事实表明，入世促进了我国改革的步伐。

4. 为我国改革开放和经济建设营造一个有利的国际环境

首先，我国加入 WTO 以后，按照国际通行规则办事，遵守多边贸易规则，增加贸易政策和管理的透明度，保证经贸政策的统一实施，逐步实行国民待遇等，有助于进一步树立我国作为一个负责任的市场经济大国的形象，有助于消除所谓"中国威胁论"，稳定我国和世界其他国家之间的经济贸易关系。

其次，加入 WTO，能够使我国在 WTO 多边贸易体系下享受各成员提供的无条件的最惠国待遇原则，可以享受其他国家和地区开放市场的好处。主要贸易大国对我国的歧视性贸易限制将逐步取消。这对我扩大出口，发展我国具有比较优势（如纺织品、家电等）的产业，都有很大的促进作用。

第三，加入 WTO 将使中国有可能利用多边争端解决机制，在避免发生直接的经贸冲突与对抗前提下，与贸易对象通过解决经贸争端，维持稳定的外部环境和赢得更多的海外市场。WTO 使我国除了双边渠道外，获得一个解决贸易纠纷的多边途径和手段，增加了我国在处理对外经贸关系方面的回旋余地。

第四，良好的国际经济贸易环境不是轻易得来的。事实表明，能否充分享受世界贸易组织各项协定提供给成员的各种好处，取决于我们能否充分利用各种条款提供的机会，能否充分利用各国在市场准入承诺中所提供的机会。此外，因为任何一个国家都是为本国经济利益服务的，为此它们难免会采取一些于己有利但与协议规定不符的行动。这就看我们能否借助争端解决机制，充分维护我国的利益。

5. 参与国际贸易新规则的制定

世界各国之间的各种交往都是按照一定的规则进行的。100 多年以来，我国经济落后，在世界上备受屈辱。世界上各种规则的制定，都与我们无关，我们只是一个简单的接受者。现在，我国作为联合国常任理事国、世界银行和国际货币基金组织的成员，在世界各项事务中，发挥着越来越大的作用。加入 WTO，我国将直接参与各种多边经贸规则的制订。这不但将大大提高我国的国际地位，充分发挥我国在国际经济事务中的作用，更重要的是，我们可以正当地、令人不可忽视地反映和维护我国和发展中国家的正当权益。

10.2 中国加入世界贸易组织的过程

我国加入世界贸易组织一事，实际上是从恢复关税与贸易总协定席位开始的。整个的过程显示出我国政府进一步实行改革开放，把我国经济融入世界经济之中的决心。

国际贸易概论

10.2.1　提交复关申请

　　我国是 1947 年关税与贸易总协定的 23 个创始国之一。由于种种历史原因，我国长期未能参与关税与贸易总协定的活动。中国恢复联合国的席位以后，与各国经济贸易交往日益增多，我国对外贸易有了新的发展，深感参与关税与贸易总协定的活动有利于我国的经济贸易发展和改革开放。而世界也感到，把中国这样一个大国置于世界多边贸易体制之外，这个体制是不完善的。我国开始寻求恢复在关税与贸易总协定的席位。1982 年 9 月，中国申请在关贸总协定中的观察员地位，并在 11 月获得了这个身份。此后，于 1982 年 12 月 31 日，国务院批准了中国申请参加关贸总协定的报告。

　　为了加强这方面的工作，在外贸部和外经部合并后，新组建的外经贸部专门设立了一个新部门——关贸总协定处。1984 年，外经贸部决定派一个观察小组赴日内瓦，对关贸总协定展开工作。小组的规定职能之一：观察关贸总协定理事会下的各种会议，同时要开展对各方达成的协议的调查研究。还有一项工作就是：和关贸总协定秘书处保持联系。

　　1986 年 7 月 10 日，中国驻日内瓦联合国常驻代表团钱嘉东大使代表中国政府，向关贸总协定递交复关申请书。

　　在 1986 年的 7 月 15 日关贸总协定理事会讨论我国的申请时，各理事会成员国代表依次表态，都对中国表示欢迎。而这些欢迎的表示却很不相同：有真诚的，也有敷衍的；有的矜持，也有的冷漠；有的表态在外交辞令背后隐藏着傲慢，更有的在平和语气中藏着机锋。日本代表的发言归纳了各国的不同意图，他说："（日本对中国的复关申请）政治上是支持的，法律上是可以解决的，经济上是要认真谈判的。"至此我们知道，谈判的重点在经济方面，实质是经济贸易利益。

　　为了处理中国提交的恢复关贸总协定席位的申请，1987 年 6 月，关贸总协定理事会设立了专门审议和处理中国复关事宜，以及安排中国与各缔约方谈判的机构——中国工作组。按照规定，所有关贸总协定签字国都可以派代表参加这个组的工作。中国和各国代表以协商一致的方式，任命吉拉德为中国工作组主席。由此中国复关问题正式全面展开。

10.2.2　复关谈判进程

　　中国复关谈判是从帮助关贸总协定签字国重新认识中国开始的。早在 1987 年 2 月，我国就向关贸总协定提交《中国对外贸易制度备忘录》，全稿中文本 48 页，英文本是 23 页。这之后关贸总协定秘书处用了 4 个月的时间，请所有签字方就我国的外贸体制提出问题。关贸总协定签字国就这 23 页的《中国对外贸易制度备忘录》提出的问题经关贸总协定秘书处综合整理，共计 329 个。围绕这些问题，我国于当年 11 月向关贸总协定递交了答疑稿。但是这还不够，按照关贸总协定的规则，我们还必须就有关问题做当面陈述，接受他们就中国的经济制度和外贸制度回答缔约方的质询。实际上，这些问题涉及面非常广，诸如中国的经济体制、外贸体制、关税体制、价格体制、商品检验制度、外汇管理制度，等等。这是一个严格审查的过程。为了过这一关，我们动员了包括了外交部、海关总署、国家计委、国家经委、财政部、国务院特区办、国家外汇管理局、国家物价局、国家商检局、国家统计局、国家体改委等方方面面的官员。1988 年中国政府连续 4 次派团参加关贸总协定中国工作组会议，回答关贸总协定签字国提出的问题，多达 1000 余个。如果加上以后的 3 年中陆续回答的问题，那么问题总数近 3000 个。历史应该记住，这是一项空前绝后的记录。在整个过程中，我们的态度是诚恳的，解释是详尽的、耐心的、有说服力的，因而是有成效的。至 1992 年 10 月第 11 次会议时，中国工作组已基本结束了对中国经贸体制的审议，进入了有关中国复关议定书内容的实质性谈判。

1994 年 4 月中国签署了乌拉圭回合最后文件和世界贸易组织协定，承担了所有文件对成员国规定的所有责任，并享受相应的义务。签署这两个文件是中国复关的必备条件之一。同年 11 月，中国提出在年底完成复关的实质性谈判，并成为定于 1995 年 1 月 1 日成立的世界贸易组织创始成员的要求。这个要求得到相当数量的国家的支持。然而，由于少数缔约方对于中国入世缺乏诚意，制造障碍，蓄意阻挠，使得 12 月份召开的关贸总协定中国工作组第 19 次会议未能就中国成为世贸组织创始成员国的问题达成协议。

1995 年 1 月 1 日，世界贸易组织正式成立，并决定在一年的过渡期后完全取代关贸总协定。同年 5 月，中断了近 5 个月的中国复关谈判在日内瓦恢复进行。7 月 11 日，世贸组织决定接纳中国为该组织的观察员。11 月，中国政府照会世贸组织总干事鲁杰罗，把中国复关工作组更名为中国"入世"工作组。中国"复关"谈判变成"入世"谈判。

在我国的耐心努力下，1997 年 5 月 23 日，第 4 次世界贸易组织中国工作组会议就中国加入世贸组织议定书中关于非歧视原则和司法审议两项主要条款达成协议。1997 年 8 月，新西兰第一个同中国就中国加入世贸组织达成双边协议。这一年中国还与韩国、匈牙利、捷克等国签署了入世双边协议。到 2001 年 6 月，中国完成了要求与之举行双边谈判的 37 个成员中的 36 个成员的双边谈判。最后一个要求与我国签订双边协议的成员国墨西哥，也于 3 个月后，在日内瓦举行的世贸组织中国工作组第 18 次会议——也是工作组的最后一次会议期间，就中国入世问题和中国达成了双边协议。至此，中国完成了与世贸组织成员的所有双边谈判。

此前于 2001 年 7 月召开的世贸组织中国工作的第 17 次会议，对中国加入世贸组织的法律文件及其附件和工作组报告书进行了磋商，初步审议了这些文件。这些文件包括协定书、工作组的报告、3 个减让表、9 个附件，文字多达上千页。2001 年 9 月召开的世贸工作组第 18 次会议，最后完成了这些文件。

2001 年 11 月 10 日，在卡塔尔首都多哈举行的世贸组织第 4 次部长级会议上，通过了中国加入世贸组织。中国结束了 15 年的漫长谈判，正如人们所说，"黑发人谈成了白发人"，才正式成为世界贸易组织的成员。

为了恢复中国在关贸总协定的席位，为了成为世界贸易组织的正式成员，为了深化经济体制改革，我国在耐心地进行谈判的同时，在各方面都加快了改革的步伐。1992 年 1 月，中国单方面降低了 225 种商品的进口税。2 月，中国决定对已公布的 1751 项进口替代产品清单全部予以取消，消除了清单中所列商品进入中国市场的障碍。4 月，中国取消了全部进口调节税。9 月，中国通过了《专利法修正案》，颁布了《实施国际著作权条例的规定》。10 月，中国发布了《进出口商品检验法实施条例》。12 月，中国再次降低 3371 种进出口商品的关税。

1993 年，中国在加强外贸政策透明度方面，在进一步强化企业自主权方面迈出新的步伐。1993 年新年伊始颁布《出口商品管理暂行办法》。2 月，通过《关于修改商标法的决定》和《关于惩治假冒注册商标犯罪的补充规定》。9 月，通过《反不正当竞争法》。12 月，再次降低 2898 种商品的进口关税。

1994 年中国为了推进复关的进程，为准备进一步强化体制改革，又采取了一系列的行动。仅在 1 月份就出台了废止双轨制汇率和外汇留成的规定，取消 283 种商品的进口许可证和配额管理，废止 253 个外经贸部内部管理文件，清理 93 个外贸管理法规等一系列措施。紧接着在 2 月，又发布了《出口商品配额招标办法》和《关于进一步深化对外经贸体制改革的决定》。5 月，颁布《对外贸易法》。6 月，取消为保护 208 种商品设立的非关税措施。8 月，再次提交修改后的农产品减让表、工业品关税减让表和服务贸易减让表等一揽子方案。至 1994 年底，中国进口关税率降到了 35.9% 左右。

保护知识产权是乌拉圭回合谈判中的一个重要的课题。对于许多国家来说这是一个新的领域，对我国也是如此。从 1990 年起，我国以知识产权保护为中心开始制定一系列经济法律法规。在服务贸易领域，我国从 1995 年起采取一系列措施，逐步对外扩大服务贸易的市场，逐步提高美国等发达国家跨国公司进入中国市场的准入程度。这一切，既是为了加入世界贸易组织，同时也是为了深化我国的经济体制改革，规范我们自己的经济秩序，健全我们自己的法制建设，发展我们自己的经济，以便更好地融入世界市场。

我们入世的过程是艰巨的、复杂的，并且耗时长久。这是由以下几个原因造成的。首先，我国过去长期处于计划经济的体系中，虽然改革开放以来在市场经济的建设过程中对旧的经济体制做了不少改革，但是距离一个完善的市场经济还有很大的差距。在宏观管理、企业经营管理、法制建设及人们的意识和思维方式等各个方面，与其他成员国相比，都有许多要改革的地方。因此，我们在与其他国家谈判双边协议时，常常比别的国家之间的谈判更费时间。第二，我们要求以发展中国家的身份进入世界贸易组织，有一些国家从中作梗。第三，一些国家在与我们谈判双边协议时，要价不断提高，增加了谈判的难度，拖延了时间。最后，一些国家出于政治的、经济的原因，不希望中国很快加入世贸组织，故意制造障碍。对于这些问题，我国在谈判中很好地逐个审慎应对，最后获得较为理想的结果，最终成为世界贸易组织的成员。

10.3 我国加入世界贸易组织后享受的权利与义务及承诺

权利与义务相对等是世界贸易组织的基本原则。权利显然是对我们有利的，义务则是与我们改革开放的方向统一的。

10.3.1 我国应该享受的权利

（1）享受非歧视待遇。

入世以前，由于长期游离于世界多边贸易体制之外，我国商品进入其他国家时，常常受到歧视。比如在很多国家，当我国商品进入它们的市场时，要按照较高的税率支付关税，而不能享受最惠国待遇，这给我国商品的竞争力造成很大的影响。入世以后，我国出口商品将能够依据最惠国待遇和国民待遇原则，在进口国能够享受到其他成员国商品同样的待遇。比如，我国出口商品在进口国能够和其他成员国的商品一样，享受最惠国的低关税，不再按高于最惠国税率的税率交纳关税。一些国家对中国商品实施的不符合世界贸易组织规则的数量限制、反倾销措施、保障措施等，将在我国入世后的 5～6 年内取消。根据世界贸易组织《纺织品与服装协议》的规定，发达国家实施的纺织品配额将在 2005 年 1 月 1 日取消。美国、欧盟在反倾销时对中国使用的"非市场经济国家"的标准将在规定的时间（15 年）内取消。这些为中国进一步扩大出口创造了良好的、平等的国际环境。

（2）享受发展中国家的权利和其他特殊的权利。

除一般世界贸易组织成员可以享受的权利之外，我国还能享受世界贸易组织在各项协定中给予发展中国家的特殊和差别待遇。比如，我国经过谈判，获得对农业提供数额相当于农业生产总值 8.5% 的"黄箱补贴"的权利。这为国家向农业提供财政支持，促进我国农业发展提供了便利。在涉及补贴和反补贴措施、保障措施等方面的问题时，我国可以享受各项协定给予发展中国家的待遇。

10.3.2 我国应该承担的义务

（1）遵守非歧视性贸易原则，认真实行最惠国待遇原则和国民待遇原则。

对于进口货物，在关税、国内税等方面，给予外国产品不低于国内同类产品的待遇。对目前实施的与国民待遇原则不符的做法和政策进行必要的调整、修改。

（2）实施统一的贸易政策。

在中国关境以内，包括实行民族自治的地方、经济特区、沿海开放城市及技术开发区实施统一的贸易政策。所有禁止进口和限制进口的措施和许可证的规定都必须由中央政府或者中央政府授权的省级政府制定和实施。凡不是由中央政府或者中央政府授权的省级政府制定措施和许可证的规定，都不得生效。

（3）政策透明度原则。

所有影响货物贸易、服务贸易、外汇管理与调节，以及与知识产权保护有关的法律、法规和政策措施，在实施前必须公开并且立即知会世界贸易组织有关的部门、世贸成员国、个人和企业。在这些法律、法规和政策实施之前及实施过程中随时满足其他成员咨询的要求。中国还将创办或者制定一本官方刊物，专门刊登影响货物贸易、服务贸易、外汇管理与调节，以及与知识产权保护有关的法律、法规和政策措施。在不涉及国家安全、汇率和货币政策及其他需要立即实施的情况下，影响货物贸易、服务贸易、外汇管理与调节，以及与知识产权保护有关的法律、法规和政策措施在公告之后到实施之前，必须有一段合理的时间。该刊物对这些材料的公布必须规范，并且允许个人和企业复制。

（4）市场准入。

① 关税水平的降低。入世时我们承诺在2001年总体关税14%的水平的基础上，2002年降低到12%，2005年降低到10%。

② 减少非关税壁垒。按照入世议定书附件3规定的时间表，按期削减非关税壁垒。在每个阶段，非关税措施都不得增加和扩展，也不得实施新的非关税措施，除非符合WTO协议的有关规定。

③ 同时承诺开放服务贸易的市场，包括电信、银行、保险、证券、音像等部门的市场。对于地理范围、经营范围、合资企业外资所占份额都做了详细的规定。

10.3.3 涉及中国入世承诺的法律文件

1. 一般承诺

一般承诺是指我国在入世之前通过签署世贸组织建立的文件，世贸组织从关税贸易总协定承袭的有关协定，以及乌拉圭回合最后形成的多个协定而一揽子做出的承诺。这是每一个世界贸易组织成员国都要向其他成员国做出的承诺。它包括我们入世以后应该承担的义务。世界贸易组织的一个原则是成员国承担的义务与其享受的权利应该一致。其他成员国在签署相应的世界贸易组织的文件以后所承担的对其他成员国的义务，我们有权利充分享受。

2. 专门承诺

专门承诺是指我国在签署加入世界贸易组织有关文件时所做出的承诺。中国加入世界贸易组织的法律文件有以下一些。

（1）关于中华人民共和国加入的决定。

（2）中华人民共和国加入协定书。

  附件1A：中国在过渡性审议机制中提供的信息

  附件1B：总理事会依照《中国加入议定书》第18条第2款处理的问题

   附件2A1：国营贸易产品（进口）

   附件2A2：国营贸易产品（出口）

   附件2B：指定经营产品

附件3：非关税措施取消时间表

附件4：实行价格控制的产品和服务

附件5A：根据《补贴与反补贴措施协定》第25条做出的通知

附件5B：需逐步取消的补贴

附件6：实行出口税的产品

附件7：WTO成员的保留

附件8：第152号减让表——中华人民共和国

第一部分　最惠国税

第1节　农产品

第1–A节　关税

第1–B节　关税配额

第2节　其他产品

第二部分　优惠关税

第三部分　非关税减让

A节　化肥和毛条关税配额

B节　其他关税减让

第四部分　农产品：限制补贴的承诺

第1节　国内支持：综合支持总量承诺

第2节　出口补贴：预算指出和数量削减承诺

第3节　限制出口补贴范围的承诺

附表B

附件1：第1节（农产品）逐年减让表

附件2：第2节（其他产品）逐年减让表

附件9：服务贸易具体承诺减让表第2条最惠国豁免清单

（3）中国加入工作组报告书。

中国入世所做承诺涉及的面是广泛的。这些承诺从远期看是符合我们改革开放的目标的，有利于促进我国劳动生产率的提高及宏观经济的稳定与发展。从近期看，在实施初期会给一些产业部门和企业带来一些困难，但是这些困难是暂时的，产业和企业要在政府的支持下克服这些困难，有助产业结构的调整及优化，企业将由此而获得新的活力。比如，在中国纺织品问题上与美国和欧盟产生的摩擦和矛盾，中国采用征收出口税的方法调整出口数量。在这个调整过程中，高附加值的产品出口税的负担小于低附加值产品，因此能有效地迫使有关企业进行产品质量的提升。银行、保险等服务业尽早逐步进入中国，对完善我国金融领域的改革有极大的好处。关税的普遍降低看似是向其他国家开放市场，从另一个方面来看则是使我国企业进入正常的市场竞争之中，而竞争是市场经济正常发展的原动力。

10.4 加入世界贸易组织后如何保护经济发展

在解决发展方面，入世以后我们面临两个机遇：第一是利用 WTO 多边贸易机构提供的各种权利来促进我国经济发展；第二是利用各种协议的条款和争端解决机制维护我国的利益。

世界贸易组织的原则是责任与义务相一致。我们在履行义务的同时，要关注我们应该获得的权利是否受到损害。更重要的是应该知道，一旦我们的利益受到损害时，如何借助 WTO 各项协议的规定去维护我们的利益。

10.4.1 依据世界贸易组织的有关协议保护自己

世界贸易组织出于维护各方利益的需要，在制定条款促进贸易自由化的同时也制定了一些条款，以期对那些由于进口急剧增长，并且伤及其国内产业的国家采取保护措施提供法律依据。严格地讲，只涉及 GATT 的 19 条，但是实际上以下条款也常在使用中：GATT 第 6 条《关于反补贴和反倾销》、第 22 条《为保障国际收支平衡而实施的数量限制》、第 19 条《关于对某些产品进口的紧急措施》、第 20 条《一般例外》、第 21 条《国家安全例外》、第 23 条《关于利益的丧失或损害的补救》、第 28 条《关于关税减让的修改》、第 35 条《关于在特定成员方之间不适用总协定的规定》。世界贸易组织成员国签订的"保障措施协定"实际上是 GATT 第 19 条的澄清。其第 2 条规定，"一成员只有在根据下列规定确定正在进口至其领土的一产品的数量与国内生产相比绝对或相对增加，且对生产同类或直接竞争产品的国内产业造成严重损害或严重损害威胁，方可对该产品实施保障措施"。并且，"保障措施应针对一正在进口的产品实施，而不考虑其来源"。

保障措施的原意是好的，但是在实施过程中，却经常受到发达国家的扭曲。当外国不适当使用保障条款而对我国出口造成不利影响时，我们应该怎么办。

（1）根据 WTO 协定的有关条款的规定，借助争端解决机制保护自己。

现实中常常会有一些国家为了自身的利益，背离 WTO 的原则，采取一些措施限制从我国进口商品的数量，使我们蒙受不应有的损失。2002 年 3 月份，美国政府决定对进口钢铁产品加征 8% 至 30% 的保护性关税，期限为 3 年。这影响到我国对美国的钢铁出口。外经贸部部长石广生严厉指出，美国对进口钢铁增加关税违反了 WTO 规则。3 月 22 日，中国与美国就美方 2002 年 3 月 5 日公布的对多种进口钢材征收 30% 关税及实行进口限额等保护措施的"201 钢铁保障措施案"在华盛顿进行了磋商。中国代表团在磋商中严正声明美方的做法违反了世界贸易组织的有关协议，并强烈要求美国政府正视中国是发展中国家的事实，对中国输美全部钢铁产品使用发展中国家待遇。由于磋商无结果，中国与日本、韩国一起将此事诉诸 WTO 争端解决机构，最后迫使美国撤销对进口钢铁产品加征附加税的决定。这是我国入世以后利用世界贸易组织争端解决结构解决与其他国家之间的贸易纠纷的最好的案例之一。要成功地借助这种方法保护自己，首先必须透彻地了解 WTO 法规的各项规定和程序。

（2）面对不公正地对我国出口商品征收反倾销税，我国企业应该积极应诉，以求获得公正的待遇。

一些国家滥用保障措施，对我国的出口造成不应有的障碍。2003 年国际上针对中国的反倾销和保障措施立案 59 起，涉案金额约 22 亿美元。2004 年一季度，国外又对中国发起 11 起反倾销和保障措施调查。由于刚刚入世，我国许多企业面对外国的保护主义行为，不知道如何保护自己。

由于生产成本低，我国许多出口产品价格大大低于进口国同类商品的价格。这容易招致外国对我国的反倾销。面对外国的反倾销，我国企业应该积极应诉，以求获得公正的待遇。首先，政府要充分重视国外对我国的反倾销问题，积极帮助企业应诉。一是利用政府的权威，与外国斡旋。在市场经济条件下，虽然外国对华反倾销都是企业首先动议，但是真正立案付诸实施，还是要政府的有关部门出面。因此，我国政府在这些事件中自然也应该扮演一个积极的角色。二是要指导企业应诉。我国进行市场经济时间较短，企业对外缺乏经验，况且外国对华反倾销在多数情况下主要打击的是中小企业，很多还是乡镇企业。这些企业自己是无论如何也无法面对发达国家的老牌企业并且获胜的。其次，要依照世界贸易组织的有关协定的规定来维护我们的利益。原则上来说，不是价格低的商品就注定要被认定为倾销。WTO 在"倾销的确定"条款中对倾销是这样规定的："就本协定而言，如一产品自一国出口至另一国的出口价格低于在正常贸易过程中出口国供消费的同类产品的可比价格，即以低于正常价值的价格进入另一国的商业，则该产品被视为倾销"。① 并且，"如因此对缔约方领土内一个已建立的产业造成实质损害或实质损害威胁，或实质阻碍一国内产业的新建"② 时，方可被判定为倾销。这里的关键是我们出口商品的价格是否低于"正常价格"，就是说是否低于同类商品的在我国的可比价格（实际上是指出厂价），同时是否对进口国产业造成"实质损害"。第三，当我国某项商品被外国诉为倾销并且收到反倾销威胁时，我国企业必须积极应诉。应诉的要点首先是证明出口商品的价格是否低于正常价格。其次，要审查对方提出的关于其企业受到实质性损害的材料。审查的要点是该企业的损害是否由于我国出口商品造成的。对于外国不实的倾销指责，要根据 WTO 协定的规定，据理反驳。在这个诉讼过程中，鉴于我国出口企业一般小而且分散，单独无力应诉，因此必须组织起来应诉。行业协会是一个市场经济中必不可少的民间机构，它可以在应诉中起到协调各个企业的作用，应该发挥它的作用。应诉中要请有经验的律师，必要时还要请起诉国的律师。同时，要注意调动外国进口商和其他通过从进口我国商品或者使用我国商品的获利方的配合进行应诉。

要建立一个信息机构。我国的企业对于自己出口的产品，以及全国同类产品出口的情况、世界市场的情况知之不多，对于进口国的反应心中无数，只是在对方进行反倾销调查

---

① 乌拉圭回合多边贸易谈判结果：法律文本 中国加入世界贸易组织法律文件. 北京：人民出版社，2002，117
② 乌拉圭回合多边贸易谈判结果：法律文本 中国加入世界贸易组织法律文件. 北京：人民出版社，2002，326

后，才仓促应战，因此胜率很低。建立反倾销信息中心，密切注意分析行情变化，及时搜集国际市场信息，当我国某些出口产品有被诉倾销的危险时，及时将情况通知国内有关方面，以尽快对生产和出口做出必要的调整和应诉准备。

10.4.2　依据我国的法律保护自己

入世以后，我国经济与世界市场的融合愈来愈深，贸易规模不断扩大。与此同时，来自外国的进口商品伤害我国国内工业生产的事情屡屡发生。为适应加入 WTO 的这种新形势，我国商务部专门设立了 WTO 司、进出口公平贸易局等机构。其中，进出口公平贸易局主要负责以下几项工作：第一是会同调查局等调查机关依法对进口产品进行反倾销、反补贴和保障措施调查，并根据调查结果采取相应措施；第二是引导国内企业积极应诉反倾销、反补贴的调查；第三是调查和应对国外实施的针对中国的贸易和投资上的壁垒，以便为我国产业提供足够的保护。这种保护是通过以下的法律实现的。

通过立法保护自己是世界上通常的做法。改革开放以来，我们为此做了不懈的努力，出台了一个又一个保护我国企业的法律，与本部分内容相关的法律有：《中华人民共和国保障措施条例》、《保障措施产业损害调查规定》、《中华人民共和国反倾销条例》、《中华人民共和国反补贴条例》、《中华人民共和国对外贸易法》、《纺织品出口临时管理办法（暂行）》（2005 年 6 月 7 日商务部第 10 次部务会议审议通过，自 2005 年 7 月 20 日起施行）、《货物出口许可证管理办法》（商务部第 17 次部务会议于 2004 年 12 月 9 日通过，自 2005 年 1 月 1 日起施行）、《货物进口许可证管理办法》（商务部第 17 次部务会议于 2004 年 12 月 9 日通过，自 2005 年 1 月 1 日起施行）。

1. 反倾销实践

1997 年 12 月 10 日对外贸易经济合作部对来自美国、加拿大、韩国的新闻纸反倾销调查正式立案，并于 1999 年 6 月 3 日裁定倾销存在，决定对原产于加拿大、韩国和美国的进口新闻纸征收反倾销税，反倾销税的税率分别为 9%～78% 不等。此举表明我国进入了运用反倾销手段保护国内产业的新时期。自此以后，陆续有关于对外进行反倾销调查的公告。例如，外经贸部发布 2003 年第 3 号和第 4 号公告，宣布自 2003 年 2 月 2 日起，对原产于韩国的进口聚酯切片和进口涤纶短纤维采取反倾销措施，征收反倾销税，征收期限都为公告之日起 5 年。这两起反倾销案件由中国化工协会于 2001 年 6 月 26 日和 7 月 23 日分别代表国内聚酯切片产业和涤纶短纤维产业发起。在历时两年的调查以后，外经贸部经商于 2001 年 8 月 3 日正式对原产于韩国的这两项进口产品进行反倾销立案调查，并分别于 2002 年 10 月 22 日和 29 日发布公告，决定对之实施临时反倾销措施。此后对外贸易经济合作部于 2001 年 10 月 10 日发布公告，决定对原产于韩国、马来西亚、新加坡和印度尼西亚的进口到中华人民共和国的丙烯酸酯进行反倾销调查。经过调查，商务部终裁确认存在倾销和实质损害，同时商务部认定倾销和实质损害之间存在因果关系。自 2003 年 4 月 10 日起 5 年内对来自这些国家的公司的商品分别征收 2%～49% 不等的反倾销税，以保护国内的相关产业。对外贸易经济合作部于 2002 年 3 月 6 日正式发布立案公告，决定对原产于韩国、日本和印度的进口邻苯二甲酸酐进行反倾销调查。经过调查，商务部终裁决定存在倾销和实质损害，同时商务部认定倾销和实质损害之间存在因果关系。自 2003 年 8 月 31 日起 5 年内，对原产于韩国、日本和印度的进口到中华人民共和国境内的邻苯二甲酸酐征收 4% ~ 66% 不等的反倾销税。现在，我们对反倾销的运用更为成熟。2005 年 4 月 12 日收到南通星辰合成材料有限公司代表国内产业提交的反倾销调查申请，申请人请求对原产于日本和台湾地区的进口 PBT 树脂进行反倾销调查。2005 年 4 月 14 日收到郯城新鑫纸制品有限公司代表国内产业提交的反倾销调查申请，申请人请求对原产于美国和欧盟的进口耐磨纸进行反倾销调查。从 1997 年我国反倾销反补贴条例出台以来，截止到 2002 年，我国反倾销共立案 22 起（其中复审案件 1 起），保障措施 1 起，挽回经济损失约 200 亿元人民币。这对这些行业的扭亏脱困及产业结构调整提供了良好的外部环境，并赢得了调整的时间。仅仅 2002 年正式成为世贸组织成员国这一年，我国反倾销新立案 10 起，比 2001 年全年的案件多了 4 起。10 起案件按各产品年销售收入计算，达 592 亿元人民币。实施反倾销调查和征收反倾销税以后，我国受到外国倾销商品伤害的产业的生产很快得到恢复，并且获得新的发展。例如，对 2000 年以前立案且已做出最终裁定的新闻纸、聚酯薄膜、丙烯酸酯、冷轧硅钢片、不锈钢冷轧薄板、二氯甲烷 6 个产业的统计，立案之前生产能力合计为 106 万吨，2002 年生产能力增长了 18%、产量增长了 19%、销售收入增长了 31%、税前利润增长了 283%、开工率增长了 43%。[①] 采取反倾销措施以后，有效地维护了公平竞争的贸易秩序。如聚酯切片和涤纶短纤维产业，2000 年反倾销立案前，由于进口产品低价倾销，市场行情持续下跌。国内同类产品企业被迫纷纷削价一半左右，致使两个产业全行业亏损。2001 年聚酯切片和涤纶短纤维两个产业同时立案进行反倾销以后，价格回升了 30% ~ 40%，接近正常水平。2001 年聚酯切片和涤纶短纤维产量分别比上年增长 25% 和 24.1%。[②] 从 1997 年 12 月 10 日到 2005 年 6 月 13 日，共进行反倾销调查 42 起，有力地保护了我国工业生产和经济的稳定发展。

2. 保障措施

保障措施是政府维护我国企业利益的一个重要手段。我国的法律从两个方面为之提供了支持。一是在外国商品大量进入我国市场，伤害到我国企业时，可以利用《中华人民共和国保障措施条例》、《保障措施产业损害调查规定》；另外一个是外国市场准入不足时，我国商品出口受到阻碍时，可以利用《对外贸易壁垒调查暂行规则》。

在外国商品大量进入我国市场，伤害到我国企业时，以及面对外国商品进口，当其数量过大时，政府要采取保护措施，对我国的产业进行保护。这种保护符合 WTO 的规定，同时也符合我国法律的规定。《中华人民共和国保障措施条例》第 2 条规定，进口产品数量增加，并对生产同类产品或者直接竞争产品的国内产业造成严重损害或者严重损害威胁的，经

---

① "中国反倾销打响新年第一枪 对外反倾销持续升温" 新华网（2003 - 02 - 10 13：10：30）来源：中国经济时报
② 数字来源同上。

调查确认这种损害来源于进口的增长，政府则要采取措施对受害企业采取保障措施，以便保证这些企业的生存、发展。政府在采取保障措施之前，要对相关产业进行调查。这项调查工作是根据我国《保障措施产业损害调查规定》进行的。在开展调查的过程中，首先我国的产业作为申请人，要提出书面申请。一旦确立调查，商务部应当将立案调查的决定及时通知世界贸易组织保障措施委员会。

如何确定进口数额是否构成对国内产业的损害或损害威胁呢？《保障措施产业损害调查规定》第 5 条规定，在确定进口产品数量增加对国内产业造成的严重损害或严重损害威胁时，应当考虑以下因素：

（1）进口产品增长情况，包括进口产品的绝对和相对增长率和增长量；

（2）增加的进口产品在国内市场中所占的份额；

（3）进口产品对国内产业的影响，包括对国内产业在产量、销售水平、市场份额、生产率、设备利用率、利润与亏损、就业等方面的影响；

（4）造成国内产业损害的其他因素。

上述对于增长的解释，完全符合 WTO《保障措施协定》的精神。

在整个调查中，对于"损害"的认定是很重要的。对于什么叫损害、什么叫严重损害、什么叫严重损害威胁，必须有明确的界定。《保障措施产业损害调查规定》第 2 章"损害的认定"中的第 4 条对此做出这样的规定：

（1）损害是指由于进口产品数量增加，对生产同类产品或者直接竞争产品的国内产业造成严重损害或者严重损害威胁。

（2）严重损害是国内产业受到的全面的和重大的减损。

（3）严重损害威胁是明显迫近的严重损害，如果不采取措施将导致严重损害的发生。

商务部在确定进口商品数量的增长对国内产业的影响时，应当依据确实的证据，客观、综合地进行评估，要依据影响国内产业状况的各种可量化的指标，而不得仅根据个别指标做出裁决。上述环节要提供一个清晰的结果，依据这个结果，由政府职能部门做出决定，即是否应该对国内产业进行保护，以什么方式进行保护及保护的程度与期限，等等。

随着国际贸易的发展，许多国家采取限制进口的措施保护本国工业，这些措施统为"贸易壁垒"。贸易壁垒可分为关税壁垒和非关税壁垒两大类。关税壁垒主要包括关税高峰、关税升级、关税配额、从量关税和从价关税 5 种形式。非关税壁垒主要包括通关环节壁垒、对进口产品歧视性地征收国内税费、进口禁令、进口许可、技术性贸易壁垒、卫生与植物卫生措施、贸易救济措施、政府采购中对进口产品的歧视、出口限制、补贴、服务贸易壁垒、与贸易有关的知识产权措施和其他壁垒等 13 种形式。

我国出口商品遇到外国的贸易壁垒怎么办？为了消除国外贸易壁垒对我国出口贸易的影响，促进对外贸易的正常发展，我国制定了《对外贸易壁垒调查暂行规则》。

在外国对我国出口商品不适宜地实施保障措施，运用不同形式的贸易壁垒，从而影响我国出口的发展时，我国企业应该借助《对外贸易壁垒调查暂行规则》，寻求政府援助，维护自身利益。首先我国的企业可以根据《对外贸易壁垒调查暂行规则》申请立案调查。申请人一般是受到伤害的企业或相关法人。商务部认为确有必要，也可以自行立案，进行贸易壁垒调查。

商务部应当自收到申请人提交的申请书及有关证据材料之日起 60 天内，对申请材料进行审查，做出立案或不予立案的决定。

首先要确定外国的行为是否属于贸易壁垒。对此《对外贸易壁垒调查暂行规则》第 3 条规定，外国（地区）政府实施或支持实施的措施，具有贸易扭曲效果，符合下列情形之一的，视为贸易壁垒：

（1）该措施违反该国（地区）与我国共同参加的多边贸易条约或与我国签订的双边贸易协定；

（2）该措施对我国产品或服务进入该国（地区）市场或第三国（地区）市场造成或可能造成不合理的阻碍或限制；

（3）该措施对我国产品或服务在该国（地区）市场或第三国（地区）市场的竞争力造成或可能造成不合理的损害。

外国（地区）政府未能履行与我国共同参加的多边贸易条约或与我国签订的双边贸易协定规定的义务的，该做法亦视为贸易壁垒。

然后，《对外贸易壁垒调查暂行规则》第 29 条规定，如果被指控的措施或做法被认定构成本规则第 3 条所称的贸易壁垒，商务部应视情况采取如下措施：

（1）进行双边磋商；

（2）启动多边争端解决机制；

（3）采取其他适当的措施。

下面的案例是我国第一次利用贸易壁垒调查维护企业利益的情况。

2004 年 4 月 22 日，应江苏省紫菜协会的申请，商务部对日本关于紫菜进口的管理措施（即"被调查措施"）进行贸易壁垒立案调查。

事情是这样的。我国是世界紫菜生产第一大国，而日本是世界上第一紫菜消费大国，年消耗紫菜量达 100 亿张。但是，多年来日本政府一直将干紫菜和调味紫菜纳入进口配额产品目录，通过进口配额、批准及原产地限制措施，设置贸易壁垒，限制中国紫菜进入日本市场。因此，截止到申诉前，中国没有一张紫菜进入日本市场，原因是日本多年来一直将干紫菜和调味紫菜纳入进口配额产品目录，对原产于哪个国家的紫菜能够进口及进口数量的多少，完全由日本政府加以严格控制。自实施配额管理以来，日本只对原产于韩国的该类紫菜产品发放进口配额，从而导致中国同类紫菜产品对日本出口多年来一直为零。日本这种歧视性做法显然违反了世贸组织相关协定。江苏省是"被调查措施"所涉及的产品——紫菜在中国的主产区，其产量占全国该产品总产量的 95%。为了中国紫菜生产者的利益，江苏省紫菜协会根据《对外贸易壁垒调查暂行规则》的规定，向商务部提出立案申请。商务部接到申请后，确定立案，并组织相关的调查，全面评估日本的紫菜管理措施。调查结果认定日方违反其承担的多、双边协定规定的义务，存在贸易壁垒。同时，江苏省紫菜协会与日本紫菜协会进行了多次接触和磋商。中日双方就公布全球配额、配额比例、贸易方式等具体事宜进行了洽谈，最终同意在 2005 年 2 月底前正式公布对中国紫菜进入日本市场解除禁令。

日本紫菜进口案件的成功解决标志着我国企业在维护自身权利和利益、推动对外贸易的健康发展方面又打开了一个新的途径和方式。

此案例向我国所有厂家和进出口商表明，入世以后，根据 WTO 市场准入原则，世界市场都是我国商品的市场，如果我们没有进入，一方面要从我们出口方找原因，另一方面还要从进口方找原因。当问题出在外国身上时，我们要利用世界贸易组织的市场准入原则，维护自身利益，努力进入那里的市场。这与我国没有加入世界贸易组织时是截然不同的。我们入世以后承担了应该承担的义务，有一定的付出，同样地，根据义务与权利相等的原则，我们必须享受同等的权利，公平地进入世界任何地方的市场。

本章小结

1. 本章首先说明为什么我国要加入世界贸易组织。从入世过程说明入世本身是我国改革开放政策的继续。我们的艰苦努力表明我们改革开放的决心。入世时我国所做的承诺，与我国改革开放的目标是一致的。在一定程度上可以说是对我国改革开放的外部推力。

2. 进入世界贸易组织以后，我们预期应该获得的利益和实际可能获得的利益，有时是一致的，有时与我们的预期会有差距。本章最后就如何才能更好地享受入世带给我们的潜在利益，做了简单的分析。特别是依据我国法律保护自己的有关问题，作为我国面临的新的问题，进行了初步的解说。

关键术语

保障措施	Safeguard Measures
保障条款	Safeguard Clause
损害	Injury
严重损害	Material Injury
严重损害威胁	Threat of Material Injury
相同产品	Like Product

思 考 题

1. 简述加入世界贸易组织对扩大我国对外贸易的意义。

2. 简述加入世界贸易组织对我国经济改革的意义 。

3. 我国关于保护国内产业的立法有哪些?

4. 遇到国外贸易壁垒时,我国企业应该如何借助国内立法保护自己的利益?

5. 遇到国外贸易壁垒时,我国企业应该如何借助世界贸易组织的协定的有关条款保护自己的利益?

后　记

本书有些章节引用战勇主编的《国际贸易》图表 3 个，引用海闻、P. 林德特的《国际贸易》图表 10 个，引用陈宪等编著的《国际贸易理论与实务》图表 6 个，引用刘力等著《国际贸易学——新体系与新思维》图表 3 个，引用王俊宜所著的《国际贸易》图表 2 个。这些图表有助于阐明和帮助学生理解相关的理论内容，在此表示感谢。

参 考 文 献

[1] 克鲁格曼. 国际贸易新理论. 北京：中国社会科学出版社，2001.
[2] 克鲁格曼. 国际经济学. 4 版. 北京：中国人民大学出版社，1998.
[3] 奥林. 地区间贸易和国际贸易. 王继祖，译. 北京：首都经济贸易大学出版社，2001.
[4] 陈家勤. 国际贸易论. 北京：经济科学出版社，1999.
[5] 陈宪，应诚敏. 国际贸易理论与实务. 北京：高等教育出版社，2000.
[6] 格林纳韦. 国际贸易前沿问题. 冯雷，译. 北京：中国税务出版社，2000.
[7] 欧文. 备受非议的自由贸易. 北京：中信出版社，2003.
[8] 樊亢，宋则行. 外国经济史. 2 版. 北京：人民出版社，1980.
[9] 龚关. 国际贸易理论. 武汉：武汉大学出版社，2002.
[10] 海闻，林德特，王新奎. 国际贸易. 上海：上海人民出版社，2003.
[11] 黄鲁成. 国际贸易学. 北京：清华大学出版社，1996.
[12] 金详荣，田青，陆菁. 贸易保护制度的经济分析. 北京：经济科学出版社，2001.
[13] 李欣广. 理性思维：国际贸易理论的探索与发展. 北京：中国经济出版社，1997.
[14] 刘力，陈春宝. 国际贸易学：新体系与新思维. 北京：中共中央党校出版社，1999.
[15] 麦克唐纳. 世界贸易体制. 叶兴国，译. 上海：上海人民出版社，2002.
[16] 任烈. 贸易保护理论与政策. 上海：立信会计出版社，1997.
[17] 素帕猜. 中国重塑世贸. 刘崇献，译. 北京：机械工业出版社，2002.
[18] 王俊宜，李权. 国际贸易. 北京：中国发展出版社，2003.
[19] 王新奎. 国际贸易与国际投资中的利益分配. 上海：上海三联书店，1995.
[20] 薛荣久. 国际贸易. 成都：四川人民出版社，1995.
[21] 瓦伊纳. 倾销：国际贸易中的一个问题. 北京：商务印书馆，2003.
[22] 刘光溪，刘立. WTO 与中国经济. 北京：中共中央党校出版社，2002.
[23] 张金水. 应用国际贸易学. 北京：清华大学出版社，2002.
[24] 郑志海，薛荣久. 世界贸易组织知识读本. 北京：中国对外经济贸易出版社，2002.
[25] 邓小平. 邓小平文选：第 2 卷. 北京：人民出版社，1994.
[26] 石广生. 乌拉圭回合多边贸易谈判结果：法律文本. 北京：人民出版社，2002.
[27] 郑志海，薛荣久. 世界贸易组织知识读本. 2 版. 北京：中国对外经济贸易出版社，2001.
[28] 高成兴，朱立南，黄卫平. 国际贸易教程. 北京：中国人民大学出版社，2001.

［29］吴兴光. 世界贸易组织法概论. 北京：中国对外经济贸易出版社，2003.

［30］SMITH A. The wealth of nations. London：J. M. Dent & Sons Ltd., 1910.

［31］SALVATORE D. International economics. 5th ed. Englewood Cliffs, N. J.：Prentice Hall, 1995.

［32］BHAGWATI J N. Lectures on international trade. 2nd ed. Cambridge, Mass.：MIT Press, 1998.

［33］MUNN T. England's treasure by foreign trade. Oxford：Basil Blackwell, 1928.